新商标法释解

全国人大常委会法工委赵惜兵　主编

人民法院出版社

图书在版编目（CIP）数据

新商标法释解/全国人大常委会法工委赵惜兵　主编.
－北京：人民法院出版社，2002.1
ISBN 7-80161-237-X

Ⅰ.新…　Ⅱ.赵…　Ⅲ.商标法－注释－中国　Ⅳ.
D923.435

中国版本图书馆 CIP 数据核字（2001）第 090470 号

新商标法释解
全国人大常委会法工委赵惜兵　主编

责任编辑　陈燕华　谢庆
出版发行　人民法院出版社
地　　址　北京东交民巷 27 号（100745）
电　　话　64813516（出版部）
　　　　　64813518　64813514（发行部）
E－mail　courtpress@sohu.com
印　　刷　北京新丰印刷厂
经　　销　新华书店
开　　本　850×1168 毫米　1/32
字　　数　315 千字
印　　张　12.625
版　　次　2002 年 1 月第 1 版　2002 年 1 月第 1 次印刷
书　　号　ISBN 7－80161－237－X/D·237
定　　价　22.00 元

主编与撰稿人名单

主　编　赵惜兵

副主编　苗　颖

撰稿人　（按姓氏笔划排序）

王　松　王　涛　刘建强

吴晓华　张淑敏　苗　颖

赵惜兵

前　言

《中华人民共和国商标法》是1982年8月23日由五届全国人大常委会第二十四次会议通过，自1983年3月1日施行。1993年2月22日七届全国人大常委会第三十次会议对该法部分条文作了修改。《商标法》的制定和实施，对于保护商标专用权，促使商标注册人保证商品或服务质量，维护商标信誉，保障消费者和生产者、经营者的利益，促进经济发展，发挥了重要的作用。但是，随着社会主义市场经济的发展，我国现行商标保护制度需要进一步完善，一些方面与世界贸易组织规则主要是《与贸易有关的知识产权协议》，也存在一定的差距。我国已对外承诺在正式加入世界贸易组织时全面实施知识产权协议。为了完善我国商标保护制度，进一步加强对商标专用权的保护，促进经济的发展与繁荣，适应我国加入世界贸易组织进程，需要对现行商标法作出修改。国务院于2000年12月22日向全国人大常委会第十九次会议提出了商标法修正案（草案）。经过全国人大常委会三次审议，于2001年10月27日表决通过了《关于修改〈中华人民共和国商标法〉的决定》，自2001年12月1日起施行。《中华人民共和国商标法》已根据该决定作了相应修改。《商标法》的修改和重新公布施行，标志着我国商标法律制度更加完善，与国际公约和世贸组织规则也趋于一致。

为了配合新《商标法》的学习、宣传，帮助广大生产者、经营者、商标主管机关、司法机关、大专院校师生和各界人士学习、理解新商标法，我们组织全国人大常委会法制工作委员会直接参与商标法修改工作的部分同志和有关同志编写了《新商标法释解》一书。《释解》将围绕 TRIPS 协议有关的内容，从理论和实践的结合上对新修改的商标法逐章进行阐释，以帮助大家深入理解、准确掌握商标法。同时，《释解》还收录了与新商标法直接有关的法律文件，以便于读者在学习运用《商标法》时查阅。

作　者

2001 年 11 月

目　录

代　序

完善商标法律制度　适应我国入世需要

——谈《商标法》修改

赵惜兵

《商标法》是1982年8月由五届全国人大常委会第二十四次会议审议通过，1983年3月1日起施行的。1993年2月，七届全国人大常委会第三十次会议对商标法作了部分修改。《商标法》施行以来，对于加强商标管理，保护商标专用权，促使商标注册人保证商品或者服务质量，维护商标信誉，保障消费者的利益，促进经济发展，发挥了重要的作用。但是，随着社会主义市场经济的发展，我国现行商标保护制度存在的一些缺陷日益显露出来，与商标保护的客观需要不相适应；一些方面与我国参加的国际条约和世界贸易组织规则主要是《与贸易有关的知识产权协议》（以下简称知识产权协议）存在一定的差距。建立社会主义市场经济体制，迎接经济全球化的挑战，需要尽快完善我国知识产权保护制度；我国在入世谈判中已作出承诺，在正式加入世界贸易组织时全面实施知识产权协议。为了完善我国商标保护制度，进一步加强对商标专用权的保护，适应我国加入世界贸易组织的进程，促进我国社会主义市场经济的发展与繁荣，迫切需要对《商标法》作出修改和完善。

国务院法制办公室、国家工商行政管理局在总结《商标法》实施多年来实践经验的基础上，对照有关国际公约和知识产权协议的要求，经过认真研究，并征求全国人大常委会法制工作委员会、国务院有关部门及有关专家、学者的意见，拟订了《中华人民共和国商标法修正案（草案）》。修正案草案经国务院第33次常务会议通过，于2000年12月22日提请第九届全国人大常委会第十九次会议审议。全国人大常委会初次审议后，人大常委会法工委将草案印发各地方、各部门、各方面广泛征求意见，全国人大法律委员会根据各方面的意见对草案多次进行了统一审议，提出了修改意见。经过全国人大常委会第十九次、第二十一次和第二十四次三次会议审议，2001年10月27日，九届全国人大常委会第二十四次会议表决通过了《关于修改商标法的决定》，该决定自2001年12月1日起施行。《商标法》已根据这个修改决定作了相应的修改，重新公布。

九届全国人大常委会第二十四次会议审议通过的《关于修改商标法的决定》，从进一步完善了我国商标法律制度，适应我国加入世界贸易组织的进程，履行我国入世谈判承诺，促进我国社会主义市场经济的发展出发，对现行《商标法》与国际条约和知识产权协议存在差距的条款和其他不完善的条款作了修改。这次人大常委会虽然是采用修改决定的方式对《商标法》进行修改，但从修改的内容看，则接近于对《商标法》的一次全面修订，原《商标法》43条，经过这次修改，增加到64条，其中，删并了2条，改动了22条，增加了23条，未作修改的仅有19条，也就是说，在新《商标法》中，新增加或修改的内容占全部内容的三分之二以上。现将这次修改的主要内容介绍如下：

一、扩大了商标注册的主体范围，增加规定自然人可以

申请商标注册，两个以上主体可以共同申请注册同一商标

根据原《商标法》规定，企业、事业单位和个体工商业者需要取得商标专用权的，有权向商标局申请商标注册，而中国公民个人不能申请商标注册。外国个人可以根据有关国际条约的规定在我国申请商标注册，享受所谓“超国民待遇”。商标权是一种民事权利，民事权利应该允许自然人享有。在我国所有的民事权利中，只有商标权不能由自然人拥有，这是极不合理的，也不符合知识产权协议和有关国际条约。这种情况在其他国家的商标法中非常少见。实践中个人申请商标注册的要求日渐增多，如广大农村的种植户、养殖户和城乡自由职业者越来越多地提出使用商标的需求。针对这一情况，这次修改《商标法》，扩大了商标注册的主体范围，明确了中国公民可以作为申请商标注册的主体，规定：“自然人、法人或者其他组织对其生产、制造、加工、拣选或者经销的商品，需要取得商标专用权的，应当向商标局申请商品商标注册。”“自然人、法人或者其他组织对其提供的服务项目，需要取得商标专用权的，应当向商标局申请服务商标注册。”

原《商标法》对两个以上主体共同申请注册同一商标问题（也就是商标权共有问题）未作规定，在商标注册实践中，原则上不允许两个以上主体共同申请注册同一商标，商标局对国内共同注册同一商标的申请都不予受理。但近些年来，两个以上主体要求申请共同注册或者共同享有同一商标的情况常常出现，大致有这样几种情形：一是一个公司分立为两个公司，如航天总公司分立为两个公司，分立后的两个公司要求注册使用同一商标；二是在改革开放初期，我国有外贸进出口权的公司很少，许多国内公司生产的商品通过有外贸进出口权的公司共用一个商标出口，并创出了牌子，现在有许多公司自己也有了外贸进出口权，但仍然要求使用原出口商标出口自己的产品，因而提出了共同享有同一商标；三是有些私营公司或者企业，“老子”的公司与“儿子”的公司要求使用同一商标，或者有的个体工商户业主继承人要求作为“老子”商标权的共有人等。从民法原理看，应当允许两个以上主体共同享有同一商标权；世界上许多国家的商标法也都允许商标权共有；而且，根据商标注册马德里协定的有关规定，涉及商标共有的国际注册申请，我国必须受理并予以注册，这又形成对外国人的“超国民待遇”。因此，这次修改商标法，增加了两个以上主体共同申请同一商标注册的规定，新《商标法》第五条规定：“两个以上的自然人、法人或者其他组织可以共同向商标局申请注册同一商标，共同享有和行使该商标专用权。”

二、进一步扩大了注册商标保护范围，增加了关于集体商标、证明商标和地理标志的保护的规定

巴黎公约第七条之二要求对集体商标给予保护。原《商标法》对此未作规定。《商标法实施细则》和 1994 年 12 月 30 日国家工商行政管理局根据该实施细则发布的《集体商标、证明商标注册和管理办法》对集体商标和证明商标的保护作了规定。经过几年实践，对集体商标、证明商标的保护已经有了比较成熟的经验，有必要在商标法中作出明确规定。新《商标法》在总结实践经验的基础上，增加了对集体商标和证明商标保护的规定：“经商标局核准注册的商标包括商品商标、服务商标和集体商标、证明商标，为注册商标，商标注册人享有商标专用权，受法律保护。”同时，对集体商标、证明商标作了明确界定：“集体商标，是指以团体、协会或者其他组织名义注册，供该组织成员在商事活动中使用，以表明使用者在该组织中的成员资格的标志。”“证明商标，是指由对某种商品或者服务具有监督能力的组织所控制，而由该组织以外的单位或者个人使用于其商品或者服务，用以证明该商品或者服务的原产地、原料、制造方法、质量或者其他特定品质的标志”。

地理标志是知识产权协议中提出应予保护的一种商业标记，知识产权协议第二部分第三节专门规定了对地理标志的保护。地理标志是指标示某商品来源于某地区，该商品的特定质量、信誉或者其他特征，主要由该地区的自然因素或者人文因素所决定的标志。对地理标志的保护主要在于它是一种无形财产，具有可识别性，可以为使用人带来商业利益。有些商品或者服务之所以在质量、声誉或者其他特征为消费者认可，主要是这些商品或者服务源于某地区，并受该地区的自然因素或者人文因素所决定。在我国地理标志是通过证明商标的形式加以保护的。为了进一步完善对地理标志的保护，新《商标法》规定：“对商标中含有地理标志，而该商品并不是来源于该标志所标示的地区，误导公众的，不予注册并禁止使用。”对于违反这个规定的商标申请，商标主管部门将不予注册并禁止使用。同时考虑到在本法施行前有些已经善意取得注册的情况（如天津电视机厂生产的“北京牌”电视机），商标法承认其法律效力并允许继续使用，规定：“但是，已经善意取得注册的继续有效。”地理标志是我国知识产权保护中的一个“长项”，我国地大物博，许多地区出产的产品品质上成、特色显著、声誉远播，如新疆库尔勒香梨、景德镇瓷器、金华火腿、河田鸡、荔浦芋等，完善对地理标志的保护，有利于我国扬长避短，参与国际竞争。

三、完善了商标构成要素的规定，增加了对立体商标保护的规定

原《商标法》第七条将商标构成要素限定于文字、图形或者其组合。根据知识产权协议第十五条的规定，任何能够将一个企业的商品或者服务与其他企业的商品或者服务区分开的标记或者标记组合，尤其是文字、图形、字母、数字、颜色的组合，以及上述要素的任何组合，均可作为商标获得注册。新《商标法》根据知识产权协议，对商标构成要素作了新的规定："任何能够将自然人、法人或者其他组织的商品与他人的商品区别开的可视性标志，包括文字、图形、字母、数字、三维标志和颜色组合，以及上述要素的组合，均可以作为商标申请注册。"

三维标志又称立体标志，是指具有长、宽、高三种度量的立体物标志，以三维标志申请注册的商标称为立体商标。对立体商标的保护，是新《商标法》增加的一个内容。以三维标志作为商标标志与我们通常所见的在一个平面上的商标图案不一样，它是以一个立体形态出现，这种形态可能出现在商品的外形上，也可以表现在商品的容器上或其他地方。例如，有的商品以在瓶子里放一朵玫瑰花的立体形态作为标志申请注册，有的以某些特殊的商品包装、容器等作为区别不同商品原来的标志申请商标注册。原《商标法》对立体商标注册问题没有规定，国家商标主管部门也一直不接受立体商标的注册，如1985年国家商标局曾以不接受立体商标注册为由，驳回美国可口可乐公司以其特殊的饮料容器作为商标注册的申请。在国际上，许多国家的商标立法对立体商标都给予法律保护，这次修改《商标法》，立法机关借鉴了国际上的通行作法，增加了对立体商标的注册和保护规定，使我国商标注册保护制度更加完善。

但是并不是所有三维标志都可以作为商标注册。新《商标法》第十二条对以三维标志作为商标注册的作了限制。该条规定，"以三维标志申请注册商标的，仅由商品自身的性质产生的形状、为获得技术效果而需有的商品形状或者使商品具有实质性价值的形状，不得注册。”根据这条规定，有三种三维标志的形状不能作为立体商标注册：一是仅由商品自身的性质产生的形状，如通用的蜡烛形状、书本的形状等；二是为获得技术效果而需有的商品形状，如剃须刀的形状等；三是使商品具有实质性价值的形状，如轮胎的形状、玻璃容器的形状等。上述这些形状，都不具备显著性的特点，用这些形状作商标，消费者难以识别商品的来源。而且，这些形状都是某种商品或者某类商品的通用形状，大家都在使用，如装啤酒的瓶子，这个啤酒生产企业可以使用，其他啤酒生产企业仍然可以使用；不仅生产啤酒可以使用，生产酱油、食醋也可以使用。如果允许一家企业将瓶子的形式作为商标注册，其他企业都不能使用了，这是不公平的，也是做不到的。

四、进一步完善了商标禁用标志的规定

原《商标法》对商标禁用标志的有关规定，未区分注册商标和未注册商标，统一作了要求。我国实行商标自愿注册原则，注册商标和未注册商标的法律性质不同、要求不同、管理也不同，对注册商标的管理要严于未注册商标。对商标标志的使用管理应当区分注册商标和未注册商标两种情况，分别规定普遍适用的禁止性规定事项和仅对注册商标适用的禁止性事项，以使有关规定更为准确和便于操作。因此，新《商标法》将过去的第八条有关商标禁用标志的规定分为两条，其中一条对注册商标和未注册商标均禁用的标志作了规定，另一条对注册商标禁用的标志作了规定。其中，对于所有商标禁用标志，新《商标法》除保留有了原《商标法》的大部分规定外，根据巴黎公约第六条之三要求成员国禁止将其他成员的官方标志、检验印记作为商标注册的规定，增加一项禁用标志的规定，《商标法》第 10 条第四项规定，“（四）与表明实施控制、予以保证的官方标志、检验印记相同或者近似的，但经授权的除外”；并在第（一）项中增加“以及同中央国家机关所在地特定地点的名称或者标志性建筑物的名称、图形相同的”标志，不得作为商标使用。

对注册商标禁用标志作了如下规定：“下列标志不得作为商标注册：（一）仅有本商品的通用名称、图形、型号；（二）仅仅直接表示商品的质量、主要原料、功能、用途、重量、数量及其他特点的；（三）缺乏显著特征的。”上述这些标志之所以不得作为商标注册，是因为这些标志，不具有显著性，不能发挥注册商标的便于消费者识别商品或者服务来源的作用；而且许多标志大家都在使用，赋予其排他性的权利，对于其他生产者、经营者或服务的提供者有失公平。但实践中，有些原本不具有显著性的标志，经过长期使用，受到市场的认可，逐渐具备了显著性特点，以至于大家一提到此商标，就能联想到是哪家企业生产的产品。如“永久”、“五粮液”、“两面针”等商标，有的反映了商品的质量或原料，有的原本缺乏显著性，但因长期使用，广为消费者熟知，取得显著性特征，并便于识别，因而这些商标注册申请均被核准注册。因此，《商标法》对此作了例外规定，“前款所列标志经过使用取得显著性，并便于识别的，可以作为商标注册。”

五、增加了注册商标不得与他人在先权利相冲突的规定

所谓他人在先取得的合法权利（或在先权利），是指他人在注册商标申请人提出注册商标申请以前，已经依法取得或者依法享有并受法律保护的权利。在先权利至少应该包括如下一些权利：（1）著作权；（2）工业品外观设计专利权；（3）受法律保护的企业的名称权或商号权；（4）注册商标专用权（包括受法律保护的地理标志）；（5）公民的姓名权；（6）公民的肖像权；（7）其他受法律保护的权利，如域名权、某些未注册商标使用者的对该未注册商标享有的权利等。注册商标的构成要素包括文字、图形、字母、数字、三维标志和颜色组合等标志，申请注册的商标使用上述标志，有可能与他人的在先权利相冲突，如文字标志可能与他人的姓名权、企业名称权、商号权相冲突，图形标志、颜色组合标志可能与他人的美术作品的著作权、肖像权相冲突，三维标志可能与他人的外观设计专利权相冲突，字母、数字标志可能与他人的域名权相冲突，等等。

知识产权协议第十六条第一款规定，不得损害已有的在先权。对在先权利的保护，原《商标法》中没有规定。1993年修改的商标法实施细则时增加了对“在先权”保护的规定，但设定了“主观恶意”的前提，即只有当行为人“以欺骗手段或者其他不正当手段取得注册的”，法律才出面干涉，否则法律不管，这一规定对在先权利的保护是不全面的，因为对于在先权利，不管行为人是否存在主观恶意，都不得侵犯。新《商标法》完善了对在先权利保护的规定，该法第八条规定，申请注册的商标，不得与他人在先取得的合法权利相冲突；第三十一条规定，申请商标注册不得损害他人现有的在先权利。根据商标法的上述规定，如果申请商标注册的标志与上述他人的在先权利相冲突时，商标局将不予核准注册，已经核准注册的，要予以撤销。

六、增加了关于驰名商标保护的规定

知识产权协议第十六条、巴黎公约第六条之二规定了对驰名商标的保护。原《商标法》对此未作规定。原商标法实施细则第二十五条只规定了对“公众熟知的商标”的保护。国家工商行政管理局于1996年发布了《驰名商标认定和管理暂行规定》，并于1998年修订后重新发布。实践中，我国已经按照巴黎公约的要求对驰名商标进行保护。为了切实保护驰名商标权利人的利益，根据知识产权协议的规定和我国的实际做法，新《商标法》增加了对驰名商标保护的规定："就相同或者类似商品申请注册的商标是复制、摹仿或者翻译他人未在中国注册的驰名商标，容易导致混淆的，不予注册并禁止使用。""就不相同或者不相类似商品申请注册的商标是复制、摹仿或者翻译他人已经在中国注册的驰名商标，误导公众，致使该驰名商标所有人的利益可能受到损害的，不予注册并禁止使用。"同时，明确了认定驰名商标的基本标准，即"（一）相关公众对该商标的知晓程度；（二）该商标使用的持续时间；（三）该商标的任何宣传工作的持续时间、程度和地理范围；（四）该商标作为驰名商标受保护的记录；（五）该商标驰名的其他因素。"

七、增加了保护在先使用的未注册商标、禁止恶意申请商标注册的规定

原《商标法》采用"绝对注册原则"，对注册商标依法给予保护，对未注册商标则不予保护。实践中，有些企业事业单位由于商标注册意识淡薄或者在用商标不尚不具备显著性等种种原因，对在用商标没有及时进行注册。由于原《商标法》对于未注册商标使用人的权益没有给予必要的关注，以致于实践中不断发生商标恶意注册事件，造成一些企业的损失和经济秩序的混乱。1993年国务院颁布的《商标法实施细则》对恶意注册行为作了禁止性规定，但规定得不够完整，不能有效地制止商标恶意注册行为。巴黎公约第六条之七规定，未经商标所有人同意，代理人或代表人以自己的名义注册了被代理人或代表人的商标的，该商标所有人有权反对进行注册或要求取消注册。近年来，许多采取"注册原则”的国家，都采取措施，强调注册申请的善意性，制止恶意注册他人在先使用的未注册商标行为。根据巴黎公约的规定，借鉴国外保护在先使用的未注册商标的作法，并结合我国的实际情况，新《商标法》对保护在先使用的未注册商标，禁止恶意申请商标注册行为作了两项规定：第一，根据巴黎公约的有关规定，增加规定：“未经授权，代理人或者代表人以自己的名义将被代理人或者被代表人的商标进行注册，被代理人或者被代表人提出异议的，不予注册并禁止使用。”第二，针对实际中较多出现的抢注他人已在先使用的未注册商标，违反诚实信用原则，损害在先使用人的权益的行为，增加规定：“申请商标注册不得损害他人现有的在先权利，也不得以不正当手段抢先注册他人已经使用并有一定影响的商标。”

八、增加了注册商标申请优先权的规定

巴黎公约第四条规定了注册商标申请的优先权，时间为六个月；第十一条要求成员国对在所有成员国内主办或者承认的国际展览会上展出的商品或者服务的商标予以临时保护，这些商标所有人可以要求优先权，时间也为六个月。原《商标法》没有关于优先权的规定。由国务院批准、国家工商行政管理局1985年发布的《关于申请商标注册要求优先权的暂行规定》及1988年修改后的商标法实施细则第十五条，对优先权作了规定，但是没有涉及展览会临时保护的规定。为了进一步完善注册商标申请优先权制度，新《商标法》增加规定：第一，“商标注册申请人自其商标在外国第一次提出商标注册申请之日起六个月内，又在中国就相同商品以同一商标提出商标注册申请的，依照该外国同中国签订的协议或者共同参加的国际条约，或者按照相互承认优先权的原则，可以享有优先权。”“依照前款要求优先权的，应当在提出商标注册申请的时候提出书面声明，并且在三个月内提交第一次提出的商标注册申请文件的副本；未提出书面声明或者逾期未提交商标注册申请文件副本的，视为未要求优先权。”第二，“商标在中国政府主办的或者承认的国际展览会展出的商品上首次使用的，自该商品展出之日起六个月内，该商标的注册申请人可以享有优先权。”“依照前款要求优先权的，应当在提出商标注册申请的时候提出书面声明，并且在三个月内提交展出其商品的展览会名称、在展出商品上使用该商标的证据、展出日期等证明文件；未提出书面声明或者逾期未提交证明文件的，视为未要求优先权。”

九、对商标反向假冒行为作出禁止性规定

商标反向假冒是指未经许可，更换他人注册商标的行为。未经商标注册人许可，在同一种商品或者类似商品上使用与他人注册商标相同或者近似的商标的，是“商标假冒”行为，对此，原《商标法》作了禁止性规定；但对于未经许可更换他人注册商标，使消费者对产品、服务来源产生误认的商标反向假冒行为是否违法？是否应予以禁止？原《商标法》未作规定。实践中已出现了因商标反向假冒而引起的商标纠纷，如 1994 年北京百盛商业中心出售新加坡“鳄鱼”牌服装的专柜，购进的北京服装厂制作的“枫叶”牌服装，撕去“枫叶”注册商标，换上“鳄鱼”商标，以高出原“枫叶”服装数倍的价格出售，北京服装厂起诉北京市第一中级人民法院，状告“百盛”和新加坡“鳄鱼”公司损害了其商标专用权。商标反向假冒行为妨碍企业的产品创名牌，对企业的利益构成损害。目前这种商标反向假冒行为引起的商标权纠纷尚不普遍，但有逐步增加的趋势。因此，新《商标法》吸收了专家的意见，明确规定商标反向假冒行为违法，应予以禁止。新《商标法》第五十二条规定，“未经商标注册人同意，更换其注册商标并将该更换的商品又投入市场的”，属于侵犯注册商标专用权行为；因商标反向假冒行为侵犯注册商标专用权的，将承担相应的法律责任。当然，实践中，有些企业为了自身的经济效益，并不反对甚至愿意让知名企业将自己的产品买去更换其知名的或者驰名的商标销售，这不仅能提高其产品的销售量，而且还可以在一定程度上提高本企业的知名度，对于这种情况，法律并未禁止，主动权掌握在企业的手中，如果该企业允许他人更换其注册商标的，则这种更换不构成商标反向假冒行为，法律不管。

十、增加商标异议和争议的司法审查程序，以确保商标权人的合法权益

过去，我国对商标案件实行由商标评审委员会终局确权的做法，当事人没有权利要求司法审查的机会。原《商标法》第二十一条规定，对于商标局驳回申请、不予公告的决定不服向商标评审委员会申请复审，由商标评审委员会作出终局的决定；第二十二条规定，对商标局对商标异议作出的裁定不服向商标评审委员会申请复审，由商标评审委员会作出终局的决定；第二十九条规定，商标评审委员会作出的维持或者撤销注册商标的裁定为终局裁定；第三十五条规定，商标评审委员会对商标局撤销注册商标的决定进行复审，作出的决定为终局决定。商标评审委员会是国家工商行政管理总局下属的一个职能部门，是一个行政机构，其处理案件时所适用的程序是行政程序，其就商标评审事宜做出的决定是一种行政决定。行政程序较司法程序而言，对保证当事人的程序权利和实体权利要弱得多，因而，这种只能由行政机关对当事人的民事权利的获得和维持做出终局决定的制度，其缺陷是明显的，不利于保护权利人的合法权利。按照知识产权协议第六十二条规定，有关获得和维持知识产权的程序中作出的终局行政决定，均应接受司法或者准司法当局的审查。因此，新《商标法》参照修改后的专利法关于司法审查的规定，删去了原《商标法》第二十一条、第二十二条、第二十九条、第三十五条关于商标评审委员会的决定、裁定为终局的规定，分别在新《商标法》第三十二条、第三十三条、第四十三条、第四十九条增加了当事人可以向人民法院提起诉讼的规定。

十一、完善商标行政管理措施，强化商标执法手段，加大打击商标违法行为的力度

原《商标法》规定了工商行政管理部门对侵犯商标专用权的处理，包括责令停止侵权行为、罚款。按照知识产权协议第四十六条的规定，为了对侵权活动造成有效威慑，司法当局有权在不进行任何补偿的情况下，将已经发现正处于侵权状态的商品排除出商业渠道、予以销毁。据此，并参照修改后的专利法的有关规定，新《商标法》作了新规定："有本法第五十二条所列侵犯注册商标专用权行为之一，引起纠纷的，由当事人协商解决；不愿协商或者协商不成的，商标专用权人或者利害关系人可以向人民法院起诉，也可以请求工商行政管理部门处理。工商行政管理部门处理时，认定侵权行为成立的，责令立即停止侵权行为，没收、销毁侵权商品和专门用于制造侵权商品、伪造注册商标标识的工具，并可处以罚款。当事人对处理决定不服的，可以自收到处理通知之日起十五日内依照《中华人民共和国行政诉讼法》向人民法院起诉；侵权人期满不起诉又不履行的，工商行政管理部门可以申请人民法院强制执行。进行处理的工商行政管理部门应当事人的请求，可以就侵犯商标专用权的赔偿数额进行调解；调解不成的，当事人可以依照《中华人民共和国民事诉讼法》向人民法院起诉。""对侵犯注册商标专用权的行为，工商行政管理部门有权查处；涉嫌犯罪的，应当及时移送司法机关依法处理。”

新《商标法》对于侵犯他人商标专用权的行为，强化了执法手段，加大打击力度，规定：“县级以上工商行政管理部门根据已经取得的违法嫌疑证据或者举报，对涉嫌侵犯他人注册商标专用权的行为进行查处时，可以行使下列职权：（一）询问有关当事人，调查与侵犯他人注册商标专用权有关的情况；（二）查阅、复制当事人与侵权活动有关的合同、发票、帐簿以及其他有关资料；（三）对当事人涉嫌从事侵犯他人注册商标专用权活动的场所实施现场检查；（四）检查与侵权活动有关的物品；对有证据证明是侵犯他人注册商标专用权的物品，可以查封或者扣押。”“工商行政管理部门依法行使前款规定的职权时，当事人应当予以协助、配合，不得拒绝、阻挠。”

十二、完善了商标侵权赔偿责任的制度，切实保障权利人的经济利益

原《商标法》第三十九条规定，商标侵权的赔偿数额为侵权人在侵权期间因侵权所获得的利润或者被侵权人在被侵权期间因被侵权所受到的损失。按照知识产权协议第四十五条的规定，损害赔偿费应当足以弥补因侵犯知识产权给权利持有人造成的损失，司法当局有权责令侵权人向权利持有人支付其开支。商标专用权是一种无形财产，商标权人在侵权纠纷中调查取证比较困难，需要支付必要的开支；现实生活中，很多商标权人因为处理商标侵权纠纷费时费钱，打赢了官司赔了钱，得不偿失。为了切实保障商标权利人的经济利益，新《商标法》增加规定：“侵犯商标专用权的赔偿数额，为侵权人在侵权期间因侵权所获得的利益或者被侵权人在被侵权期间因被侵权所受到的损失，包括被侵权人为制止侵权行为所支付的合理开支。”在一些商标侵权案件中，被侵权人所受到的损失或者侵权人所获得的利益难以确定，为了有效保护商标权利人的合法权益，新《商标法》增加了法定赔偿数额的规定：“前款所称侵权人因侵权所得利益，或者被侵权人因被侵权所受损失难以确定的，由人民法院根据侵权行为的情节判决给予五十万元以下的赔偿。”考虑到有些商品的经营者确实不知道其销售的商品是侵犯注册商标专用权的商品，并能够证明该商品是通过合法途径取得的，属于善意第三人，根据民法原理，善意第三人可以免责，因此，新《商标法》规定，“销售不知道是侵犯注册商标专用权的商品，能证明该商品是自己合法取得的并说明提供者的，不承担赔偿责任。”

十三、增加了诉前保全等临时措施及其程序的规定，为查处商标违法行为，提供了有力的保障

知识产权协议第五十条规定，司法当局有权采取有效的临时措施，防止任何延误给权利人造成不可弥补的损害或者证据灭失。原《商标法》对此未作规定，新《商标法》增加了相关规定：一是增加了诉前财产保全等临时措施的规定：“商标注册人或者利害关系人有证据证明他人正在实施或者即将实施侵犯其注册商标专用权的行为，如不及时制止，将会使其合法权益受到难以弥补的损害的，可以在起诉前向人民法院申请采取责令停止有关行为和财产保全的措施。”“人民法院处理前款申请，适用《中华人民共和国民事诉讼法》第九十三条至第九十六条和第九十九条的规定。”二是增加了诉前证据保全及其程序的规定：“为制止侵权行为，在证据可能灭失或者以后难以取得的情况下，商标注册人或者利害关系人可以在起诉前向人民法院申请保全证据。”“人民法院接受申请后，必须在四十八小时内做出裁定；裁定采取保全措施的，应当立即开始执行。”“人民法院可以责令申请人提供担保，申请人不提供担保的，驳回申请。”“申请人在人民法院采取保全措施后十五日内不起诉的，人民法院应当解除保全措施。”需要注意的是，在适用诉前证据保全措施时，需要准确把握“为制止侵权行为”和“在证据可能灭失或者以后难以取得的情况下”这两个前提，缺一不可。不能随意适用诉前证据保全，以防止适用范围过宽，侵犯有关当事人的合法权益。

十四、增加了商标主管部门及其工作人员行为规范、自我监督和职务违法行为法律责任的规定

《商标法》作为具有一定商标管理性质的法律，既要赋予商标主管机关必要的管理权力，以保障其履行管理职责，同时又要注意规范其行使权力的行为，健全行使权力的监督制度，对商标主管部门及其工作人员不依法履行职责、乃至违法犯罪行为还要规定相应的法律责任，以体现权责一致原则。新《商标法》充实了这方面的内容：一是明确商标管理部门及其工作人员在执法和管理活动中的行为规范，规定：“从事商标注册、管理和复审工作的国家机关工作人员必须秉公执法，廉洁自律，忠于职守，文明服务。”“商标局、商标评审委员会以及从事商标注册、管理和复审工作的国家机关工作人员不得从事商标代理业务和商品生产经营活动。”二是为了加强监督，对执法部门内部监督制度作了规定：“工商行政管理部门应当建立健全内部监督制度，对负责商标注册、管理和复审工作的国家机关工作人员执行法律、行政法规和遵守纪律的情况，进行监督检查。”三是增加了对商标管理部门工作人员的渎职行为追究法律责任的规定：“从事商标注册、管理和复审工作的国家机关工作人员玩忽职守、滥用职权、徇私舞弊，违法办理商标注册、管理和复审事项，收受当事人财物，牟取不正当利益，构成犯罪的，依法追究刑事责任；尚不构成犯罪的，依法给予行政处分。”

此外，新《商标法》还对立法宗旨（第一条），对商标注册申请人提供的申报事项和材料的要求（第二十六条）、商标异议事项由商标评审委员会作终局裁定改为可以进行诉讼后、有关程序规定的调整和补充（第三十条、第三十四条），商标管理部门提高商标注册申请审核和复审的效率（第三十五条），商标申请文件或者注册文件有明显错误的更正（第三十六条），商标专用权转让的生效日期（第三十九条），注册商标专用权归属争议申请裁定的期限(第四十一条),对涉嫌商标犯罪行为及时移送司法机关(第五十四条)等问题作了补充和修改,还对原《商标法》作了一些文字修改。

《商标法》是一部重要的知识产权法律，是社会主义市场经济法律体系的重要组成部分。新《商标法》颁布和施行，标志着我国商标法律制度日益与国际规则接轨，是我国商标法律制度与时俱进的重要体现，也从一个方面反映我国坚持改革、扩大开放的坚定信心，因而，它是我国商标法制建设的一个里程碑。我国即将成为世界贸易组织的新成员，面对日益显现的经济全球化和扑面而来知识经济，更需要我们以积极的姿态和规范的法律制度溶入世界贸易体系之中，参与国际竞争与合作。新《商标法》为我们在新的历史条件下加强商标管理，保护商标专用权，扩大与国际社会的知识产权的交流与合作，促进我国社会主义市场经济的发展，提供了可靠的法律保障。因此，公民、法人、其他组织、法律工作者、商标管理和执法部门、司法机关都应该自觉学习、领会商标法，严格贯彻、执行商标法，依法维护自身的权利，依法与商标违法行为做斗争，为实现我国商标领域的法治而努力。

第一章 商 标

一、商标的概述

（一）商标的概念

商标是指文字、图形、字母、数字、三维标志和颜色组合，以及上述要素组合的，生产者、经营者用于把自己的商品或者服务与他人的商品或者服务区别开的可视性标志。例如，“长虹牌”是四川长虹电器股份公司生产的各类家用电器的标志，这一标志就将四川长虹电器股份公司生产的家用电器与其他公司生产的家用电器区别开来。可见，在家用电器这类商品中，“长虹牌”就是四川长虹电器股份公司的象征。

（二）商标的特点

商标具有以下特点：

1. 商标是用于商品或者服务上的标记，与商品和服务不能分离。在社会生活中，标志占有相当重要的地位。在社会政治、经济、文化、体育等各个领域中，人们为不同的目的而使用不同的标志，如国旗、国徽是与国家密切联系的标志；党旗、党徽是与政党相关的标志；道路交通标志是与行人、车辆有关的标志，五环标志、申奥标志是与体育有关的标志。上述标志与商品本身都没有直接的关系。而商标则是与商品或者服务有关的标志。商标是随商品生产和商品交换的生产而产生和发展的，它是一种表明商品或者服务的来源以供消费者选购的标志。没有商品或者服务就没有商标，商品或者服务可以没有商标，但离开了商品和服务的标志绝不是商标。商标与商品或服务息息相关，紧密相连。

2. 商标是区别商品来源或者服务的标志。用于商品或者服务上的标志有许多，如商品检验机构出示的商品检验合格的标志；使用不当，容易造成产品本身损坏或者可能危及人身、财产安全的产品的警示标志，如易燃、易爆、易碎的标志，注意防潮的标志，不能倒置的标志等等；产品质量检验部门授予的产品质量认证标志，如长城认证标志、PRC认证标志、方圆认证标志等；国家商检部门及其设在各地的进出口商品检验机构，根据需要对经检验合格的进出口商品要加施“中华人民共和国进出口商品检验标志”，如安全标志、卫生标志、质量标志。上述这些标志的使用，目的主要在于向人们提供某些指示或证明，同一指示或证明通常使用同一标志，因此这些标志不具有区别商品生产者、销售者的功能。而商标作为一种标志则与这类标志不同，它的作用在于区别商品的不同生产者、销售者或者服务的不同提供者。如果各种商品的商标均相似或相同，就起不到这一作用。因此，商标必须具有特别显著性，具有区别的功能。能够使消费者通过商标把不同质量，不同生产者、销售者生产、销售的商品区别开来。

3. 商标是由文字、图形、字母、数字、三维标志和颜色组合，以及上述要素组合的可视性标志。商标的构成要素包括文字、图形、字母、数字、三维标志和颜色组合，以及上述要素组合，由此构成的商标具有显著特性，使一般消费者能够通过商标来识别商品、选择购买商品。在现实生活中，某些商品的形状、色泽，甚至瑕疵、残缺有时也可能起到某种识别作用，但这些不能称为商标。商标是经过人的设计，有意识地附置于商品或商品包装上的标记。它必须使用在特定的对象之上，才具有显示区别其来源的意义。有的商品本身不能或不宜制作标记的，则将商标附置于其包装或容器上。

4. 商标一经注册就具有排他性。社会生活中不少标志与商标不同，根据需要谁都可以使用。例如，禁止烟火的标志、火警标志、危险标志、禁止起动标志等，各工厂均可使用，并不具有排他性，而商标则具有排他性。所谓注册商标的排他性，是指商标经商标主管机关核准注册后，该商标的所有人享有商标专用权，受到法律保护，未经权利人许可，任何产品的生产者、销售者在同种商品上或类似商品上，不得使用与该注册商标相同的或近似的商标，任何服务的提供者在相同或者类似的服务项目上，不得使用与该注册商标相同的或近似的商标。谁在同种商品或类似商品上使用与他人相同或近似的商标，谁就是侵犯了他人的商标专用权，将承担相应的法律责任。

5. 商标是一种无形财产。随着市场经济的发展，商标已成为企业信誉、商品质量的象征。在商品上使用信誉高的商标就可以不断扩大商品销路，获得较高的经济效益。因此，商标不仅仅是商品交换的媒介，而且它本身已成为商标所有人的一种财富。当有的生产者、销售者所生产、销售的商品或者服务的提供者提供的服务在没有建立起信誉和占领市场的时候，就需通过商标转让，借助于他人有信誉的商标来打开局面。由于市场经济发展的客观需要，使得商标本身逐渐与原来的商品分离，可以单独买卖，成为了可用货币对其价值进行评估即有交换价值的无形财产。

（三）商标的起源和发展

1. 商标的起源。商标是随着商品生产和交换的产生而产生和发展的。随着社会生产力发展，出现了社会分工，产生了商品交换。商品上就需要做个记号，或用图案，或用姓名，或用产地，借此传扬名声，招徕顾客；也别于他人商品，分清责任。

古代曾有把陶工的姓名标示在陶器上的强制性要求，这是作为一种义务而不是权利。这种标记，最早发现于出土的公元前3500年的埃及古墓。但这种标识很难说是商标，况且出土的有关陶器在当时也未必就是易货中的商品。

我国汉代铁器上已有产地标记。西汉宣帝五凤年间留下的瓷器上，则有了以年号“五凤”作标示的例子。不过，这也很难与商标相提并论。倒是尚武的东周时期，兵器中被争相购置的“干将”、“莫邪”宝剑之类，已有了指示相同产品的不同来源及其稳定质量的功能，与后来的商标比较接近了。在唐代，《唐书》和《唐律疏议》中已出现了“物勒工名”的文字记载。到了宋代，我国商标的使用就已经相当考究了。宋代用于“功夫针”上的“白兔标识”，与提供商品的“刘家铺子”（商号）是分别存在的，故可以认为该“白兔标识”可称为实实在在的商标了。但宋代的商标，与宋代的版权还不相同。在长久的中国封建时代，“商”总是被轻视的，它不像创作作品那样受到重视与鼓励。因此，宋代流传下来旨在保护作者、编者及出版者的作品，禁止抄袭、翻版的官方榜文，今天可以找到不少。但禁止使用他人已使用的商品标识或“已申上司”(形同注册)，不许他人再用的地方榜文或中央政府的敕令，则不仅宋代没有，元、明也均没有。只是到清代，才有了这样的记载。

在欧洲，商品上使用标记起源于古代西班牙游牧部落打印在牲畜上的烙印。这种标记既表示牲畜归谁所有，也便于交换时区别。英文中“brand”与“trademark”至今作为同义词，这与汉语中的“牌子”和“商标”有惊人的相似之处。

在英国，面包房及银匠有义务在自己的制品上标出记号，作为一种强制性规定是出现在13到14世纪。那还称不上“商标”。

在德国，开始与商标沾边的，是古登堡采用活字之后的印刷品，由于当时印刷出版者们竞相使用活字印刷术，而印出的同种书籍（如圣经）装帧、质量各异。为了在市场上把自己质高的印刷品与他人质低者分开，以在竞争中处于有利地位，部分印刷出版者开始把一定标识作为其制品书面装饰的一部分印刷出来。在这里，商标的功能已经显示出来了。1518年，由Aldusof Venice出版的书上印的“海豚与铁锚”装饰被他人假冒，曾引起过早期西方的商标纠纷。

商标的出现，反映了商品生产者和消费者的共同愿望，是商品经济规律性的表现。随着商品经济的发展、商品交换数量和地域的扩大，商人出现了。商人从生产者手中购买，转手又向消费者出售，生产者与消费者不直接见面。商标的作用更大了。这是因为，商品交换原则是等价交换，买卖自由。作为生产者，生产出的商品只有通过交换，即卖出，才能换回货币，实现价值，赢得利润；卖不出，就不能维持再生产和扩大再生产。他就要想方设法改进技术，提高质量，缩短必要劳动时间，降低成本，使自己的商品在质量、价格等方面优于竞争者，达到扩大销售，缩短商品流通时间的目的。他的这些努力和希望，凝聚在每一个商品所用的商标上，在消费者使用中考验其商品使用价值，消费者的评价也凝聚于商标之中。消费者购买“回头货”，就要寻找那些信得过的商标。这些商标信誉经消费者传扬，就形成驰名商标。

2. 商标的发展。商标随商品交换而产生，随着商品经济中竞争的加剧而逐渐发展。自由竞争时期，商标使用是商品生产者、经营者自己的事，政府仅从商品质量角度进行监督，没有立法保护商品生产者的商标利益。我国《唐律疏议》中明文记载，“物勒工名，以考其诚，功有不当，必行其罪”。在英国工业革命以前，武器、刀剑等钢铁制品都刻有制造者的传统标记。贵金属的情况也是这样。今天，在奥格斯堡、布伦瑞克、伦敦、巴黎、阿姆斯特丹或彼得堡（列宁格勒）制造的银质茶壶或茶盘，制造者于16、17世纪所采用的商标，仍用做确定这类商品质量和产地的标志。

现代意义上的商标是作为工业产权出现的，这是19世纪以来的事情。大规模商品生产的发展，生产者与买主之间复杂的分配关系，商品本身的通用名称如火柴、香皂、啤酒、汽车等名称，已经有许多生产、制造者使用了，必须有个供消费者鉴别的标志。这个标志即商标。这时商标立法也提到了日程。这是因为，商标不只是一个图、一张画、几个字，主要的不是作为“艺术品”、“美术作品”。它是企业生产、经营状况的象征。它已经代表企业科学技术在生产管理、经营管理等方面综合素质在商品上的反映，这就是商标信誉。它是脑力劳动和体力劳动之结晶。这种商标信誉，能够联系一部分消费者，即占领一定市场，在实现商品交换中给该商标所有人带来利益。这种利益的价值就使商标产生相应的价值，成为企业的一种无形的财产，通常称为工业产权。工业产权在当代已与其他财产权有相似之处，可以转让、继承，作为财产投资、抵押等。

二、商标与相邻权标记的区别与联系

商标是商品特定标记，在商品生产、交换和其他市场活动中还有许多其他标记，如商品名称、商品装潢、特殊标志等，它们往往用于同一商品之上，极易造成混淆，因此，有必要加以区别。

（一）商标与商品装潢

商品装潢是商品包装物、瓶贴、容器或者其他附着物上的装饰设计，具有美化商品，提高商品品位的作用，一种较好的装饰会给消费者留下美好的印象，并能刺激消费者的购买欲望。商标与商品装潢的关系最为密切，因为它们往往在商品瓶贴或包装物上同时出现，而且有时也都是以文字、字母、图形或者色彩组合而成，对消费者都有视觉吸引力，因而人们也最容易把两者相混淆。但商标或商品装潢却有着明显的区别。从法律上看，两者的主要区别在于：第一，法律对商标和商品装潢的要求不同。商标的作用在于要表明商品的来源，将不同的生产者或销售者区别开来。商标必须具有显著性的特点，便于识别，使人们在相同或者类似的商品中，通过与众不同商标而区别商品的各自来源。而商品装潢的作用在于介绍商品，美化商品，吸引顾客购买。因而，法律并不要求装潢具有显著性，便于识别。第二，与商品质量的关系不同。商标与商品的质量、信誉联系较为密切，商标法也规定了商标使用人对商品质量的义务：商标使用人应当对其使用的商标的产品质量负责。使用商标的商品粗制滥造，以次充好，欺骗消费者的，其生产者、经营者要受到主管部门的行政处罚，其中使用注册商标的，还可能被撤销注册商标。而商品装潢与商品质量、信誉则无直接关系。第三，权利取得的途径不同。申请商标注册，申请人要依法向国家商标管理机关提出商标注册申请，受理机关要依法进行严格的审查、公告、异议等程序，符合法律规定并没有异议的申请，才能取得商标专用权。而商品装潢的使用完全可由商品所有人自己决定，法律对商品装潢则没有进行审查的规定。第四，二者受法律保护的程度不同。商标注册后，注册人享有商标专用权，未经权利人许可，任何人不得在同一种商品或者类似商品上使用与其注册商标相同或者近似的商标，禁止销售侵犯注册商标专用权的商品。当注册商标受到侵犯时，商标权人可请求商标主管部门和人民法院予以保护。而商品装潢一般是不受法律保护的，你可以用这种形式来美化商品，我也可以用这种形式来美化商品，甚至用与他人完全相同的装潢来美化商品，当然也有例外，如果擅自使用知名商品特有的装潢或者使用与知名商品近似的装潢造成和他人的知名商品相混淆，使购买者误认为是该知名商品的，被侵权人可以依照反不正当竞争法的有关规定，请求主管部门制止侵权行为，保护合法权益。

（二）商标名称与商品名称

商标名称是对商标的称呼。一种商标应有确定的名称，如果一种商标只有记号、图形，而没有确定的名称就会引起消费者的误解。如有天安门图案而没有确定名称的商标，人们既可以把它叫做“天安门牌”，也可以叫做“中华牌”、“北京牌”，还可以叫做“古楼牌”。为了便于商品的销售和消费者的选购，商标就应有与其商标图形相联系的名称。我国现行商标法虽然对商品名称未作专门规定，但实践中绝大部分商标都是有自己的名称的。商品名称亦称商品通用名称，它是被公众确认并在市场上用于与其他商品相区别的名称。例如，烟、酒、电冰箱、洗衣机、电视机等。

商标名称与商品名称既有联系又有区别。首先，商标名称与商品名称密不可分，人们在提及某种商品时，往往把商标名称与商品名称连在一起表述，例如，“爱妻牌”洗衣机，“海尔牌”电冰箱等。如果只讲商标名称不讲商品名称，就不能使他人知晓同一厂家生产的使用同一商标的商品中所指是何种商品。相反，只讲商品名称不讲商标名称，在众多的同类商品中就无法了解所指的是哪一家生产的商品。其次，商标名称与商品名称又有区别，主要表现在：第一，商标名称是可以申请注册的。而商品名称原则上不准许注册，当然如果商品名称通过长时间使用，具有了显著性，符合注册条件时，可以转化为商标名称，申请注册。第二，注册商标是受法律保护的，经注册的商标名称，同种商品的其他生产者、销售者或者服务的提供者就不能再使用。商品名称原则上是不在法律保护之列的，任何人都不具有独占权，人人均有平等使用的权利。惟一的例外是，如果擅自使用知名商品特有的名称或者使用与知名商品近似的名称造成和他人的知名商品相混淆，使购买者误认为是该知名商品的，知名商品权利人可以依照反不正当竞争法的有关规定，请求主管部门制止侵权行为，保护自身合法权益。

（三）商标与特殊标志

商标与特殊标志同属于区别标记，但两者的适用范围不同并由不同的法律、法规调整。特殊标志是指经国务院批准举办的全国性和国际性的文化、体育、科学研究及其他社会公益活动中所使用的，由文字、图形组成的名称及缩写、会徽、吉祥物等标志。例如，奥运会吉祥物、世界妇女大会会徽、申奥标志等，均属于特殊标志。1996 年 7 月 13 日，国务院发布了《特殊标志管理条例》，对其进行特殊保护。特殊标志必须具有显著性，便于识别，不得有损于国家或者国际组织的尊严或者形象，不得有害于社会善良习俗和公共秩序，不带有民族歧视性，不利于民族团结，不损害他人的商标权、著作权等在先权利，才能受到法律的保护。特殊标志经国务院工商行政管理部门核准登记，其所有人对其享有专有权，可以在与所有人公益活动相关的广告、纪念品及其他物品上使用该标志，并许可他人在国务院工商行政管理部门核准使用该特殊标志的商品或服务项目上使用。特殊标志的有效期为 4 年，自核准登记之日起计算。特殊标志所有人可以在有效期满前 3 个月内提出延期申请，延长的期限由国务院工商行政管理部门根据实际情况和需要决定。由上述规定可以看出，特殊标志与注册商标有许多共同的要求，也有一些区别，如核准程序、有效期等。

三、商标的种类

商标从不同角度或者依不同标准，可以分为以下几种类型：

（一）注册商标与未注册商标

按商标是否被商标主管部门核准注册，可分为注册商标与未注册商标。

（二）商品商标与服务商标

商标按照其使用的对象不同，可以分为商品商标与服务商标。

商品商标是生产经营者在生产、制造、加工、拣选或经销的商品上所使用的商标。服务商标是服务性行业所使用的区别性标志，即提供服务的人在其向社会公众提供的服务项目上所使用的标志。商品商标与服务商标在后面注册商标一章中有详述，这里略。

（三）文字商标、图形商标、字母商标、数字商标、三维标志商标和组合商标

按照构成商标图案的形态分类，可以分为文字商标、图形商标、字母商标、数字商标、三维标志商标、颜色组合商标和组合商标。这几种商标在后面注册商标一章中有详述，这里略。

（四）制造商标、销售商标与集体商标

商标按其不同的使用者进行分类，可以分为制造商标、销售商标与集体商标。

1. 制造商标。制造商标亦称生产商标，它是生产者在自己生产、制造的商品上所使用的商标。例如，我国红都服装厂使用的“红都”商标，日本日立公司使用的“日立”商标，就是企业在自己生产或制作的商品上使用了与企业名称

（厂标）相同的商标。使用制造商标一方面把不同的生产者区别开来，另一方面又把生产者与销售者区别开来。因而这种商标的使用，有利于与其他生产者和销售者进行竞争。另外，制造商标的使用也会不断扩大生产企业在消费者和同行业中的影响，提高企业的声誉。

2. 销售商标。销售商标亦称商业商标，它是销售者在自己销售的商品上所使用的商标。例如，贸易公司、百货公司等商业企业使用的标志，用以表示它所出售的商品都是经过精心拣选的。在商品上一般都是使用的制造商标；然而，有的销售者将他人的商品成批购进，再使用自己的商标来销售商品的情况也是存在的。实际上，使用销售商标的人，往往是影响较大、信誉较高的商业企业。这些企业使用销售商标，可以利用企业较高的声誉，使商品在市场上同别的同种商品展开商业竞争。但是，任何时候商品本身的质量仍是竞争取胜的根本所在，一种质量低劣的商品尽管使用了信誉非常高的销售者的销售商标，最终还是不会受到消费者欢迎的。

3. 集体商标。集体商标亦叫团体商标，是指以团体、协会或者其他组织名义注册，供该组织成员在商事活动中使用，以表明使用者在该组织中的成员资格的标志。集体商标虽然也表示商品来源，但它并不是标示某一特定厂家，而是代表由若干企业组成的团体、协议或者其他组织。一般来说，集体商标不允许转让，使用该商标的意义在于表明若干企业所生产的同一商品具有相同的质量和规格。新商标法对集体商标作了规定，后有详述。

（五）联合商标、防御商标、证明商标和等级商标

商标按其特殊性质可以分为联合商标、防御商标、证明

商标、等级商标和备用商标。

1. 联合商标。联合商标，是指同一个商标所有人在相同或类似商品上使用的若干个近似商标。在这些近似商标中，首先注册或主要使用的商标为正商标，其余商标为该商标的联合商标。例如，某厂生产的高级衬衫的注册商标是“永太牌”，同时又注册为“永大牌”、“永泰牌”、“太永牌”、“荣大牌”。该厂实际上只用“永太牌”商标，其他商标往往备而不用。联合商标必须是同一企业用在同一商品上。在联合商标中，每个商标都是完全独立的商标，一个商标如果失效，并不影响其他商标的效力。凡是有联合商标法律规定的国家，均有关于联合商标不得单独转让的限制性规定。联合商标的使用对于最先创设的商标起着扩大保护范围的作用，同时又把与最先创设的商标相近似的商标明确化了，他人使用联合商标中的任意一个商标的行为都是侵权行为，这就起着更好地防止他人假冒的作用。由于联合商标可能把几十个甚至上百个商标联合起来，这就增加了商标审查和注册的困难，也会使各种社会关系复杂化。因此，在一些国家存在着联合商标废止与存在之争。我国商标法未明确规定联合商标，但允许企业就两个以上的近似商标取得注册。

2. 防御商标。防御商标，是指同一商标所有人在不同类别的商品上注册使用同一个著名商标。最先创设的商标为正商标，后在不同类别商品上使用的同一商标为防御商标。例如，某厂生产“白玉”牌牙膏，遂又在化妆品、香皂、洗涤剂上注册使用该商标，后者即构成防御商标。注册防御商标，在于保护著名商标的信誉，因为如果他人在非类似商品上使用该商标，也会造成消费者误认和原商标所有人利益损害。防御商标的注册较为困难，但一旦注册成功，则不受因不使用而被撤销商标的规定所限。我国商标法对防御商标未作规定，但允许企业就同一商标在他类商品上取得注册。防御商标和联合商标对最先创设的商标都起着一定的防护作用，二者的区别是，联合商标主要是在同种商品中起防护作用，而防御商标则是在非同类商品中起防护作用。防御商标的使用，无疑使著名商标得到更充分的保护。

3. 证明商标。证明商标，又称保证商标，是指由对某种商品或者服务具有监督能力的组织所控制，而由该组织以外的单位或者个人使用于其商品或者服务，用以证明该商品或者服务的原产地、原料、制造方法、质量或者其他特定品质的标志。如目前国际上流行的纯羊毛标志、欧共体采用的“担保商标”等，都是一种证明商标。新《商标法》对证明商标作了规定，后有详述。

4. 等级商标。等级商标是商标所有人为将不同质量和品种的同一产品区别开来而使用的系列商标。例如，上海牙膏厂生产的高档牙膏叫“美加净牌”、“红灯牌”；生产的中档牙膏叫“中华牌”、“黑白牌”；生产的低档牙膏叫“玉叶牌”、“庆丰牌”。使用等级商标便于消费者将同一企业的同一种产品的不同质量和品种区别开，便于消费者根据自己的使用习惯、使用目的和经济条件选购商品。

（六）驰名商标和非驰名商标

依据商标社会影响的大小可分为驰名商标和非驰名商标。

1. 驰名商标。驰名商标亦称著名商标、声誉卓著之商标、世界性之商标，台湾称为“世所共知商标”，它是较大范围内为公众知晓的有较高信誉的商标。新商标法确立的驰名商标的保护制度，后有详述。

2. 非驰名商标。非驰名商标是在较小范围为公众知晓的商标。非驰名商标与驰名商标的主要区别是，第一，非驰名商标要受到法律的保护，必须以商标注册为前提；而驰名商标的保护并不以商标注册为前提，未注册的驰名商标同样受到法律的保护。第二，非驰名商标的保护范围较为窄小，只限于商标主管部门核定的注册商标使用的商品或者服务。而驰名商标保护的范围有时可以延及到一切商品或者服务领域，对于在中国注册的驰名商标，法律的保护不仅仅限于相同或相类似的商品或者服务，在不相同或者不相类似的商品或者服务上都不得使用与驰名商标相同或相近似的标志。

四、商标的作用

商标是商品经济长期发展的产物。在促进商品生产、交换等方面发挥着重要的社会职能。在市场经济不断发展的今天，商标已成为促进经济发展的不可缺少的因素。从商标使用者、商标管理者以及商品的消费者的角度来看，商标的作用可以概括如下：

（一）商品来源或者服务提供的标示作用

现代社会，商品交易空前繁荣，服务行业迅猛发展。为了满足社会对商品或服务的需求，同种产品或同类产品往往由很多不同的生产者或销售者来生产、销售，同种服务或同类服务常常由许多不同的企业、事业单位提供，一个企业企图完全垄断某种产品的生产和销售或者服务的提供是不现实的。然而，由于各自的资金、设备、技术力量以及设计方案不同，必然造成产品规格、质量、性能等方面的差异，或者形成服务的质量、特色、风格等方面的不同，进而给消费者留下的印象也各不相同。同种商品或者服务的差别是不可否认的客观事实。承认这一事实，采取一定的方式将不同的商品生产者、销售者或者服务的提供者区别开来，是调动生产者、销售者的积极性，促进竞争，推动商品经济发展的需要。而商标就肩负着这一重要任务。消费者看到这些不同的商标就联想到不同的生产者和销售者或者服务的提供者。例如，经国家批准的卷烟、雪茄烟厂，全国有数百家，其使用的商标逾千种，诸如“红塔山”、“云烟”、“中华”、“中南海”这些卷烟商标，只能由各注册厂家专门使用，其他厂家未经允许不得擅自采用。这样，商标总是同特定的生产经营者联系在一起，起着区别商品来源的作用。

（二）有利于保证商品的质量，维护消费者利益

商品或者服务质量是商品或服务信誉的物质基础，也是生产者或服务的提供者在市场上立于不败之地的根本保证。生产者或服务的提供者在其产品或者服务上使用了商标后，为了提高信誉，巩固和扩大市场，就得千方百计地提高商品或服务的质量，保持或扩大商标在消费者心目中的信誉。否则，将会失去消费者的信任，消费者再也不会购买该商标的商品或服务。同时，使用商标的商品或服务质量还要受到商标主管部门的监督。新《商标法》规定，转让注册商标的，受让人应当保证使用该注册商标的商品质量。商标注册人可以通过签订商标使用许可合同，许可他人使用其注册商标。被许可人应当保证使用该注册商标的商品质量。“使用注册商标，其商品粗制滥造，以次充好，欺骗消费者的，由各级工商行政管理部门分别不同情况，责令限期改正，并可以予以通报或者处以罚款，或者由商标局撤销其注册商标。”新商标法还规定，使用未注册商标其产品粗制滥造，以次充

好，欺骗消费者的，由地方工商行政管理部门予以制止，限期改正，并可以予以通报或者处以罚款。这些规定，对于使用商标的商品质量无疑起着重要的保证作用。

（三）起着广告营销的作用

广告是指商品经营者或者服务的提供者通过一定媒介和形式直接或者间接地介绍自己所推销的商品或者提供的服务。通过广告宣传，可以使不知该商品者，在脑海中对该商品留下深刻的印象，使知其商品者对该商品更加信赖。商标本身就能起着广告营销作用，这种广告营销作用集中反映在其唤醒能力上，商标名称往往是短小、精练、新颖的文字，商标图形往往是鲜明、醒目，具有显著性，商标本身的这些特点就能很快地从不同角度吸引着消费者，并在消费者心目中打下深深的烙印，当消费者看到某商标时，就会想到此商标指定的商品或服务以及带来的满意度和渴望度。当商标的声誉建立起来后，就成为一种有效的载体，将商品或服务的吸引力这一信息传递给其他消费者，以增加商品或服务的销售。这就是商标的广告作用。

第二章 商标法

一、商标法概述

商标法是指调整商标关系的法律规范。商标法是一部重要的知识产权法，是民法的重要组成部分。商标法可分为形式意义上的商标法和实质意义上的商标法。形式意义上的商标法专指国家立法机关制定的商标法。实质意义上的商标法则是指调整商标关系的法律规范的总和，既包括形式意义上的商标法，还包括其他规范商标关系的法律规范，如在民法、刑法和诉讼法等法律中涉及的有关商标方面的法律规范。

在我国，商标法也可分为形式意义上的商标法和实质意义上的商标法。形式意义上的商标法是指由国家最高权力机关——全国人民代表大会常务委员会制定或修改的、国家主席颁布施行的《中华人民共和国商标法》和《关于修改商标法的决定》。实质意义上的商标法是指包括有关调整商标关系的所有法律规范的总和，除《商标法》和《关于修改商标法的决定》外，还包括宪法、民法、刑法、刑诉法等法律中有关商标的规定，国家立法机关作出的关于进一步明确法律规定的具体含义和需要明确适用法律依据的立法解释，国家最高行政机关及其主管部门制定的实施商标法的行政法规、部门规章，最高司法机关作出的适用商标法的司法解释，我国缔结或参加的有关商标的国际条约等。

二、我国商标法律制度的沿革

（一）旧中国商标法律制度

商标制度的产生和发展与商品经济的发展有着密切的联系。商品交换出现后，商标标记也就逐渐出现。在我国封建社会后期，随着商品经济的发展，出现了官方保护商标，禁止伪冒的案件。近代中国的商标法律制度，是半殖民地半封建社会的产物。鸦片战争后，中国进入了半殖民地半封建的社会，帝国主义列强的商品源源不断地运往我国。而他们的商品均附有商标。因此，英美日等国续订商约时，都要求清政府对其商标予以保护。清光绪二十八年（1902 年）中英续订商约第七款规定，“由南北洋大臣在其各管辖境内，设立牌号注册局所，派归海关管理及呈明注册。”光绪二十九年（1903 年）中美商约第九款规定，“美国人民之商标在中国所设立之注册局所，由中国官员查察后，缴纳公道规费，并遵守所定公平章程，中国政府允示禁冒用。”同年，中日商约第五款规定，“中国允设立注册局所，凡外国商牌请由中国保护者，须遵照将来中国所定之保护商牌各章程，在该局所注册。”光绪三十年（1904 年 3 月），清政府在帝国主义的胁迫和催促之下建立了商部，并在商部内设立商标登录局，由当时担任海关总税务司的英国人赫德代拟商标章程。

光绪三十年（1904年6月），清政府依据赫德起草的草案，颁布了《商标注册试办章程》及细目。这是旧中国第一部关于商标的法律。该章程共28条，细目23条。该章程规定，实行注册原则和申请在先原则，津沪两关为商标注册分局，以便注册者就近申请；注册者可以直接向商标注册局提出，也可由注册分局转交；注册有效期20年。对假冒商标采取不告不理原则；对涉及商标纠纷实行“领事裁判权”。

清政府垮台后，北洋政府接管了有关商标事宜。北洋政府于1912年、1917年拟定过商标法草案，由于受国际、国内形势的影响，使其没有结果。后来，在德日的压力之下，北洋政府不得不于1923年5月3日公布施行了共44条的《商标法》，接着在当年5月8日又公布了共37条的《商标法施行细则》，并设立了商标局。该商标法是我国第一次正式施行的商标法。但该商标法仍是屈服于帝国主义压力的产物，在商标保护方面仍承担了不平等条约中所规定的义务。

在国民党执政时期，国民党政府于1927年12月成立了全国注册局并公布了《全国注册局注册条例》，但仍沿用1923年北洋政府颁布的《商标法》。1930年5月6日国民党政府颁布了共40条的新《商标法》。该法一个显著的修改是删去了对违反商标法的有关刑罚规定。1930年12月30日国民党政府又公布了《商标法施行细则》共40条，于1931年1月1日与《商标法》同时施行。1935年、1938年国民党政府对其商标法先后作了两次修改。国民党政府颁布的商标法仍未改变为帝国主义服务的宗旨。在相当一段时间内，帝国主义在我国的注册商标占注册总数的2/3以上；同时，在处理中外商标纠纷时，往往是丧权辱国，对外商利益保护备至。

（二）新中国商标法律制度的建立

中华人民共和国成立后，废除了国民党政府的商标法令。1950 年 8 月 28 日政务院公布了《商标注册暂行条例》，共 6 章 34 条，1950 年 9 月 29 日中央人民政府政务院财政经济委员会又颁布了《商标注册暂行条例施行细则》。《商标注册暂行条例》的主要特点是，该条例以保护“工商业专用商标的专用权”为其宗旨；该条例采用了自愿注册原则，凡注册的就予以保护，不注册的不予保护；在注册商标申请中采用了先申请原则；在注册前后均实行异议制，即对审查的商标和已注册的商标，他人均可提出异议；对于已申请注册或已核准注册的商标允许转让和继承；对于商标注册方面的种种欺骗行为要依法惩处。该条例第五条还规定，“已与中华人民共和国建立外交关系、订立商约之国家的商民，如需专用商标时，得在订立条约的规定范围内，依本条例申请注册。”这一规定表明，我国对外国人的商标采取有条件的保护原则。由于该条例采用自愿注册的原则，很多国营企业对商标注册不大重视，致使一些国营企业使用的商标被私营企业抢先注册。于是 1953 年国家提出，凡是国营、地方国营、公私合营企业使用商标未注册的，应积极动员其申请注册，以免私营企业以其相同或相似的商标抢先注册。1954 年 3 月中央工商行政管理局又颁布了《未注册商标暂行管理办法》，要求一切国营、公私合营、合作社和私营大中型企业，使用商标必须先行注册，一些小企业的商标也要在地方登记备案。对使用的商标进行注册和登记的做法，实际上是改变了《商标注册暂行条例》中的自愿注册原则。

1956 年，生产资料的社会主义改造完成后，在经济理论上出现了否定市场经济，把计划经济绝对化的倾向；在经济活动中，对物资分配实行计划调拨的政策，对商品流通实行统购包销的政策。因此，很多生产企业竞争意识淡化，只重视生产任务，不重视市场，不重视发挥注册商标的作用，全国申请注册商标的数量大大减少。为了解决这一问题，1957 年 1 月国务院批转了中央工商局《关于实行商标全面注册的意见》。该意见的主要内容是，第一，使用的商标必须注册；没有注册一律不得使用。这一规定，意味着商标的强制注册原则代替了自愿注册原则。第二，加强对商品质量的监督管理。该意见要求，各企业申请商标注册的产品，应按规定的质量标准，填报“商品质量规格表”，并经业务主管部门盖章予以证明。第三，取消了异议程序。商标经审查同意后，即予以注册、公告。该意见的实行，扭转了不重视商标注册的现象。

1963 年 4 月 10 日，国务院公布了共 14 条的《商标管理条例》，该条例公布施行之日，也同时废止了 1950 年 8 月 28 日政务院公布的《商标注册暂行条例》。1963 年 4 月 25 日，中央工商行政管理局又公布了《商标管理条例施行细则》和《商品分类表》。《商标管理条例》总结了我国十多年来商标管理工作的经验，其主要特点是，第一，该条例以“加强商标的管理，促使企业保证和提高产品的质量”为宗旨。这一宗旨意味着，在我国商标制度中，已把商标与商品的质量联系起来，把商标管理与商品的质量管理联系起来。通过商标管理来监督商品质量的作法是该条例的一大特点。另一方面，从其宗旨可见，条例放弃了对商标专用权的保护。商标所有人只有对商标进行注册以及保证商品质量的义务，而对注册商标无任何权利可言。第二，该条例实行了全面注册制度，企业使用的商标，必须向中央工商行政管理局申请注册。第三，该条例取消了异议程序，简化了审批程序。该条例虽然力图简化商标审批程序，但事实上却使审批工作更繁琐。

十年动乱期间，商标法制受到了很大破坏，商标没有全国统一管理，造成商标使用混乱。1978 年 9 月国家恢复了工商行政管理总局的建制，由所属商标局负责，从年底开始对全国商标进行清理登记，1979 年 11 月恢复了全国商标统一注册。截至 1982 年 6 月 30 日止，共有注册商标 7 万 3 千余件，其中国内商标 6 万 3 千余件，外国商标 9 千 9 百余件。随着社会主义商品经济的发展，《商标管理条例》已经不能适应新的历史时期的要求，主要表现在：对商标专用权的保护没有规定，需要加以明确；全面注册办法不能适应经济形势发展的要求，需要加以调整；审查注册程序不够严密，需要加以完备；外国商标注册办法业已修改，需要以法律形式加以确定。

为了适应发展社会主义商品经济，维护社会主义经济秩序和保护消费者的合法权益，全国人民代表大会常务委员会总结了我国商标制度 30 多年的经验教训，研究了商标工作的新问题和新情况，在立足于本国，兼顾国际惯例的基础上，于 1982 年 8 月 23 日颁布了《中华人民共和国商标法》。1983 年 3 月 10 日国务院又发布了《中华人民共和国商标法实施细则》。

《中华人民共和国商标法》是新中国第一部知识产权保护的专门法律。其主要特点是：（1）发展社会主义商品经济和建立社会主义法制是商标立法的出发点。该法强调保护商标专用权，促进企业讲究商标信誉，发展商品生产；尊重企业经营自主权，实行商标自愿注册；完善商标注册程序，维护社会主义经济秩序。同时将保护商标权与商标管理、商品质量监督用法律形式予以确认，体现了加强商标法制的立法目的。(2) 立足于国内兼顾国际惯例是商标立法的原则。该法内容主要针对国内情况，具有较多中国特色，如通过商标管理，监督商品质量；集中注册，分级管理；利用商标竞争，促进联合等。此外，该法还注意吸收外国立法经验，大量采用国际上通行做法，如商标禁用条款，注册有效期和续展，转让和使用许可等。(3) 保护商标专用权是实行商标法制的重要环节。该法强调其宗旨首先是保护注册商标专用权，以此为重心规定了商标注册、商标管理、商标侵权等各项制度。(4) 实行自愿和强制相结合是商标注册制度的重大改革。该法改变以往全面注册的办法，允许商标使用人根据其意愿决定是否注册。但国家规定必须使用注册商标的商品，必须申请商标注册，未经核准注册的，不得在市场上销售。

（三）新中国商标法律制度的发展与完善

1. 对《商标法》的第一次修改。《商标法》施行以来，对保护生产力，促进国际间经济技术合作，发展我国社会主义商品经济发挥了积极的作用，推动了我国商标事业的发展。1982 年商标注册申请数量为 18565 件，1991 年增至 67604 件；有效注册商标 1982 年底为 84047 件，1991 年底增至 318915 件；来我国注册商标的国家和地区也不断增加，1982 年有 28 个国家和地区注册商标 13148 件，1991 年有 62 个国家和地区注册商标 47859 件。但是，《商标法》毕竟是在我国改革开放初期制定的。随着改革开放的不断深化，实践经验的不断积累，同时，我国又先后于 1985 年和 1989 年加入《保护工业产权巴黎公约》和《商标国际注册马德里协定》，为了进一步完善我国的商标制度，并与国际上通行做法相衔接，以适应我国发展社会主义市场经济的需要，对

《商标法》作适当的修改是必要的。1993年2月22日第七届全国人民代表大会常务委员会第三十次会议通过了《关于修订〈中华人民共和国商标法〉的决定》，对《商标法》的部分条文作了修改，同时通过《关于惩治假冒注册商标犯罪的补充规定》。这次修改的主要内容是：

(1) 将服务商标纳入《商标法》的保护范围。原《商标法》仅适用于在商品上使用的商标，未将服务商标纳入保护范围。随着我国商品经济的发展，特别是第三产业的兴起，服务商标越来越多，有关企业事业单位强烈要求将服务商标纳入《商标法》的保护范围。《保护工业产权巴黎公约》要求其成员国保护服务商标，许多国家的商标法对服务商标也是明确规定给予保护的。因此，修改后的《商标法》将服务商标纳入保护范围，规定企业、事业单位和个体工商业者，其提供的服务项目，需要取得商标专用权的，应当向商标局申请服务商标注册。"本法有关商品商标的规定，适用于服务商标。"这个规定有利于鼓励服务行业的竞争，提高服务质量，推动第三产业的发展。

(2) 禁止将地名作为商标。原《商标法》对用行政区划名称作为商标注册未作限制。这一点不明确，实践中带来了不少问题。因此，修改后的《商标法》规定，"县级以上行政区划的地名或者公众知晓的外国地名，不得作为商标，但是，地名具有其他含义的除外；已经注册的使用地名的商标继续有效。"新《商标法》采用国际上的通常做法，禁止将作为公共财产而不宜独立使用的地名作为商标使用。考虑到我国商标历史上早就有使用地名的习惯，而且有的地名商标已具有"其他含义"，即具备商标显著性特征，新《商标法》对此予以承认，并采用不溯及既往的原则，承认已经注册的使用地名的商标继续有效。

（3）增加商标注册审查的补正程序。修改后的《商标法》规定，“已经注册的商标，违反本法第8条规定的，或者是以欺骗手段或者其他不正当手段取得注册的，由商标局撤销该注册商标；其他单位或者个人可以请求商标评审委员会裁定撤销该注册商标。”修改后的《商标法》增加了商标注册无效的补正程序，即不受商标争议规定的限制，对违反商标禁用条款或采取不正当手段取得注册的商标，可以适用商标注册无效裁定程序，由商标局或商标评审委员会予以撤销。

（4）扩大侵权行为界定范围，加大惩治侵权行为力度。修改后的《商标法》重新界定了侵犯商标权行为的范围，在所列举的侵权行为中，增加一项即“销售明知是假冒注册商标的商品的”；修改一项即“伪造、擅自制造他人注册商标标识或者销售伪造、擅自制造的注册商标标识的”。同时，对侵犯商标权的刑事责任作了相应规定，假冒他人注册商标，包括伪造、擅自制造他人注册商标标识或者销售伪造、擅自制造的注册商标标识，销售明知是假冒注册商标的商品，构成犯罪的，除赔偿被侵权人的损失外，依法追究其刑事责任。此外，《关于惩治假冒注册商标犯罪的补充规定》，还扩大了犯罪主体范围，加重了对于假冒商标犯罪的量刑幅度。为了惩治国家工作人员和司法人员包庇假冒商标的行为，该条例还规定了上述人员玩忽职守罪。

2. 对《商标法》的第二次修改。《商标法》自1993年修改以来，对于保护商标专用权，促使商标的所有权人保证商品或者服务质量和维护商标信誉，保障消费者的利益，促进经济发展，发挥了重要的作用。但是，随着社会主义市场经济的发展，我国商标保护制度还需要进一步完善，一些方面与世界贸易组织规则主要是《与贸易有关的知识产权协议》（以下简称知识产权协议），也存在一定的差距。我国已对外承诺在正式加入世界贸易组织时全面实施知识产权协议。为了完善我国商标保护制度，进一步加强对商标专用权的保护，促进经济的发展与繁荣并适应我国加入世界贸易组织进程，在总结实践经验的基础上，迫切需要对《商标法》作适当的修改。国务院法制办公室、国家工商行政管理局在总结《商标法》实施多年来实践经验的基础上，经过认真研究，并征求全国人大常委会法制工作委员会、国务院有关部门及有关专家、学者的意见，拟订了《中华人民共和国商标法修正案（草案）》（以下简称草案）。草案经国务院第33次常务会议通过，于2000年12月22日提请第九届全国人民代表大会常务委员会第十九次会议审议，经过人大常委会第十九次、第二十一次和第二十四次三次审议，2001年10月27日，九届全国人大常委会第二十四次会议表决通过《关于修改商标法的决定》，该决定自2001年12月1日起施行。

三、我国《商标法》的适用范围、基本原则和管理体制

（一）《商标法》的调整对象和适用范围

1.《商标法》的调整对象。法律的调整对象，是指法律调整的社会关系。任何一部法律都是调整一定的社会关系的，《商标法》调整的对象是以商标权为核心的各种社会关系，包括：第一，调整因商标权而产生的民事法律关系。《商标法》是一部民事法律，因此《商标法》首先要调整涉及商标权的平等主体的民事法律关系，如因商标权转让、许可使用而发生的合同关系，因商标异议或争议（主要指当事

人之间）发生的确权法律关系，因侵犯商标权发生的损害赔偿关系等。第二，调整因商标管理而产生的行政法律关系。加强商标管理，促使生产经营者保证商品的服务质量，保障消费者的利益，是《商标法》的一项重要任务，为实现这个任务，《商标法》规定了大量的行政管理措施，因而产生了一系列行政管理法律关系，如商标审查和核准、商标使用管理、商标专用权的保护等环节发生的商标主管机关与管理相对人之间的关系。第三，调整因商标犯罪而产生的刑事法律关系。包括假冒注册商标、伪造、擅自制造他人注册商标标识或者销售伪造、擅自制造的注册商标标识，销售明知是假冒注册商标的商品构成犯罪的，以及从事商标注册、管理和复审工作的国家机关工作人员渎职、受贿构成犯罪的，要依法追究刑事责任。

2.《商标法》的适用范围。法律的适用范围，也称法律的效力范围，是指法律适用于哪些地方，适用于什么人，适用于什么事，在什么时间内发生法律效力等。《商标法》的适用范围包括：

第一，《商标法》适用的主体范围。《商标法》适用的主体范围大致可分为三个方面：一是商标民事法律关系的主体，包括申请商标注册和已经取得注册商标专用权的自然人、法人或者其他组织，在先权利人，商标公告期间的异议人，注册商标的争议人，注册商标转让中的受让人，注册商标许可使用中的被许可人，注册商标的民事侵权人以及其他有关当事人等。二是商标行政法律关系的主体，除了上述商标民事法律关系主体外，还包括从事商标注册、管理和复审工作的国家机关及其工作人员、未注册商标的使用人等。三是商标刑事法律关系的主体，包括假冒注册商标、伪造、擅自制造他人注册商标标识或者销售伪造、擅自制造的注册商标标识，销售明知是假冒注册商标的商品构成犯罪的犯罪嫌疑人，从事商标注册、管理和复审工作的国家机关工作人员渎职、受贿构成犯罪的犯罪嫌疑人等。

第二，《商标法》适用的活动范围。《商标法》适用的活动范围包括商标注册的申请、商标注册的审查和核准，注册商标的续展、转让和使用许可，注册商标争议的裁定，商标使用的管理和注册商标专用权的保护等。从《商标法》规定的内容看，《商标法》主要适用注册商标，调整注册商标法律关系，规范商标注册、管理、保护等一系列问题，以切实保护注册商标专用权人的合法权益，与此同时，《商标法》对未注册商标，也作了一些规定，主要是四个方面：一是明确规定了未注册商标不得使用的标志；二是规定未注册商标的使用人应当对其使用的商品质量负责；三是明确规定两个或者两个以上的商标注册申请人，在同一种商品或者类似商品上，以相同或者近似的商标申请注册，同一天申请的，初步审定并公告使用在先的商标；四是规定申请商标注册不得以不正当手段抢先注册他人已经使用并有一定影响的商标。

第三，《商标法》适用的地域范围和时间效力范围。关于地域范围，凡是在中华人民共和国境内从事商标注册申请、申请注册商标续展、转让和使用许可，从事注册商标使用管理和注册商标专用权保护等活动的，都适用《中华人民共和国商标法》。凡在中华人民共和国境外从事商标活动的，不适用本法。但《商标法》不适用于香港和澳门特别行政区，因为根据《香港特别行政区基本法》和《澳门特别行政区基本法》的规定，除基本法及其附件三规定适用的国防、外交方面法律之外，中华人民共和国的其他法律不适用于特别行政区。

关于时间效力范围，《商标法》第六十四条规定，“本法自1983年3月1日起施行。”“本法施行前已经注册的商标继续有效。”1993年七届全国人民代表大会常务委员会第三十次会议通过的《关于修改商标法的决定》规定，“本决定自1993年7月1日起施行。”2001年九届全国人大常委会第二十四次会议通过的《关于修改商标法的决定》规定，“本决定自2001年12月1日起施行。”从上述规定可知：一是，《中华人民共和国商标法》的生效时间为1983年3月1日，两个修改决定的生效时间分别为1993年7月1日和2001年12月1日。二是，与两个修改决定不一致的内容自修改决定施行之日起失效。三是，《商标法》或《商标法》新的修改决定不具有法律溯及力。

（二）《商标法》确立的几项基本原则

1. 注册原则。世界各国商标法对商标权产生或确立，主要采用两种不同的制度，即“注册原则”和“使用原则”。所谓注册原则是指商标权通过注册登记取得，不论商标是否使用，只要经过商标主管机关依法注册，申请人便取得商标权，并受法律保护。所谓使用原则是指商标经过使用，便产生权利，商标权归最先使用人所有；未经使用的商标不得申请注册。我国商标法采用注册原则，《商标法》规定，自然人、法人或者其他组织对其生产、制造、加工、拣选或者经销的商品或服务项目，需要取得商标专用权的，应当向商标局申请商标注册。根据这个规定，当事人需要取得商标专用权的，必须向商标主管部门申请商标注册，未注册的商标，原则上不受法律保护。

2. 自愿注册原则。自愿注册原则是指商标使用人可以自行选择是否将使用的商标申请注册。与自愿注册原则相对应的是强制注册原则。强制注册原则（也称全面注册原则）

要求凡是使用的商标必须申请注册，否则不得使用。我国在《商标法》实施前的相当长的一段时间实行的是强制注册原则。而现在除烟草制品实施强制注册外，均实行自愿注册原则。商标使用人如不需要取得商标专用权，可以不注册。但未注册商标不受法律保护。

3. 申请在先原则为主，使用在先原则为辅。在商标权的确立采用注册原则的国家，对于不同的申请人提出的相同或近似的商标注册申请，采用两种不同的判定商标权归属原则，即申请在先原则和使用在先原则。申请在先原则以提出申请日期的先后，决定商标权归属。使用在先原则以使用商标的先后决定商标权的归属。我国《商标法》采用申请在先原则为主，辅之以使用在先原则。《商标法》规定，两个或两个以上的商标注册申请人，在同一种商品或类似商品上，以相同或者近似的商标申请注册的，初步审定并公告申请在先的商标；同一天申请的，初步审定并公告使用在先的商标，驳回其他人的申请，不予公告。这个规定体现了申请在先原则为主，使用在先原则为辅。

4. 审查原则。对提出申请的商标准予注册，依是否进行实质审查分为审查原则和不审查原则。审查原则是商标主管当局在授予商标权之前，对商标注册申请，既进行形式审查，又进行实质审查，经审查符合注册条件的，方准予注册。不审查原则是指商标主管当局对注册申请不进行实质审查，而仅就申请手续是否齐全进行审查，符合条件的便予以注册。我国《商标法》实行审查原则。

5. 行政审查与司法审查相结合的商标确权原则。我国《商标法》的规定，商标局主管全国商标注册工作，通过受理注册申请、审查、公告、异议、核准注册等一系列程序决定是否核准商标注册。商标评审委员会负责处理商标争议事宜，当事人不服商标局有关商标权事宜的裁决的，可以向商标评审委员会申请复审，并由商标评审委员会做出裁决；对注册商标有争议的或要求撤销注册不当商标的，则可以直接向商标评审委员会提出申请，商标评审委员会通过评审做出是否撤销注册商标的裁定。当事人对商标评审委员会的裁定不服的，可以自收到通知之日起三十日内向人民法院起诉。

（三）我国商标管理体制

根据《商标法》第二条规定：“国务院工商行政管理部门商标局主管全国商标注册和管理工作。”“国务院工商行政管理部门设立商标评审委员会，负责处理争议事宜。”根据这个规定，国家工商行政管理总局商标局和商标评审委员会负责我国商标注册、管理和商标争议处理工作。

1. 国家工商行政管理总局商标局。国家工商行政管理总局商标局作为全国性的商标管理机关，负责全国商标注册和管理工作。商标局主要职能：（1）负责办理商品商标、服务商标、集体商标、证明商标等商标的注册工作，以及办理上述商标的变更、转让、续展、补证、注销等有关事宜；（2）负责办理商标异议裁定；（3）制定或参与制定有关商标的规章制度及具体措施、办法；（4）依法查处商标侵权及假冒案件，指导本系统的商标办案工作；（5）协助办理商标侵权行政复议案件；（6）负责商标使用许可合同和商标印制；（7）负责商标代理组织、商标评估机构的管理；（8）负责认定驰名商标；（9）负责商标信息的收集工作；（10）组织商标国际条约、协定在中国的具体实施及承办商标国际交流与合作的有关工作。商标局下设处室：综合处、外事处、案件指导处、监督管理处、法律事务处、审查一处、审查二处、审查三处、国际注册处、异议裁定处、变更续展处、计算机处、申请受理处、商标档案处。

2. 商标评审委员会。商标评审委员会是国家工商行政管理总局设立的负责商标确权评审的行政机构。商标评审委员会成立于1983年8月11日，它的主要任务是正确、及时地处理商标评审事宜，依法对商标评审事宜行使裁决权，保护当事人的合法权益，维护和监督国家工商行政管理总局商标局依法行使职权。商标评审委员会依法对商标评审事宜独立行使裁决权，不受其他行政机关的干涉。商标评审委员会处理商标评审事宜，采取委员投票表决制，遵循少数服从多数的原则。商标评审委员会对商标评审事宜实行书面审理。商标评审委员会受理就下列事宜提出的评审申请：(1) 对商标局驳回商标注册申请不服的；(2) 对商标局异议裁定不服的；(3) 对商标局驳回注册商标转让申请不服的；(4) 对商标局驳回注册商标续展申请不服的；(5) 对商标局撤销注册商标不服的；(6) 对注册商标提出争议的；(7) 对认为注册不当商标提出撤销的；(8) 法律、法规规定的其他商标确权评审事宜。商标评审委员会由主任委员、副主任委员、委员组成，其中委员为十五至十七人。商标评审委员会委员应当符合下列条件：(1) 熟悉商标法律；(2) 从事商标审查工作满三年或者从事其他法律事务工作满五年的；(3) 系国家工商行政管理局的公务员。商标评审委员会主任委员、副主任委员和委员由国家工商行政管理局任命。商标评审委员会主任委员行使下列职权：(1) 主持商标评审委员会的日常工作；(2) 决定商标评审委员会委员的回避；(3) 审核签发商标评审裁决书。商标评审委员会主任委员可以委托副主任委员代行职权。商标评审委员会设立专家咨询小组，就商标评审事宜中的有关问题征求意见。专家咨询小组由知识产权界法律专家若干人组成，其成员由商标评审委员会聘任。

3. 地方各级工商行政管理机关。地方各级工商行政管理机关是地方查处商标违法行为的执法机关，实行分级管理，对商标侵权案件的查处，行政执法机关一般按照其管辖的行政区域范围进行。商标权人或者其他人发现商标侵权假冒等商标违法行为，可以依法定程序到侵权人所在地或者侵权行为地的县级工商行政管理部门投诉或检举。目前全国县级以上工商行政管理部门都建立了相应的商标行政执法机构，配备了专门人员，承担了绝大多数商标侵权案件的行政处理处罚工作，成为我国保护商标权的“主力军”。

第三章 《商标法》规定的注册商标

一、注册商标的概述

(一) 注册商标专用权

新《商标法》第三条规定，“经商标局核准注册的商标为注册商标，包括商品商标、服务商标和集体商标、证明商标；商标注册人享有商标专用权，受法律保护。”

1. 注册商标专用权的概念。注册商标，是指国家商标局依法定程序核准注册的商标。注册商标专用权，是指法律赋予的商标注册人对其商标享有的专用权。具体而论，注册商标专用权包括两个方面：一是商标注册人对其注册商标享有独占使用权，即只有商标权人才能将其注册商标用于核定的商品上，或用于核定商品的包装容器上，或用在与核定商品流通的有关方面，如广告、商品目录单、说明书、保证书、发货单、信函等方面。商标权人对其注册商标享有的独占使用权，并非在任何范围都能对注册商标的文字、图形、字母、数字、三维标志和颜色组合享有独占使用权。他们只能在核定的商品范围内对注册商标享有独占使用权，对核定商品范围之外不享有独占使用权（法律另有规定除外），对非商标性质的使用也不享有独占使用权。二是商标权人享有禁止权，即商标权人有禁止他人在同一种商品或类似商品上，使用与其注册商标相同或近似的商标，有权禁止他人用其他不正当手段损害其注册商标的声誉。对于商标权人有权禁止的行为，他人未经许可而为之，不论该行为是故意或过失，都构成对他人商标权的侵犯。不过，商标权人只能在一定范围之内行使其禁止权。商标不能离开商品而存在，行使禁止权不能离开同种商品或类似商品的范围。如果他人不是在同种商品或类似商品上使用与注册商标相同或近似的商标，商标权人则无权禁止他人使用（法律另有规定的除外）。

商标权是一种无形财产权。从功能看，商标不仅是一种区别性的标志，也是商标所有人信誉的象征。商标所有人的信誉越高，该商标也就越受人欢迎，使用该商标的商品也就越畅销，商标所有人也就能获得可观的效益。如果他人也在同种商品上使用了这种受欢迎有吸引力的商标，同样会带来良好的经济效果。然而，其他任何人却无权擅自使用他人的注册商标，要使用就必须经商标权人许可或受让。正因如此，注册商标也就有可能与其权利主体分离，成为商业交易的标的。其交换价值则与商标所有人的信誉有关。信誉越高、影响越大，其交换价值也就越高。由于商标权具有这样一种性质，它当然应属于财产权的范畴。但商标权与财产所有权毕竟还是有很大的区别。商标的文字、图形、字母、数字、三维标志和颜色组合均属于精神范畴，不具有一定的物质形态，不占有一定的空间，在物理形态上是不存在的。因此，商标注册人在事实上不能实际控制自己所有的商标。一个人使用某种商标后，其他人完全可能在同种商品上同样使用该商标。因此，一些不法之徒，往往采用仿制或冒充他人商标的形式来牟取非法利益。商标无形性的特点，给商标的法律保护带来了很大的困难。为此，法律对商标权的保护作了很多特殊的规定。

2. 注册商标专用权的取得。注册商标专用权的取得，是指某个特定主体取得商标专用权成为商标权人。注册商标专用权的取得有原始取得和继受取得两种方式，这两种方式的主要区别在于商标专用权的取得是否以原商标注册人的商标专用权及其意志为依据。原始取得，是指申请人将其商标向国家工商行政管理部门商标局申请并经核准注册，即取得该商标的专有使用权，其取得该项商标专用权是因其提出申请而来，并非基于他人既存的权利。继受取得，是指商标权的取得基于他人既存的商标专用权，其专用权的范围、内容及性质等，都以原有的权利为限。《商标法》规定的商标权的取得为商标的原始取得。世界各国商标专用权的原始取得大体上采用三种原则：

一是使用原则，即按使用商标的先后来确定商标专用权的归属问题。按照这一原则，谁是商标的首先使用人，谁就取得该商标的专用权，并可以要求撤销他人已经注册的与其使用在先的相同或相近的商标。在此原则下，办理商标注册手续仅能从法律上起到申请和宣示的作用，并不能确定商标专用权的归属问题，他人随时可以以使用在先为理由，请求撤销申请注册在先而使用在后的注册商标。采用这一原则对商标的在先使用人有利，而对使用在后的商标注册人不利，使注册商标长期处于不稳定状态。这不仅不利于商标管理，而且一旦发生争议，不易查明谁是首先使用商标者，不利于争议的解决。

二是注册原则。注册原则是指按照申请商标注册的时间先后来确定商标专用权归属的原则。按照这一原则，谁是商标注册的首先申请人，该商标的商标专用权就授予谁，而不论该商标使用先后的问题。在此原则支配下，商标注册是取得商标专用权必须经过的法律程序，未经注册的商标，一般得不到法律的保护。所以，使用在后而申请注册在先者能取得商标专用权，而使用在先者，但申请在后，亦无法取得该商标专用权。由于申请注册的时间容易查清，如果有两个或两个以上申请者，就同一种或类似商品或服务项目上使用的相同或近似的商标申请注册时，就可以根据这一原则将商标专用权授予先申请者。这一原则也可以起到促使商标使用人及时申请注册的作用，以避免被他人抢先注册而导致法律不准许其再使用该商标的后果，这对商标管理工作极为有利。

三是混合原则。混合原则，是指注册原则和使用原则混合使用的原则。采用这一原则，一般均规定一定的期限，商标在被核准注册的一定期限内，没有注册但使用在先者可以注册商标与其先使用的商标发生抵触为理由提出指控，要求撤销已经核准注册的与其同一种或类似的商品或服务项目上使用的相近似的商标，但如在这一期限内，无人提出指控，先注册人就取得受法律保护的无可争辩的商标专用权。在这种情况下，先使用人一般可以继续使用该商标，但使用范围通常只局限在注册人获得注册之前自己商标已经使用的地区。如果要扩大使用范围，则不得与注册人在该地区同时使用，但该问题是由法院决定，而不得由商标注册当局决定。

我国商标法采用注册原则，但与此同时，并不排除在一定条件下适用使用在先的原则，例如新《商标法》第十五条规定：未经授权、代理人或者代表人以自己的名义将被代理人或者被代表人的商标进行注册，被代理人或者被代表人提出异议的，不予注册并禁止使用。第二十九条规定：“两个或者两个以上的商标注册申请人，在同一种商品或者类似商品上，以相同或者近似的商标申请注册的，初步审定并公告申请在先的商标；同一天申请的，初步审定并公告使用在先的商标，驳回其他人的申请，不予公告。”《商标法》第三十一条规定，申请商标注册“也不得以不正当手段抢先注册他人已经使用并有一定影响的商标”。这三条的规定说明，我国采用注册原则，但当注册原则无法适用时（即申请人同时提出注册申请时）或者在特殊情况下，则采用使用原则作补充。

(二) 注册商标的种类

我国新《商标法》规定，注册商标包括商品商标、服务商标和集体商标、证明商标。

1. 商品商标。商品商标是生产经营者在生产、制造、加工、拣选或经销的商品上所使用的商标。

2. 服务商标。服务商标是指提供服务的经营者，为将自己提供的服务与他人提供的服务相区别而使用的标志。服务商标与商品商标具有相同的标志属性，其区别在于前者表示的是服务项目，后者表示的是有形商品。根据《商标注册用商品和服务国际分类尼斯协定》的规定，服务商标所适用的对象有8类：包括（1）广告，实业经营，实业管理，办公事务；（2）保险，金融，货币事务，不动产事务；（3）房屋建筑，修理，安装服务；（4）电信；（5）运输，商品和贮藏，旅行安排；（6）材料处理；（7）教育，提供培训，娱乐，文体活动；（8）饮食供应，临时住宿，医疗、卫生及美容服务，兽医及农业服务，法律服务，科学及工业研究，计算机编程及其他不属别类的服务。服务商标是商品商标的延伸和扩展，是商品经济发展和第三产业发展的产物。美国于

1946年率先在其商标法（《兰哈姆法》）中对服务商标提供注册保护，此后，各国纷纷加以仿效。1958年里斯本会议修改的《保护工业产权巴黎公约》增列各成员国应予保护服务商标的条款。我国于1993年2月修改商标法时，增加保护服务商标的规定，新《商标法》再次肯定了对服务商标的保护，规定："自然人、法人或者其他组织对其提供的服务项目，需要取得商标专用权的，应当向商标局申请服务商标注册"，"本法有关商品商标的规定，适用于服务商标。"

3.集体商标。新《商标法》第三条第二款规定，"本法所称集体商标，是指以团体、协会或者其他组织名义注册，供该组织成员在商事活动中使用，以表明使用者在该组织中的成员资格的标志。"建立集体商标保护制度的目的有三：一是标明某种商品或服务是由一定的团体生产、销售或提供的；二是表明使用该商标的企业所生产、销售的商品或提供的服务具有共同的特征；三是维护团体的信誉，保护团体及成员的利益。

集体商标是一种特殊商标，它不同于普通商标，具有自己的特征：一是集体商标的所有权不属于单个自然人、法人或者其他组织，而属于集体组织，即属于由多个企业组成的团体、协会或者其他组织；二是集体组织是否具有生产、销售商品的能力或提供某项服务的能力均不影响该组织申请集体商标，并取得专用权；三是集体商标准许其组织成员使用时只须按使用管理规则履行必要的手续，不必签定许可合同，普通商标许可他人使用时必须签订许可合同；四是集体商标不能转让，普通商标可以转让他人；五是集体商标失效后两年内商标局不得核准与之相同或近似的商标注册，普通商标则只需要一年商标局就可以核准与之相同、近似的商标注册。

虽然申请集体商标的团体、协会或者其他组织本身不使用集体商标，但它必须对其成员的使用实行监督。因为集体商标的使用如果违反共同制定的章程，则商标局可以撤销其注册。在集体商标申请注册时，应在注册申请书中载明有关使用集体商标的规章；当规章需要变更时，应将变更结果通知商标局。集体组织成员在使用集体商标时，还可以使用本企业自己的商标。由于集体商标的特殊性，它不允许集体组织成员以外的企业使用，当集体商标受到侵害而请求赔偿损失时，应包括集体组织成员所受的损失在内。

4. 证明商标。新《商标法》第三条第三款规定，“本法所称证明商标，是指由对某种商品或者服务具有监督能力的组织所控制，而由该组织以外的单位或者个人使用于其商品或者服务，用以证明该商品或者服务的原产地、原料、制造方法、质量或者其他特定品质的标志。”

根据这个规定，证明商标应由某个具有检测和监督能力的组织注册，由注册人以外的其他人使用。据此，证明商标不是表示商品或服务来源于某个经营者，而是用以证明商品或服务本身出自某原产地，或具有某种特定品质的标志。证明商标是用以区别商品的不同特定品质，保证商品“质量”。只要当事人提供的商品或服务符合这一特定的品质并与注册人履行规定的手续后，就可以使用该证明商标，注册人不得拒绝其使用。

证明商标也是由多个人共同使用的商标，因此其注册、使用及管理需制定统一的管理规则并将之公诸于众，让社会各界共同监督，以保护商品与服务的特定品质，保障消费者利益。目前在我国市场上使用的证明商标有：使用在商品上的证明商标如绿色食品标志、“河田鸡”商标、“荔浦芋”商标、真皮标志等，使用在商标服务行业的证明商标有“旅游定点”标志等。

根据《商标法》规定，原产地名称是证明商标的重要内容。原产地名称是《保护工业产权巴黎公约》保护标志中的一种，《保护原产地名称及其国际注册里斯本协定》中的定义为：“原产地名称系指一个国家、地区或地方的地名，用于指示一项产品来源于该地，其质量或特征完全或主要取决于地理环境，包括自然和人为因素。”

我国作为《巴黎公约》成员国承担了保护原产地名称的义务，过去我国没有保护原产地名称的专门立法，原产地名称一般不能作为普通商标注册，1995年，国家工商行政管理部门制定了《集体商标、证明商标注册和管理办法》，通过证明商标对原产地名称进行保护，这次修改商标法，再次肯定了对原产地的保护。

原产地名称首先是一个地名，又不是普通的地理名称意义。当一个地名与某一商品联系起来，其商品的特定品质完全取决于当地的地理因素，包括当地的土壤、气候以及传统工艺时，该地名才是这一商品的原产地名称。例如，法国的CHAMPAGNE（香槟）和COGNAC（干邑）都是法国地名，因当地的环境因素其盛产的葡萄不同于别地生产的葡萄，加之当地几百年形成的传统工艺，其生产的葡萄酒具有特定品质，所以“香槟”和“干邑”是“葡萄酒”的原产地名称。又如“上海”是个地名，目前各地市场上的化妆品多数产于“上海”，上海只是这些化妆品的产地，“上海”这个产地的自然因素不能决定“化妆品”的特定品质。所以“上海”不是生产“化妆品”的原产地名称。

原产地名称是该地的生产、制造、加工者的共同财产，当地人只要符合规定的工艺标准，其生产、加工的商品达到“特定品质”，在依法履行手续后均可使用。这也正是把原产地纳入证明商标保护范围的重要原因。中国地大物博，各地土特产甚多，其特定品质大多由当地气候环境因素及传统工艺所决定，这其中不少可以作为原产地名称申请证明商标的注册受到保护。

证明商标不同于普通商标，二者的主要区别是：(1) 证明商标表明商品或服务具有某种特定品质；普通商标表明商品或服务出自某一经营者。(2) 证明商标的注册人必须是依法成立，对商品和服务的特定品质具有检测和监督能力的组织；普通商标的注册申请人则是自然人、法人或者其他组织。(3) 证明商标申请注册时必须按照《集体商标、证明商标注册和管理办法》规定，提交管理规则；普通商标只须按《商标法》及《细则》规定提交申请。(3) 证明商标注册人不能在自己经营的商品或服务上使用该证明商标；普通商标必须在自己经营的商品或服务上使用自己的注册商标。(4) 证明商标准许他人使用必须依《集体商标、证明商标注册和管理办法》的规定履行手续，发给《准用证》；普通商标许可他人使用必须签订许可合同。(5) 证明商标失效两年内商标局不得核准与之相同或近似的商标注册；普通商标则只需一年商标局就可以核准与之相同或近似的商标注册。

证明商标与集体商标既有联系，也有区别，二者的关系主要体现在：(1) 证明商标与集体商标都是由多个生产经营者或服务提供者共同使用的商标。(2) 证明商标表明商品或服务的质量达到规定的特定的品质；集体商标表明商品或服务来自同一组织。(3) 证明商标、集体商标的申请人都必须是依法成立的组织，但证明商标的申请申请人还必须对商品或服务的特定品质具有检测的监督能力。(4) 证明商标具有开放性特点，只要其经营的商品或服务达到管理规则规定的特定品质就可以要求证明商标；集体商标只要是该集体成员均可使用，该组织以外的成员不得使用。前者为“开放型”，后者为“俱乐部型”。(5) 证明商标的注册人不能在其商品或服务上使用该商标；集体商标的注册人可以在自己经营的商品或服务上使用集体商标。(6) 证明商标注册后可以转让给其他依法成立，具有检测和监督能力的组织；集体商标注册后不能转让。

根据新《商标法》规定，“集体商标、证明商标注册和管理的特殊事项，由国务院工商行政管理部门规定。”也就是说，《商标法》关于普通商标注册和管理的特殊事项，不适用商标法的有关规定，而适用于国务院工商行政管理部门专门作出的规定。1994 年，国家工商行政管理部门制定颁布了《集体商标、证明商标注册和管理办法》，1998 年对该注册和管理办法作了修订，集体商标和证明商标的注册和管理的特殊事项应按此办法执行，但比照新修改的商标法的规定，该注册和管理办法与《商标法》不一致的规定也需作相应的修改。

二、商标注册申请人

新《商标法》第四条规定，“自然人、法人或者其他组织对其生产、制造、加工、拣选或者经销的商品，需要取得商标专用权的，应当向商标局申请商品商标注册。”“自然人、法人或者其他组织对其提供的服务项目，需要取得商标专用权的，应当向商标局申请服务商标注册。”根据《商标法》的这个规定，注册商标的申请人为自然人、法人和其他组织。

（一）自然人

自然人是指能够享受权利承担义务的人，《商标法》规定的作为申请商标注册的自然人，是指具有民事权利能力和民事行为能力的人，包括中国人、外国人和无国籍人。

允许自然人申请商标注册，是这次《商标法》修改的一项重要内容。在这次《商标法》修改前，我国自然人一直不能申请商标注册，而外国自然人却可以依据国际公约在我国申请商标注册，形成所谓超国民待遇。在所有的民事权利知识产权中，只有商标权不能由自然人拥有，并且是只有我国的自然人不能拥有，这是非常不合理的，也不符合知识产权协议等国际条约的规定。知识产权协议第1条第3款规定，可以享有知识产权保护的国民包括自然人和法人。出现这种情况的原因，与没有真正确立商标权民事权利的地位有关。从我国《民法通则》的有关规定可知，公民（自然人）是一种主要的民事权利主体，商标权作为民事权利的一种，没有理由排除自然人民事权利主体的地位。随着市场经济的发展，自然人申请商标注册的呼声越来越高。如农村承包经营户，他们越来越希望在自己生产的农产品或者手工制品上使用自己的注册商标，以利于销售自己的产品；如有的科技工作者，他们也希望在自己的技术产品上使用自己的注册商标；网络发达后，个人通过网站创业的形式增加，也提出了商标注册的要求；而且有的自然人可能基于继承的原因取得商标权。这次修改《商标法》，按照国际条约、知识产权协议和我国商标保护实践的要求，将自然人列为有权申请商标注册的主体，使我国商标保护制度更加完善。

（二）法人

法人是指具有民事权利能力和民事行为能力，依法独立享有民事权利和承担民事义务的组织。法人必须同时具备以下四个要件：一是依法成立，即必须依照法定程序成立；二是有必要的财产或者经费；三是有自己的名称、组织机构和场所；四是能够独立承担民事责任。我国法人大致可以分为以下几类：第一，企业法人，包括全民所有制企业法人、集体所有制企业法人、股份制企业法人（有限责任公司法人、股份有限公司法人）、私营企业法人、外商投资企业法人等；第二，机关法人；第三，事业单位法人，包括全民所有制事业单位法人、集体所有制事业单位法人；第四，社会团体法人。

（三）其他组织

其他组织是指合法成立、有一定的组织机构和财产，但又不具备法人资格的组织，包括：（1）依法登记领取营业执照的私营独资企业、个人合伙；（2）依法登记领取营业执照的合伙型联营企业；（3）依法登记领取我国营业执照的中外合作经营企业、外资企业；（4）经民政部门核准登记领取社会团体登记证的社会团体；（5）法人依法设立并领取营业执照的分支机构；（6）中国人民银行、各专业银行设在各地的分支机构；（7）中国人民保险公司设在各地的分支机构；（8）经核准登记领取营业执照的乡镇、街道、村办企业；（9）符合法律规定条件的其他组织。

（四）共同申请注册同一商标

新《商标法》第五条规定：“两个以上的自然人、法人或者其他组织可以共同向商标局申请注册同一商标，共同享有和行使该商标专用权。”根据这条规定，两个以上主体可以共同向商标局申请注册同一商标。原《商标法》对共同申请问题也就是商标权共有问题未作规定，在商标注册实践中，原则上不允许共同申请注册同一商标，商标局对国内商标共有人共有商标注册申请都不受理。但近些年来，两个以上主体要求共同注册同一商标的情况常常出现，大致有这样几种情况：一是一个公司分立为两个公司，如航天总公司分立为两个公司，分立后的两个公司要求使用同一商标；二是在改革开放初期，我国有外贸进出口权的公司很少，许多国内公司生产的商品通过有外贸进出口权的公司共用一个商标出口，并创出了牌子，现在有许多公司自己也有了外贸进出口权，但仍然要求使用原出口商标出口自己的产品，因而提出了共同享有同一商标问题；三是有些私营公司或者企业，“老子”的公司与“儿子”的公司要求使用同一商标，或者有的个体工商户业主继承人要求作为商标权共有人等。从民法原理看，应当允许两个以上主体对商标权的共有。世界上许多国家的商标法也都有此规定，允许商标权共有。而且，根据商标注册马德里协定涉及商标共有的国际注册申请，我国必须受理并予以注册，又形成对外国人的超国民待遇。因此，这次修改商标法，增加了两个以上主体共同申请同一商标注册问题。

根据《商标法》的这个规定，两个以上的自然人、法人或者其他组织可以共同向商标局申请注册同一商标，共同享有和行使该商标专用权。意思是，共同商标注册人按照民法共同共有的原则，共同享有和行使该商标专用权，承担义务。

三、注册商标的构成要素和显著性

（一）注册商标的构成要素

新《商标法》第八条规定："任何能够将自然人、法人或者其他组织的商品与他人的商品区别开的可视性标志，包括文字、图形、字母、数字、三维标志和颜色组合，以及上述要素的组合，均可以作为商标申请注册。"从这条规定可以看出，能够将自然人、法人或者其他组织的商品或服务与他人的商品或者服务区别开来的文字、图形、字母、数字、三维标志和颜色组合，以及上述要素的组合，均可以作为注册商标的构成要素。

1. 文字。文字，即语言的书写符号。作为注册商标的文字，既可以是汉字、少数民族文字，也可以是外国文字以及各种不同文字组合。仅以文字构成的商标称文字商标。我国是一个多民族的国家，作为商标的文字一般以汉字为主；少数民族文字作为商标时，一般附以汉字；不附以汉字的，需在申请时，附加说明系何种文字及其含义。随着改革开放和市场经济的发展，我国与国外的经济往来越来越多，外国人以本国文字在我国注册商标或者我国企业用外国文字或中外文字组合注册商标的越来越多，这些都是我国法律所允许的。

由文字构成的商标大体可以分为三种情况：

一是由具有特定含义的词或者词组构成，这在文字商标里占绝大多数。例如，作为 DVD 机商标的"新科"、"先科"、"厦新"，作为饮料商标的"红牛"、"旭日升"等，都是具有特定含义的词；而作为营养的商标的“娃哈哈”，作为燃气热水器商标的“万家乐”等，都是具有特定含义的词组。

二是由不具有特定含义的词或文字组成。目前此类文字商标有增多的趋势。有的文字是将英文词语通过音译的办法译成汉字，单看汉字并没有什么含义，有的干脆只要文字口头上好记或者追求新奇古怪能给人留下深刻印象就行，也没有什么特定含义。例如“柯达”（胶卷商标）、“威克多”（服装商标）、“玛奇卡”（人用药品商标）、“飞亚达”（手表商标）等。

三是使用人名签字商标和企业名称缩写而成。这种商标能使人对其商标的所有人加深印象，直接知道其商品的生产者或经营者，从而树立企业形象。如“张小泉”剪刀，是张小泉剪刀厂生产的；“沈汽发”汽车发动机，是沈阳汽车发动机厂生产的；“盛锡福”帽子，是盛锡福店经营的。又如“上药”牌六神丸、“天起”牌起重机、“上工”牌金属切削刀具、“全柴”牌内燃机，这些商标分别由“上海制药厂”、“天津起重设备总厂”、“上海工具厂”、“安徽省全椒柴油机总厂”的厂名简化而成。

文字商标目前在世界各国使用比较普遍。文字商标的优点是含义明确，一是便于购销各方呼叫，便于广告宣传。二是有的词表示一定的含义，可以使商品购买者产生亲近之感，如“雪花”牌商标，用在饮料商品上，会给人一种凉爽、清洁之感；“海鸥”、“梅鹿”等商标，在日用品和服装等商品上使用，会给人一种轻松、自如、欢畅之感。三是能给人以美感。尤其我国汉字属象形文字，其独特的结构与外形本身就蕴藏着美感，比如，篆体象征着历史悠久，能唤起人们对商品商标的古老之感；隶体则有古朴之感；行体活泼大方；楷体端正、庄严。但用文字作商标，在形象上不如图形商标生动活泼和具有直观性效果。尤其是使用文字商标的商品在国际贸易中，受各国语言文字的差别局限，其商标翻译成外国文字会出现诸多复杂的情况。

2. 图形。图形是指人或事物的形状、图案。作为注册商标的图形，既可以是具体图形，也可以是完全虚构的图形，如飞禽走兽、花鸟鱼虫、山川河流、名胜古迹、亭台楼阁、神话故事等。仅以图形构成的商标称为图形商标。

图形商标使用的图形多种多样。大致可分以下几类：一是用各种人物形象作为商标图案，不过，以人物形象作商标图案时，一般不宜用历史上著名人物和现代著名人物。我国以及多数国家是用抽象人物或者神话人物，如仙女、山神、嫦娥、爱神、骑士等为之。二是用各种动物形象作为商标，一般可以采用人们喜爱的动物，如熊猫、大象、山羊、狮子、老虎、豹子、白兔、鸟等等为之。三是用自然风景作为商标，如长城、长江、黄河、泰山、黄山、庐山等为之。四是用各种花卉树木形象作为商标，如茶花、梅花、牡丹花、菊花、海棠花、松树、柏树、榕树等等为之。五是用各种物体形象为商标，如轮船、火箭、汽车、飞机、奖杯、宝石等等。六是用几何图形、记号图形等作为商标等。

作为商标的图形更可以在人们熟知或者不熟悉的象征物中展开无穷变幻，有广阔的艺术创作空间。《商标图形国际分类表》中，分列了（1）天体、自然现象、地图，（2）人类，（3）动物，（4）超自然的、传说中的、幻想的或无可辨认的生物，（5）植物，（6）风景，（7）建筑、广告建筑、大门或栅栏，（8）食品，（9）纺织品、服装、缝纫制品、头戴物品、足穿物品，（10）烟、抽烟者的必需品、火柴、旅游品、扇子、化妆物品，（11）家庭用具，（12）家具、卫生装置，(13) 光、无线电电子管、供热、炊事或冷藏设备、洗涤机、干燥设备，(14) 五金器具、工具、梯子，(15) 机器、发动机、电动机，(16) 电信、录音或放音、计算机、照相、电影摄影、光子，(17) 钟表仪器、宝石、衡器和量器，(1) 运输、骡马设备，(19) 容器和包装、各种产品的表示，(20) 书法、图画或彩色原料、办公用品、文具和书店商品，(21) 娱乐品、玩具、体育用品、旋转木马，(22) 乐器、乐器附件、铃、照片、雕塑，(23) 武器、弹药、盔甲，(24) 纹章、硬币、标志、符号，(25) 装饰图案、带装饰的外表或背影，(26) 几何图形和事物图形，(27) 书写体、数字，(28) 各种不同文字的铭文，(29) 颜色等 29 个大类、114 个小类和 1,569 个组别的图形要素，如星小类包括一颗星、两颗星、三颗星、三颗以上的星，带有三个角的星、带有四个角的星，带有四个以上的角的星，带有不规则角的星等等。

图形商标的优点在于：一是形象鲜明生动，设计得好的图形商标能给人以深刻的印象和特别的感受。例如，北京香山公园碧云寺餐厅的红叶牌冰淇淋，白色包装上一片红叶，甚是醒目，又点明了香山的红叶含义，给人印象特别深刻。二是不受不同国家、种族、语言的限制，直观性强，不论在使用什么语言文字的国度或者地区，人们只要识图形，就比较容易呼叫商品名称。例如，在汽车、自行车轮胎或雨鞋、球鞋上，画两个古铜钱交叉在一起，人们就认识是“双钱牌”商标；又如，毛巾上在一个圆圈内画一个三角形就叫它“三角”牌。但是图形商标上的形象设计有一定的难度，因为它很容易落入俗套而显得特征不够显著。比如，有不少商标都以写实的狮子形象为商标的图形，虽然名称可以取“雄狮”、“醒狮”、“猛狮”、“金狮”等等，但它们显然没有达到特征显著的效果。在商标分类中有不少人主张，如果把文字画成某种图案，能够达到给人一种与通常完全不同的印象，也就成了图形商标，而不是文字图形。比如“永久”牌自行车的商标，把“永久”两个汉字变形为一辆自行车。单纯以图形作商标的比较少，而多与文字组合而成。因为有些图形没有文字标注，不便呼叫。比如，只画上一个“火炬”图形，叫它“火炬”牌好，还是叫它“光明”牌好？尤其是仅用图形作商标，使用在日常用品上，不便于指导消费者购物，同时还易与他人图形相混淆。因此，图形商标要有显著特征，一看到图形，只能起到叫一个名称的作用，才是最合适的。

3．字母。字母是指拼音文字或注音符号的最小的书写单位，包括拼音字母、外文字母如英文字母、拉丁文字母等。原《商标法》把仅以字母构成的商标归在文字商标之中，新修改的《商标法》把字母作为商标构成要素单独列了出来，这样规定更符合实际，也便于商标主管部门对商标注册申请依法审查核准。以字母作为商标的大致有以下几个情况：一是以汉语拼音作为商标注册，如作为服装商标的“LI-NING”，是用著名体操运动员李宁姓名的汉语拼音字母构成。二是用企业名称的汉语拼音打头字母或英文名称的打头字母拼合而成。如遍布中国各地的美国快餐食品麦当劳商标为“M”；再如“LYC”牌轴承，是由“洛阳轴承厂”中“洛阳厂”三字的汉语拼音的打头字母构成，而“DYZ”牌轴承，则由“大连冶金轴承厂”的“大冶轴”三字的汉语拼音的打头字母拼合成为商标。三是无任何意义的字母组合，如广东出口的录音机、磁带上使用了“CKK”三个无含义的字母，又用“CGP”表示中国广东制造之意，等等。

4．数字。把数字单独作为商标构成要素，也是新《商标法》的规定。构成商标的数字既可以是阿拉伯数字，也可以是中文大写数字。如“811”牌涂料、“505”牌神功元气袋，“909”牌锁头、中国深圳南方制药厂的“999”商标，英国的“555”牌香烟等，均由数字构成数字商标。

5. 三维标志。三维标志又称立体标志，是具有长、宽、高三种度量的立体物标志。以三维标志构成商标标志的称为立体商标。以三维标志作为商标的标志与我们通常所见的在一个平面上的商标图案不一样，它是以一个立体形态出现，这种形态可能出现在商品的外形上，也可以表现在商品的容器上或其他地方。例如，有的商品以在瓶子里放一朵玫瑰花的立体形态作为标志申请注册，又如某些特殊的商品包装、容器等可以区别不同商品的立体物质的商标。原《商标法》对立体商标注册问题没有规定，国家商标主管部门也一直不接受立体商标的注册，如1985年国家商标局曾以不接受立体商标注册为由，驳回美国可口可乐公司以其特殊的饮料容器作为商标注册的申请。在国际上，许多国家的商标立法对立体商标都给予法律保护，这次修改《商标法》，立法机关借鉴了国际上的通行作法，增加了对立体商标的注册和保护规定，使我国商标注册保护制度更加完善。

但是并不是所有三维标志都可以作为商标注册。新《商标法》第十二条对以三维标志作为商标注册的作了限制。该条规定，“以三维标志申请注册商标的，仅由商品自身的性质产生的形状、为获得技术效果而需有的商品形状或者使商品具有实质性价值的形状，不得注册。”根据这条规定，有三种三维标志的形状不能作为立体商标注册：一是仅由商品自身的性质产生的形状，如通用的蜡烛形状、书本的形状等；二是为获得技术效果而需有的商品形状，如剃须刀的形状等；三是使商品具有实质性价值的形状，如轮胎的形状、玻璃容器的形状等。上述这些形状，都不具备显著性的特点，用这些形状作商标，消费者难以识别商品的来源。而且，这些形状都是某种商品或者某类商品的通用形状，大家都在使用，如装啤酒的瓶子，这个啤酒生产企业可以使用，其他啤酒生产企业仍然可以使用；不仅生产啤酒可以使用，生产酱油、食醋也可以使用。如果允许一家企业将瓶子的形式作为商标注册，其他企业都不能使用了，这是不公平的，也是做不到的。

6. 颜色组合。独特新颖的颜色组合，不仅可以给人以美感，而且具有显著性，能起到标示产品或者服务来源的作用，也能起到区别生产者、经营者或者服务者的作用，如美国加州牛肉面，其红蓝相间的颜色组合独特，给人以深刻印象，使人们一看到这样的颜色组合马上就能联想到美国加州牛肉面。颜色组合单独作为商标要素是这次修改商标法时新增加的规定。

7. 文字、图形、字母、数字、三维标志、颜色组合等要素的组合

文字、图形、字母、数字、三维标志、颜色组合作为商标要素可以单独作为商标注册，也可以将上述这些要素组合起来申请商标注册，这种要素之间的组合可以是两个要素的组合，也可以是两个以上要素的组合。这种商标要素组合而成的商标称为组合商标。如文字与字母的结合，文字与图形的结合，或图形与数字的结合，图形与字母的结合等，有的几方面均有。而文字与图形或图形与数字的结合而形成的商标较为普遍。如带天安门的商标图形上加“中华”，带马的商标图形加上文字后，有的叫“军马”，有的叫“飞马”，也有的叫“奔马”等，“骆驼 111”、“骆驼 211”等。也有以汉字、外文字与阿拉伯数字相组合的商标，分别表示不同的含

义。

组合商标具有图文并茂、形象生动、引人注目、易于识别、便于呼叫等特点，同时又使其内容更加深化，也就更具有感染力。组合商标的构成比单一的文字、记号、图形商标复杂一些，这有利于避免与他人商标雷同或近似。所以得到普遍而广泛的使用。

组合商标要求文字、图形等要素之间要和谐一致，联系密切。文字、图形等要素之间若毫无联系，如图形是一只虎，文字却是“羊”，这不能作为一个商标，更不可以作为组合商标，这实质是两个商标，而作为两个商标，提交一份申请，是不符合“一个商标一份申请”的法律原则的。如果是文字与图形的组合，组合商标必须将文字部分载入图样。图样中没有文字的，只能作为图形商标对待，文字部分是否受法律保护，以图形中是否载入为准。组合商标注册后作为一个完整的整体对待，不可以更动其组合或排列，不可以擅自改动某一个部分。如果要作为注册商标单独使用一个部分文字或图形时，则需要（作为联合商标）分别申请注册。

随着社会经济生活和科学技术的不断发展，商标的构成要素还会不断增加，如有些国家已经出现了音响商标、气味等商标形式。由于音像制品在人们生活中越来越普及，用某种音响、音乐旋律作为音像制品的商标势在必行。我国“小霸王”游戏机采用著名播音员李扬所说的“哈哈，小霸王其乐无穷”的声音作为商标，就已经被广大消费者尤其是青少年消费者所接受，开创了我国音响商标的先河。

（二）注册商标的显著性

新《商标法》第九条规定：“申请注册的商标，应当有显著特征，便于识别。”“商标注册人有权标明‘注册商标’

或者注册标记。”

这是对注册商标必须具备的基本条件的要求，即注册商标必须具有显著性。

所谓商标的显著性是指商标从总体上具有独自特征，并能与他人同一种商品或类似商品的商标相区别。显著性是商标的本质属性，是商标注册的基本条件。商标主管机关，在商标注册申请的审查过程中，首先要看该商标的文字、图形、字母、数字、三维标志和颜色组合等要素标志是否具有显著性，不具有显著性则不能注册。因为那种不具有显著性的标志，无法与他人同一种商品或类似商品相区别，消费者也无法准确地得知商品的来源，并且任何人都可以使用那种无显著性的标志，所以对这种标志无赋予专有权的必要。

判断一个商标是否具有显著性，应从该商标的外观、颜色、形态、含义等方面加以比较。总体上说，如果一个商标所使用的文字、图形、字母、数字、三维标志或颜色组合等要素标志立意新颖、简洁醒目，具有个性特征，与同一种商品或类似商品的注册商标进行比较在上述方面不相同也不相近似，该商标则具有显著性；与此相反，该商标则不具有显著性。具体说，商标是否具有显著性，应该注意以下几个问题：

一是使用的商标应与其依附的商品无关。如果使用的商标与其依附的商品的各个方面距离越大，该商标就越奇特，显著性的特征也就越鲜明。如果商标是由商品的通用名称、产地、品质、原材料、功能、形状、数量等方面的标志构成，由于这类与商品联系紧密的标志每个经营者均可使用，因此，使用这种商标不足以与同一种商品或类似商品的其他生产者或销售者相区别，当然不具有显著性。

二是使用的商标应与商品习惯上通用的标志、保管运输上通用的标志相区别。商品在习惯上通用的标志，是同业者在生产销售商品时在该商品上长期使用的标志。如在生日蛋糕上的“寿”字，在脸盆上的“喜”字。对于这类标志每个经营者都有使用的权利。商品保管运输方面使用的通用标志实质上是简化了的语言，是为了提醒承运人和保管人，方便消费者而使用的。同样，对这类标志每个生产者、经营者都有使用的权利。如果以这些标志作为商标并申请注册，当然无显著性可言。让其注册必然会使商品的来源出现混乱，并且会出现剥夺其他生产者使用这类标志的权利。

三是使用的商标应与同一种商品或类似商品中已注册的商标有明显的区别。已经注册的商标一般来说是具有显著性的，否则不会予以注册。而某人如再以与他人相同或相近似的商标在同一种商品或类似商品上申请商标注册，必然会因丧失其显著性而不能注册；如在经营活动中使用了与他人的注册商标相同或近似的商标，还会因此而受到法律的制裁。所以，使用的商标与他人注册商标差距越大，其显著性则越突出。

四、商标的禁用标志

新《商标法》对于商标的禁用标志作了规定，包括两部分，一部分是所有商标都不能使用的标志，另一部分是注册商标禁用的标志。

（一）禁止作为商标使用的标志

新《商标法》第十条规定：下列标志不得作为商标使用：（一）同中华人民共和国的国家名称、国旗、国徽、军旗、勋章相同或者近似的，以及同中央国家机关所在地特定地点的名称或者标志性建筑物的名称、图形相同的；（二）同外国的国家名称、国旗、国徽、军旗相同或者近似的，但该国政府同意的除外；（三）同政府间国际组织的名称、旗帜、徽记相同或者近似的，但经该组织同意或者不易误导公众的除外；（四）与表明实施控制、予以保证的官方标志、检验印记相同或者近似的，但经授权的除外；（五）同“红十字”、“红新月”的名称、标志相同或者近似的；（六）带有民族歧视性的；（七）夸大宣传并带有欺骗性的；（八）有害于社会主义道德风尚或者有其他不良影响的。县级以上行政区划的地名或者公众知晓的外国地名，不得作为商标。但是，地名具有其他含义或者作为集体商标、证明商标组成部分的除外；已经注册的使用地名的商标继续有效。根据上述规定，有 8 种标志不得作为商标使用，包括：

1. 同中华人民共和国的国家名称、国旗、国徽、军旗、勋章相同或者近似的标志，以及同中央国家机关所在地特定地点的名称或者标志性建筑物的名称、图形相同的标志。国家名称、国旗、国徽是国家的象征，不能随意作为商标使用。我国的国旗法、国徽法对国旗、国徽的使用有严格的限定，明确规定国旗及其图案、国徽及其图案不得用作商标，否则有损于国旗、国徽的尊严。军旗则是军队的象征，勋章是国家赋予的一种荣誉，也不能随意进入商业领域。许多国家商标法都有类似规定，有些国家允许在政府部门的授权下，可作为商标使用。“同中央国家机关所在地特定地点的名称或者标志性建筑物的名称、图形相同”作为商标禁用的标志，是根据巴黎公约的要求新增加的规定，以上述这些名称或者图形作为商标，极易对消费者产生误导，如果允许上述名称或者图形用于注册商标，因注册商标的排他性，使其他人不能使用上述名称或者图形，这既不合理也做不到。

2. 同外国的国家名称、国旗、国徽、军旗相同或者近似的标志，但该国政府同意的除外。这个禁用规定是国际惯例，以体现对其他国家的尊重。《巴黎公约》1952 年的海牙文本增加了这方面的规定，即外国（仅指成员国）国家的国徽、国旗或其他象征国家标志不能作为商标使用。但如果某一成员国的法律允许将本国的国旗、国徽等图案作为商标使用的，则不适用该禁例。在加入公约前已经在该国善意使用带有这些标志的商标的，也不在禁止之列。

3. 同政府间国际组织的名称、旗帜、徽记相同或者近似的标志，但经该组织同意或者不易误导公众的除外。这个禁用规定也是一项国际惯例，体现了我国对有关国际组织的尊重。《巴黎公约》规定，政府间（仅指成员国政府）国际组织的旗帜、徽记、名称及其缩略语不能作为商标使用。

4. 与表明实施控制、予以保证的官方标志、检验印记相同或者近似的标志，但经授权的除外。这项商标禁用标志也是这次修改商标法增加的规定，这主要是针对集体商标和证明商标作的规定。官方标志是指国家机关使用专门标志，如海关标志、民航标志、质量认证标志等。质量认证标志是国家质量技术监督总局批准发布的标志，有方圆标志、长城标志和 PCR 标志，方圆标志又分为合格认证标志和安全认证标志。检验印记如进出口检验、卫生检验印记等。巴黎公约第六条之三要求成员国禁止将其他成员的官方标志、检验印记作为商标注册。根据巴黎公约上述规定要求，新《商标法》增加了这项规定。官方标志和检验印记在国家经济生活中起着维护秩序的重要作用，这些标志的使用直接受到有关法律、行政法规的调整。由于这些标志已有完整的管理体系，若再作为证明商标或集体商标由他人注册，则必将会与认证标志的管理发生矛盾，不利于维护国家行政管理体系的统一性。因此，官方标志和检验印记未经国家有关主管部门批准，不得作为集体商标或者证明商标注册。但官方标志、检验印记经有关行政主管部门的批准，可以作为集体商标、证明商标注册。

5. 同“红十字”、“红新月”的名称、标志相同或者近似的。“红十字会”是一个志愿的国际性救护、救济团体，1864年的《日内瓦公约》规定“红十字”作为它的标志。在伊斯兰教国家，与“红十字会”对应的组织为“红新月会”，其标志为“红新月”这些名称和标志不能在盈利性经济活动中使用是一项国际惯例。

6. 带有民族歧视性的标志。这一规定体现了我国对各民族的尊重。我国是一个多民族国家，各民族一律平等，宪法规定禁止民族歧视，因此法律不准许使用或注册带有民族歧视性的商标。这里的“民族”在理解时应包括外国民族和种族，带有种族歧视的商标也在禁止之列。如历史上曾用的“王回回”膏药商标，已被禁止使用。“DWRKIE”用作牙膏商标，商标局和商标评审委员会认为“DWRKIE”与DRKY读音近似，商标图形为黑人并注有“黑人”字样。而DRKY是歧视黑人的语言，汉语为“黑鬼”，因此，不予注册，且禁止使用作商标。

7. 夸大宣传并带有欺骗性的标志。为保障消费者的利益，商标注册人应当保证产品或者服务的质量，其使用的商标应如实地反映商品的特点，不应利用商标对其质量、原料、功用等用夸大的宣传，借以欺骗消费者。由于历史的原因，实践中已有不少这方面的商标注册，如“永久”、“长命”等。

8. 有害于社会主义道德风尚或者有其他不良影响的标

志。这一规定的目的在于保障人民群众利益，维护社会的道德风尚，避免因不健康的商标设计而给社会产生不良的影响。另外，《商标法》还规定，“县级以上行政区划的地名或者公众知晓的外国地名，不得作为商标。但是，地名具有其他含义或者作为集体商标、证明商标组成部分的除外；已经注册的使用地名的商标继续有效。”

根据这个规定，县级以上行政区划的地名或者公众知晓的外国地名，不得用作商标注册，这是国际上的惯例。地名标志是指标示自然形态或地理区域的符号，属于社会通用的名称。用地名作商标，实践中会带来不少问题：一是地名标志缺乏显著性，仅能说明商品的产地而不能区别商品的来源，容易形成产地混淆，给消费者识别商品造成困难，容易造成混乱；二是如果同一地区多家企业生产同类商品，一家企业率先以地名作为商标注册，容易形成实际上的垄断，使其他企业处于不利地位。但也有三种例外：第一，地名具有其他含义的。所谓其他含义，有两层意思：一是有的地名有多种含义，而地名的含义并不突出，如凤凰、长寿、仙桃、和平等。二是有的地名作为商标已使用多年，消费者已经公认为是商标的，如贵州茅台、青岛啤酒等商标已经使用多年，具有显著性，起到了商标的区别作用，法律承认其具有“第二含义”，即商标的特征。第二，地名作为集体商标、证明商标的组成部分的。集体商标、证明商标的特点，决定了这类商标有时不可避免要把地名作为其商标的一部分，比如“河田鸡”、“荔浦芋”、“金华火腿”等，对这种使用地名的商标，法律不禁止。第三，已经注册的使用地名的商标继续有效，是指在1988年《商标法实施细则》明令禁止前已获注册的使用地名的商标，继续有效。

（二）禁止作为注册商标使用的标志

新《商标法》第十一条规定："下列标志不得作为商标注册：（一）仅有本商品的通用名称、图形、型号的；（二）仅仅直接表示商品的质量、主要原料、功能、用途、重量、数量及其他特点的；（三）缺乏显著特征的。""前款所列标志经过使用取得显著特征，并便于识别的，可以作为商标注册。"

根据这个规定，有3类标志不得作为注册商标使用的标志：

1. 仅有本商品的通用名称、图形、型号的标志。所谓商品的通用名称，是指在某一区域内为生产经营者或者消费者普遍用于称呼某一商品的名称。如"棉花"糖、"椰子"汁、"葡萄"酒、"道林"纸等。由于上述文字缺乏显著特征，以其作为商标虽能区分商品的品种，但不能区别不同的商品来源，也起不到识别各个生产经营者的作用。另外，商品的通用名称一般可以由生产该商品的企业用于商品或商品的包装上，它不能由某一个企业作为商标注册而专用，否则会影响本行业其他企业的正常业务。因而不能作为商标申请注册。但是商品的特定名称可以申请注册。商品的特定名称是指商品的非通用名称，如"万金油"、"章光101毛发再生精"等，这些特定名称具有显著性，因而可以注册。商品的通用图形，是指某一种类商品的一般图形，如以椰子图形作为椰子汁的商标，以棉花图形作为棉花糖的商标，均属于以商品的通用图形作为商标的图形，因其缺乏显著性，因而不能获准注册。商品的型号，是指商品的性能、规格、大小等，商品的型号也不能作为商标注册。

2. 仅仅直接表示商品的质量、主要原料、功能、用途、重量、数量及其他特点的标志。这项规定实际是禁止以商品本身的特点作为该商品的商标，就同一种商品而言，其原料、功能、用途等特点是一致的，因此，用商品的特点作为商标，不具备识别不同生产者的显著特征。另外，以商品的质量、功能等作商标，往往易出现夸大性宣传，误导消费者，因此，此类商标不准予注册。具体有以下几种情况（1）直接表示商品质量的，如“三好”、“优良”、“坚固”等。（2）直接表示商品主要原料的，如“巧克力”用于巧克力糖上、“纯棉”用于纯棉服装上、“钢木”用于钢木家具上等。（3）直接表示商品功能的，如“绝缘”漆包线、“健身”体育用品、“保温”暖水瓶等。（4）直接表示用途的，如“运输”汽车、“耕种”农业机械、“止渴”饮料等。（5）直接表示商品重量的，如“一斤装”白酒、“千克”酱油等。（6）直接表示商品数量的，如“20 支”香烟、“12 支”彩笔、“盒酥”酥糖等。（7）直接表示商品其他特点的，如“清真”食品、“轻型”打字机、“袖珍”收音机等。

这项规定中“仅仅直接”四个字非常重要，间接的、暗示的具有区别性的词汇是可以作为商标的。如“万变”用于游戏机，“蜜蜂”用于发动机气缸封圈，即属于暗示性商标。

3. 缺乏显著特征的标志。这项规定实际是个兜底条款，《商标法》明确规定，申请注册的商标，应当有显著特征，便于识别，缺乏显著特征的标志，不具备注册商标的实质要件，当然不能作为商标注册。

新《商标法》规定，“前款所列标志经过使用取得显著特征，并便于识别的，可以作为商标注册。”实践中有些在用商标不具有显著特征，但经过长期使用，逐渐被消费者认可，提到该商标，消费者马上知道该商品或者服务的来源，具备有显著性特征，对于这类商标，法律允许申请商标注册，如“永久”、“五粮液”、“两面针”等商标，有的反映了商品的质量或原料，有的原本就缺乏显著性，但因长期使用，广为消费者熟知，取得显著特征，并便于识别，因而这些商标注册申请均被核准注册。

五、有关注册商标的其他问题

（一）关于强制注册

新《商标法》第六条规定：“国家规定必须使用注册商标的商品，必须申请商标注册，未经核准注册的，不得在市场销售。”这是商标法关于强制注册的规定，原商标法也有相同规定，这次对这项规定未作修改。要不要规定强制注册，是商标法修改过程中争论的一个问题，有的意见认为，自愿注册原则是我国《商标法》的基本原则，商标使用人是否申请商标注册，完全出于自愿，任何人不应当强迫其申请注册。这是商标权的民事权利属性决定的，是我国民法中自愿原则的体现。强制注册制度和自愿注册原则是相悖的。商标强制注册制度是计划经济的产物，已不能适应市场经济的需要。原商标法规定强制注册的目的，是为了加强对特殊商品的生产和销售进行严格的管理，维护消费者的利益和国家利益，但有关法律对特殊商品的管理已经作了极为严格的规定，再保留强制注册的规定已无必要。立法机关经研究，没有删去这一规定，主要考虑，新修改的《药品管理法》已删去了药品商标强制注册的规定，药品的生产和销售不适用强制注册；但现行《烟草专卖法》仍然有强制注册的规定，该法二十条规定，“卷烟、雪茄烟和有包装的烟丝必须申请商标注册，未经核准注册的，不得生产、销售。”在《烟草专卖法》未取消烟草商品的强制注册前，《商标法》有关强制注册的规定不宜删除，否则使两部法律的规定不衔接，易引起误解，弄不好还会影响现行烟草专卖管理工作。烟草制品强制注册问题可在烟草专卖法修改时考虑，如果决定取消，再修改商标法的规定不迟。

（二）注册商标不得与他人在先权利相冲突

新《商标法》第八条规定，申请注册的商标，并不得与他人在先取得的合法权利相冲突。所谓他人在先取得的合法权利，是指他人在注册商标申请人提出注册商标申请以前，已经依法取得或者依法享有并受法律保护的权利，如著作权、专利权、名称权、姓名权、域名权等权利。注册商标的构成要素包括文字、图形、字母、数字、三维标志和颜色组合等标志，商标注册申请使用上述标志，有可能与他人的在先权利相冲突，如文字标志可能与他人的姓名、企业名称、商号相冲突，图形标志、颜色组合可能与他人的美术作品的著作权相冲突，三维标志可能与他人的外观设计专利权相冲突，字母、数字标志可能与他人的域名相冲突，等等。根据商标法的规定，如果商标申请注册的标志与上述他人的在先权利相冲突时，商标局将不予核准注册，已经核准注册的，要予以撤销。

（三）禁止恶意注册

新《商标法》第十五条规定：“未经授权，代理人或者代表人以自己的名义将被代理人或者被代表人的商标进行注册，被代理人或者被代表人提出异议的，不予注册并禁止使用。”代理人是指以被代理人的名义在代理权限内以自己的意志为意思表示，其行为直接对被代理人发生效力的人。代表人是指依照法律或者单位章程规定，代表法人或者其他组织行使职权的人。实践中，有的代理人或者代表人未经授权，以自己的名义将被代理人或者被代表人已经使用的商标进行注册，侵犯了被代理人或者被代表人的合法权益，是一种恶意注册的行为，对这种恶意注册行为法律应当禁止，对此商标注册申请，商标局依法将不予注册并禁止使用。当然，如果被代理人或者被代表人未提出异议的，说明其对自己使用的商标已放弃了申请注册的权利，法律则不限制这样的商标注册申请。

（四）关于地理标志的保护

新《商标法》第十六条规定："商标中有商品的地理标志，而该商品并非来源于该标志所标示的地区，误导公众的，不予注册并禁止使用；但是，已经善意取得注册的继续有效。""前款所称地理标志，是指标示某商品来源于某地区，该商品的特定质量、信誉或者其他特征，主要由该地区的自然因素或者人文因素所决定的标志。"这条对地理标志保护的规定，是这次修改商标法新增加的内容，是根据《与贸易有关的知识产权协议》的相关规定作的修改。

知识产权协议第二部分第三节专门规定了对地理标志的保护，该协议第二十二条规定："（1）本协议的地理标志，系指下列标志：其标示出某商品来源于某成员地域内，或来源于该地域中的某地区或某地方，该商品的特定质量、信誉或其他特征，主要与该地理来源相关联。""(2) 在地理标志方面，成员应提供法律措施以使利害关系人阻止下列行为：(a) 不论以任何方式，在商品的称谓或表达上，明示或暗示有关商品来源于并非其真正来源地，并足以使公众对该商品来源误认的；（b）不论以任何使用方式，如依照巴黎公约1967年文本第10条之2，则将构成不正当竞争的。”“（3）如果某商标中包含有或组合有商品的地理标志，而该商品并非来源于该标志所标示的地域，于是在该商标中使用该标志来标示商品，在该成员地域内即具有误导公众不去认明真正来源地的性质，则如果立法允许，该成员应依职权驳回或撤销该商标的注册，或者依一方利害关系人的请求驳回或撤销该商标的注册。”“(4) 如果某地理标志虽然逐字真实指明商品之来源地域、地区或地方，但仍误导公众以为该商品来源于另一地域，则亦应适用本条以上三款。”该协议第二十三条还对葡萄酒与白酒地理标志的补充保护问题作了规定。

另外，该协议对于已经使用的地理标志作了例外规定，“如果某成员之国民或居民已连续在该成员地域内，于相同或有关的葡萄酒或白酒商品或服务上，使用了另一成员用于标示有关商品或服务的地理标志，同时，其于部长级会议结束乌拉圭回合谈判之前已使用至少10年，或在该日前系善意使用，则本节之任何规定均不应要求该成员制止其继续以同样方式使用。”“如果在某成员适用下文第六部分规定之前或在有关地理标志于来源国获得保护之前，某商标已善意申请或获得注册，或已通过善意使用获商标权，则本节措施的实施不得因该商标与某地理标志相同或近似，而损害该商标注册的利益或效力，或损害该商标的使用权。”“如果某成员在其地域内的商品或服务上以惯用的通常语文作为通常名称使用时，与其他成员地理标志相同，则本节并不要求该成员适用本节之规定。”

六、关于驰名商标的保护

驰名商标是指在市场上享有较高声誉并为相关公众所熟知的商标。首先驰名商标是一种具有较高声誉的商标，使用该商标的商品信誉好、质量好、且占有相当的市场份额，使用该商标的企业具有较强的实力，连续多年经营业绩显著，常常是商标连续使用年限较长、广告发布范围和力度较大的商标。其次，驰名商标是为相关公众所熟知的商标，驰名商标并不是指该商标为所有人认知或者在所有领域具有很高的知名度，只要商标为相关公众所熟知即具备了被认定为驰名商标的条件。驰名商标既可以是注册商标，也可以是非注册商标。

（一）国际公约对驰名商标保护的有关规定

驰名商标作为一个正式的法律术语最早见于1925年修订的《保护工业产权巴黎公约》（以下简称《巴黎公约》）。1958年里斯本外交会议曾对该公约进行修正。《巴黎公约》第六条之二规定，商标注册国或使用国主管机关认为一项商标在该国已成为驰名商标，另一商标构成对此驰名商标的复制、仿造或翻译，用于相同或类似商品上，易于造成混乱时，成员国应依职权或应有关当事人的请求，拒绝或取消该另一商标的注册，并禁止使用。自注册之日起至少五年内，应允许提出取消这种商标的要求。允许提出禁止使用的期限，可由本同盟各成员国规定。对于以不诚实手段取得注册或使用的商标提出取消注册或禁止使用的要求的，不应规定时间限制。《巴黎公约》的规定有这样几个要点：一是公约保护的驰名商标既包括在成员国注册的商标，也包括未注册商标；二是驰名商标需要由成员国主管机关认定；三是保护范围被限定在相同或类似商品上，也就是说在相同或者类似商品申请注册、已经注册或者使用的商标是复制、仿造或翻译他人的驰名商标的；四是必须是达到易于造成混乱的程度；五是成员国对驰名商标的保护既可以采取被动保护原则，即“依当事人的请求”，也可以依法采取主动保护原则，即“本国法律允许”；五是保护措施是拒绝、取消侵权的商标注册，并禁止使用；六是明确了请求权的期限，即自注册之日起至少5年内，被侵权人都有权提出取消这种商标的要求，属于恶意在先注册的，则不受时间的限制。《巴黎公约》的这个规定，成为各成员国保护驰名商标的基本法律依据之一。

1994年，《关贸总协定》结束了“乌拉圭回合”谈判，缔结了《与贸易有关的知识产权协议》（简称《TRIPS协议》)，《TRIPS协议》第十六条之二、三款以《巴黎公约》有关保护驰名商标的规定为基础作了进一步的规定：第一，把《巴黎公约》对驰名商标的特殊保护延伸到驰名的服务商标；第二，把对已注册的驰名商标的保护范围扩大到禁止在非类似商品或服务上使用与驰名商标相同或近似的标志；第三，对如何确定某商标为驰名商标作了原则性规定，即应顾及相关公众对该商标的知晓程度，包括该商标在成员国地域内因宣传而获得的公众知晓程度。

（二）我国对驰名商标的保护

1982年我国全国人大常委会审议通过了第一部《商标法》，但该法未规定驰名商标的保护问题。我国对驰名商标的保护始于1985年加入《巴黎公约》之后。当时国内法律尚无有关驰名商标保护的规定，在实践中，国家商标主管部门直接以《巴黎公约》的有关规定为依据，保护过一些外国的驰名商标。例如，1985 年，澳大利亚鸿图有限公司在第 30 类“饼、面粉制品”商品上申请注册“PIZZAHUT”商标及屋顶图形商标，必胜客国际有限公司提出异议。经调查，必胜客国际有限公司是该商标的创始人，其“PIZZA-HUT”字母商标已在 40 个国家和地区获得注册，其屋顶图形商标及艺术字体“PIZZAHUT”已在包括澳大利亚在内的 67 个国家注册。依据《巴黎公约》关于驰名商标的规定，商标局于 1987 年 8 月 17 日裁定必胜客国际有限公司异议成立，并核准其注册了“PIZZAHUT”商标。

随着我国改革开放的不断深入和商标事业的发展，特别是我国企业参与国际市场竞争的深度和广度日益扩大，防止我国企业驰名商标在境外被抢注、保护企业商标合法权益问题也提上了日程。“同仁堂”商标争议就是其中第一例。1989 年，北京市药材公司发现自己的“同仁堂”商标在日本被一厂商抢先注册。当该公司以“同仁堂”系驰名商标为由，请求日本特许厅撤销不当注册的商标时，日本有关方面要求中方提供“同仁堂”系中国驰名商标的有效证明文件。为切实保护我国商标在外国的正当权益，商标局专门就“同仁堂”商标的发展历史和现状进行了调查，并于 1989 年 11 月 18 日，正式认定“同仁堂”商标为中国驰名商标。这是我国由商标主管机关正式认定的第一个中国驰名商标。在随后的几年间，我国通过调查问卷和商标主管机关个案认定等方式又认定了一些驰名商标。

1993 年 3 月，根据改革开放和商标保护管理的实际需要，七届全国人大常委会对商标法作了修改，同年 7 月国务院根据新商标法修订了商标法实施细则，始对驰名商标的保护问题有所涉及，即增加了对“公众熟知商标”的保护条款。商标法实施细则第二十五条一款对商标法第二十七条一款规定的“以欺骗手段或者其他不正当手段取得注册的行为”作了具体规定，该款第2项规定：“违反诚实信用原则，以复制、模仿、翻译等方式，将他人已为公众熟知的商标进行注册的”，属于注册不当，应当依法予以撤销。这里“公众熟知商标”与“驰名商标”并不完全等同。我国《商标法》仅是对违反诚信原则抢先注册驰名商标的行为加以制止，而未涉及非恶意情况下将他人驰名商标在相同或类似商品上在先注册或使用的情形。应当说，我国对驰名商标的保护只是《巴黎公约》保护驰名商标的一部分。

为加强对驰名商标的保护力度，维护公平竞争秩序，国家工商行政管理部门根据《商标法》及其实施细则的有关规定，于1996年8月14日发布了《驰名商标认定和管理暂行规定》(以下简称《暂行规定》)，1998年12月3日国家工商行政管理局对《暂行规范》作了修订。这是我国第一部专门调整驰名商标认定和管理的行政规章。暂行规定界定了驰名商标的含义，明确了保护驰名商标的主管机关，规定了驰名商标的认定和管理程序，规定了违法行为的法律责任。《暂行规定》的进步意义主要体现在：第一，它第一次以法律文件的形式明确了对驰名商标的保护，并初步确立了保护制度；第二，它把对驰名商标的保护首次扩大到非类似商品或服务上，要求该商标为注册商标，与《TRIPS协议》保持一致。《暂行规定》的颁布和实施，对我国驰名商标认定和管理工作走上了法制化、规范化的轨道发挥了重要作用。但是，较巴黎公约和TRIPS协议，《暂行规定》也存在不足，它把驰名商标界定在市场上享有较高声誉并为相关公众所熟知的“注册商标”，这违反《巴黎公约》的有关规定，与TRIPS协议的精神也是冲突的。当然，《暂行规定》的这个缺陷，在实践中并未影响商标主管部门依据《巴黎公约》对未注册驰名商标、尤其是国外未注册驰名商标（我国实行商标注册在先原则，驰名商标几乎都是注册商标）的保护。

自《暂行规定》发布以来，经国家工商行政管理局商标局认定的中国驰名商标共有177件，加上《暂行规定》发布前认定的19件，截至目前一共是196件。

为了适应我国社会主义市场经济的发展，进一步完善商标保护制度，履行我国加入世界贸易组织所作的承诺，全国人大常委会对商标法又作了修改，其中根据《巴黎公约》和《TRIPS协议》的规定，对驰名商标保护制度也作了修改补充，使我国驰名商标保护制度日臻完善。

（三）新《商标法》对驰名商标保护的规定

新《商标法》第十三条规定："就相同或者类似商品申请注册的商标是复制、摹仿或者翻译他人未在中国注册的驰名商标，容易导致混淆的，不予注册并禁止使用。""就不相同或者不相类似商品申请注册的商标是复制、摹仿或者翻译他人已经在中国注册的驰名商标，误导公众，致使该驰名商标注册人的利益可能受到损害的，不予注册并禁止使用。"根据这条规定，对驰名商标的保护分两种情况：

1. 对未在中国注册的驰名商标的保护。本条一款规定："就相同或者类似商品申请注册的商标是复制、摹仿或者翻译他人未在中国注册的驰名商标，容易导致混淆的，不予注册并禁止使用。"这是根据《巴黎公约》所作的补充规定。这款主要是针对未在我国注册的外国驰名商标保护的规定，因为我国采取注册在先原则，到目前为止我国认定的驰名商标基本都是注册商标。根据这个规定，对未在中国注册的驰名商标的保护，仅限于相同或者类似商品或者服务上，对不相同或者不相类似商品或者服务，不适用这个规定；至于那些相同或者类似商品申请注册的商标是复制已在中国注册的商标的，则明显是侵犯注册商标专用权行为，也不是这里要解决的问题。从具体行为看，对未在中国注册的驰名商标的侵犯，表现为是复制、摹仿或者翻译他人未在中国注册的驰名商标，容易导致混淆的，复制是指以印刷、复印等方式将驰名商标制作为商标，摹仿是指照驰名商标的样子制作，翻译是指将文字商标从一种文字翻译成另一种文字；就相同或者类似商品或者服务申请注册的商标是复制、摹仿或者翻译他人未在中国注册的驰名商标，容易导致混淆的，属于侵犯驰名商标专用权的行为，主管机关不予注册并禁止使用。在我国已有多起对未注册商标予以保护的范例，如商标局曾应意大利费列罗有限公司（简称费列罗公司）的申请，撤销了张家港市乳品一厂抢先注册在相同商品（巧克力）上的“金莎及图”商标。费列罗公司是世界四大巧克力生产厂商之一，其“FERREOROCHER 及图”商标在世界上（包括中国）有较高知名度。1986 年，该商标在中国注册，其产品开始进入中国市场，并在其产品上使用“金莎”中文字样及图形，但没有注册。张家港市乳品一厂于 1992 年将“金莎及图”商标在第 30 类“巧克力、糖果”商品上抢先注册。商标局认为，费列罗公司的商标是驰名商标，该商标被他人在相同或类似商品上注册和使用，易引起消费者混淆与误认，依据《巴黎公约》，张家港市乳品一厂的“金莎及图”商标不予核准注册。类似的保护未注册驰名商标的案例还有“氟利昂”、“吉普”等。

2. 对已注册驰名商标的保护。本条二款规定：“就不相同或者不相类似商品申请注册的商标是复制、摹仿或者翻译他人已经在中国注册的驰名商标，误导公众，致使该驰名商标所有人的利益可能受到损害的，不予注册并禁止使用。”这款是根据《TRIPS协议》所作的补充规定。对已注册驰名商标的保护在《暂行规定》已作过规定。从这条规定可以看出，对驰名商标的保护程度要高于非驰名的注册商标。对于非驰名注册商标，未经商标注册人的许可，在同一种商品或者类似商品上使用与其注册商标相同或者近似的商标的，属于侵犯注册商标专用权行为，为法律禁止并要承担相应的责任；而对于注册的驰名商标的保护，则不限于同一种商品或者类似商品范围内，就不相同或者不相类似商品申请注册或者使用他人已经在中国注册的驰名商标，致使该驰名商标所有人的利益可能受到损害的，同样属于侵犯注册商标专用权行为，为法律禁止。

商标注册人请求保护其驰名商标权益的，需要先由商标主管部门认定其注册商标为驰名商标。实践中，我国对驰名商标采取个案认定、被动保护原则，即只有在商标注册人认为其驰名商标权益受到损害并请求保护其合法权益时，国家商标主管部门才考虑是否认定驰名商标。之所以将受到损害作为申请条件，是因为无损害就无认定的必要。然而，由于国际交往的不断增多，国际间的驰名商标保护合作不断加强，国家间驰名商标名单的交换也日趋频繁，为使我国的驰名商标在他国享受对等保护，在企业未提出申请的情况下，国家商标主管部门也可以根据商标注册和管理工作的需要主动认定驰名商标，以保护民族工业，维护国家利益。

3. 驰名商标的认定条件。认定某一商标是否为中国驰名商标，主要标准是该商标在市场上享有较高的声誉并为相关公众熟知。新《商标法》对驰名商标的认定因素作了规定，该法第十四条规定，“认定驰名商标应当考虑下列因素：

（一）相关公众对该商标的知晓程度；（二）该商标使用的持续时间；（三）该商标的任何宣传工作的持续时间、程度和地理范围；（四）该商标作为驰名商标受保护的记录；（五）该商标驰名的其他因素。”上述的这些考虑因素与世界各国及有关国际组织在认定驰名商标时考虑的因素基本是一致。实践中，对上述因素必须进行综合考虑，以对商标的驰名程度作出准确的认定。当然，商标的声誉和知名度不是一成不变的，而是随着时间的推移或因商标使用人使用情况的变化而不断变化的，因此，被认定的驰名商标的有效期为3年，也就是说，认定时间未超过3年的，不需要重新提出认定申请。

4. 驰名商标的认定程序。企业需要申请认定驰名商标的，必须通过所在地省、自治区、直辖市工商行政管理局（以下简称省级工商局）报送有关材料。对企业申请认定驰名商标的有关材料，各省级工商局应进行初审，并签署意见。各省级工商局应将经过其初审并签署意见的有关申请材料以邮寄方式及时报国家工商行政管理局。

企业在申请认定驰名商标时，应提交驰名商标认定申请报告，在报告中须提供其商标权益受到损害的证据。同时应如实填写《驰名商标认定申请表》，并提供相应的证明材料。这些证明材料主要包括：（1）驰名商标认定申请人的营业执照副本复印件；（2）驰名商标认定申请人委托商标代理机构代理的，应提供申请人签章的委托书，或者申请人与商标代理机构签订的委托协议（合同）；（3）使用该商标的主要商品或服务近3年来主要经济指标（应提供加盖申请人财务专用章以及当地财政与税务部门专用章的各年度财务报表或其他报表复印件，行业证明材料应由国家级行业协会或者国家级行业行政主管部门出具）；（4）使用该商标的主要商品或服务在国内外的销售或经营情况及区域（应提供相关的主要的销售发票或销售合同复印件）；（5）该商标在国内外的注册情况（应将该商标在所有商品或服务类别以及在所有国家或地区的注册情况列明，并提供相应的商标注册证复印件）；（6）该商标近年来的广告发布情况（应提供相关的主要的广告合同与广告图片复印件）；（7）该商标最早使用及连续使用时间（应提供使用该商标的商品或服务的最早销售发票或合同或该商标最早的广告或商标注册证复印件）；（8）有关该商标驰名的其他证明文件（如省著名商标复印件等）。

企业申请认定驰名商标，可以自行准备申请材料，也可以委托国家工商行政管理局批准的商标代理机构代理。凡委托不具备商标代理资格的机构或个人提交的驰名商标认定申请材料，各省级工商局不予受理。接受企业委托办理申请认定驰名商标有关事宜的商标代理机构，除收取适当的代理费用外，不得向委托人收取其他任何费用。

七、外国商标在我国注册

外国商标，与本国商标相对称，是指商标所有人为外国国籍的商标。一般说来，凡是向我国申请商标注册并经核准的商标都应是本国商标，但是，对外国人或外国企业的商标的保护与对本国商标的保护有所不同。新《商标法》第十七条规定，“外国人或者外国企业在中国申请商标注册的，应当按其所属国和中华人民共和国签订的协议或者共同参加的国际条约办理，或者按对等原则办理。”这就是办理外国人或外国企业在我国申请商标注册应遵循的原则。

（一）申请人所属国和中国之间已达成商标互惠协议的，按该双边条约办理

商标互惠协议是指申请人所属国和我国通过签约或者换文而达成的商标互相注册的协议。除专门的商标互惠协议外，我国在与一些国家签订的友好通商或者贸易协定中，也往往包括了商标注册的互惠原则及有关商标注册条款。按照双边条约的规定，通常都给申请人享受“国民待遇”。

（二）按照双方国家共同参加的国际条约办理

我国已参加了《保护工业产权巴黎公约》，这个公约对成员国之间的商标注册和享受的待遇，都有明确的规定。中国与其他成员国之间有关商标的问题，均可按照《巴黎公约》的规定办理。同时，我国是《世界知识产权组织公约》和《商标国际注册马德里协定》的成员国，还应遵守该公约和协定的规定。

（三）按对等原则办理

对等原则是一个灵活的原则，适用的范围更广。如果申请人所属国与中国既没有签订商标互惠条约，也没有共同参加有关商标的国际公约，那么，只要对方国家同意接受我国商标注册，我国便可对等地接受对方国家的商标在我国注册。有关申请人享受的待遇，也严格按照对等原则办理。

八、商标代理

（一）商标代理的概念

根据我国《商标法》和国务院有关行政法规的规定，申请商标注册、转让注册、续展注册、变更注册人名义或者地址、补发《商标注册证》等有关事项，申请人可以委托国家工商行政管理机关认可的商标代理组织代理，也可以直接办理。外国人或者外国企业在中国申请商标注册和办理其他商标事宜的，应当委托国家认可的具有商标代理资格的组织代理。

《民法通则》规定，代理是指代理人在代理权限范围内，以被代理人的名义从事民事法律行为，被代理人对代理人的代理行为，承担民事责任。所产生的法律后果直接归属于被代理人。商标代理是民事委托代理的一种，即商标代理人在其代理权限内以被代理人的名义从事商标事务的法律行为。

根据《商标法》的规定，对中国申请人申请商标注册和办理其他商标事宜是否委托代理采取的是自愿原则，实行商标代理与申请人直接办理双轨制。申请人可以自愿委托国家工商行政管理机关认可的商标代理组织代理，也可以自己直接办理商标注册有关事宜。而对外国人和外国企业采取的是强制原则，应当委托国家认可的具有商标代理资格的组织代理。这样规定主要是因为，本国申请人一般比较熟悉本国的知识产权法律，而外国企业对申请国的知识产权法律体系不够了解。另外本国国民没有语言上的障碍，而外国人则不同。因此，从维护主权国家的尊严，保护外国申请人的合法权益、保证商标法律事务的质量和提高商标注册管理机关的工作效率的角度出发，国家都对外国申请人规定了强制委托代理原则。如美国商标法规定，外国申请人必须指定在美国的商标代理人代理商标事宜。俄罗斯商标法规定，俄罗斯国民可以委托在俄罗斯专利局登记的专利代理人办理商标申请注册及其他有关商标事务，不在俄罗斯居住的外国法人或自然人要取得商标注册，应通过在俄罗斯专利局登记的代理人办理。

商标代理组织一般是指经国家工商行政管理机关认定的商标事务所或商标代理机构。未经国家工商行政管理机关批准，任何机构不得开展商标代理业务。商标代理人是指具有商标局授予的商标代理人资格并取得《商标代理人执业证书》的人员。未取得《商标代理人执业证书》的人员，不得代理或变相代理商标事宜。同时《商标法》第六十条还明确规定，商标局、商标评审委员会以及从事商标注册、管理和复审工作的国家机关工作人员不得从事商标代理业务活动。

商标代理组织代理商标注册事务时，应当与委托人签订授权委托合同，授权委托合同应当约定代理人的代理事项、权限范围，如授权委托合同授权不明的，委托人应当向第三人承担民事责任，代理人负连带责任。

（二）商标代理的特点

商标代理作为知识产权法律中介服务的重要组成部分，具有很强的专业性、技术性。首先，商标权并非依法自然产生，只能通过法律规定的特殊程序进行申请确权。代理申请人进行商标注册确权正是商标代理工作的主要的、实质性的内容。取得商标权的法定程序非常复杂，包括商标申请注册、转让注册、续展注册、变更注册、使用许可合同备案、异议和评审事宜等，时间长，环节多，连续性强。商标代理人需要非常熟悉商标注册的各个程序。其次，相当一部分商标代理业务属于非法律性的专业事务。商标代理人需要准确把握商品和服务的分类，透彻掌握商标审查准则。仅以商品分类为例，按照《商标注册用商品和服务国际分类尼斯协定》，共有 42 个大类，涉及几万种商品，我国又将其分为 485 个类似群，体系庞杂，内容琐细，且还不断更新变化，对商品类别和类似群的判断，需要专门知识和长期实践经验才能准确地把握和判别。而委托人由于缺少对于商标知识全面了解的人才，很难靠自身力量完成以上任务。经参加国家组织的考试成绩合格后获得代理资格的商标代理人可以凭借其较丰富的商标法律专业知识，高质量、高效率地为企业办理商标事宜，帮助企业注册商标，维护企业商标专用权，同时又有助于商标管理机关提高工作效率，发挥联系企业与国家商标主管机关的桥梁和纽带的作用。随着我国社会主义市场经济的深入发展以及中国与外国的贸易交流活动越来越广泛，商标在企业生产经营活动中的作用日益凸现，商标代理人的作用也日益重要。

（三）商标代理人的主要业务范围

商标代理人主要为委托人从事以下代理活动：

1. 代理商标申请人进行注册申请前的商标查询，确定其商标是否可以注册，代理商标所有人进行使用未注册商标进入市场前的查询，确定该商标是否侵犯他人的在先商标权。

2. 代理商标申请注册、商标驳回复审、商标异议、异议答辩、异议复审、商标争议、争议答辩、商标注册不当或 3 年不使用撤销、撤销答辩等有关商标确权程序中的法律事务。

3. 代理续展注册、转让注册、许可使用合同备案、变更注册人名称或地址、补发注册证等有关事务。

4. 代理中国申请人到国外办理商标国际注册以及在申请注册过程中的各种法律事务。

5. 代理商标权海关备案。

6. 代理解决商标侵权纠纷，商标侵权投诉等法律事务。

7. 代理外国申请人到中国申请商标注册及其他商标法律事务。

除上述法律代理活动以外，商标代理组织还可以接受聘请，担任企业的知识产权顾问或根据协议担任企业的知识产权总代理人，利用其丰富的专业知识，为企业提供有关商标的各种咨询服务。咨询内容主要包括：企业如何设计商标、注册商标、使用商标、管理商标、保护商标，如何培育驰名商标和利用商标开拓市场，如何利用商标提高企业的知名度，树立企业形象以及一切与商标有关的咨询服务。

一名合格的商标代理人，应当以对其委托人高度负责的态度，将自己丰富的专业法律知识和工作实践经验运用到其代理活动，即每一项商标权利请求中去。对于主管当局的每一项法律决定，如补正、修正、驳回、有条件的授权等，代理人都应该进行分析，看引用的法律条款是否正确，提出的要求是否合理，做出的决定是否合法。在向被代理人转达主管当局的这些法律行为时，应当附上代理人自己的意见、看法和主张供被代理人参考，同时还要附上解决问题的办法供被代理人选择。对被代理人的要求或主张，也要加以分析，看其是否合理合法，有无被主管当局认可的可能性。因此作为代理人，在代理实践中，应当从正确地理解法律、运用法律、维护被代理人的权益出发，在其授权范围内，运用自己的知识和经验，依法实施代理行为，为委托人提供最佳的服务。同时《商标法》还规定，未经授权，代理人以自己的名义将被代理人的商标进行注册，被代理人提出异议的，不予注册并禁止使用。这也是代理人从业准则。代理人必须以被代理人的名义进行从事民事法律行为的活动。

（四）商标代理的历史沿革

1．商标核转制度

由于我国长期实行计划经济体制，商标被作为各级政府监控产品质量和管理经济运行秩序的手段。在1991年以前，国内商标的申请注册必须经各级工商行政管理机关的核转，这种方式被称为“商标注册核转制”，一直沿用了近40年。在核转制下，申请人申请注册商标，都必须经过其所在地区、县工商局，转市、地工商局，再转省、自治区、直辖市工商局，最后报呈国家工商行政管理局商标局。因此从本质上说，核转制实际上也是一种代理制，是一种非民事委托的、由各级政府工商行政管理机关进行的强制代理行为。

商标注册核转制的实行具有历史的必然性。在我国实行计划经济时期，核转制有力地指导了企业的商标工作，同时培育了新中国一代商标法律人才，发挥了重要的历史作用。

2．由核转制向代理制的转换

1978年以后，我国实行改革开放的政策，政治、社会、经济等方面均发生了翻天覆地的变化。特别是1987年以后，我国开始建立社会主义市场经济体制，实行多年的核转制已不再适应经济体制发展的要求。一是不符合《民法通则》的规定；二是政府行政管理机关既是管理者又从事代理行为，其双重角色不符合行政机构改革的要求；三是与国际惯例相违背，不利于日益频繁的商标领域国际合作的需要。为了适应形势的发展，1988年修改的《商标法实施细则》对商标代理作出了明确的规定。国家工商行政管理局于1990年5月22日发布了《关于试点建立商标事务所，推行商标代理制的通知》，随即在沿海经济发达地区上海、江苏等地试点建立了商标事务所。实践证明可行之后，经国家工商行政管理局批准在全国许多城市设立了商标事务所。1994年6月29日，国家工商行政管理局发布了《商标代理组织管理暂行办法》，就商标代理人资格的取得、职业道德及商标代理组织的设立条件、业务范围、审批程序及代理人和代理组织的违规行为的处罚等方面作了比较全面的规范。该办法的颁布，标志着我国商标代理制的正式确立。截至1995年底，我国已有商标代理组织100家，商标代理人约600名；商标代理机构分布于全国70余座城市及香港特别行政区，形成了比较完整的、基本满足企业商标法律事务需要的商标代理服务体系。

3. 商标代理体制向社会开放

1998年以前，绝大部分商标代理机构都是隶属于各地工商行政管理机关的事业单位。由于历史原因，这些机构没有真正脱离工商行政管理机关，在人、财、物方面缺少自主权，经营机制相对僵化，部分商标代理人的素质不够高，不能充分满足企业商标工作的需求。另一方面，社会上相当一部分有能力从事商标代理业务的高素质人才和工商系统外的一些单位不能从事商标代理业务，从而在一定程度上影响了人力资源配置的效率，制约了我国商标代理事业的发展。

为改变这种局面，国家工商行政管理局根据党的十五大报告中提出的“培育和发展社会中介组织”的精神，经过大量缜密的调查研究，于1999年12月制定并颁布了新的《商标代理管理办法》。该办法的颁布实施，为新世纪我国商标代理行业的发展指明了方向，提供了法律保障。与原暂行办法相比，新的《商标代理管理办法》有两个突出的特点，一是全面开放，二是严格管理。《商标代理管理办法》于 2000 年 1 月 1 日起实施以后，我国商标代理行业已向社会全面开放。国家工商局陆续批准了一批社会上的商标代理机构，截至 2000 年 8 月，我国商标代理机构的总数达到 151 家，其中工商系统外的机构 61 家。第一次面向社会的商标代理人资格考试也于 2000 年 9 月举行。至此，一个统一的、开放的、高效的、充满生机活力并与国际惯例接轨的、有中国特色的商标代理体制已基本形成。近年来据统计，通过商标代理机构代理的商标申请件已占到每年商标总申请量的 3/4，商标代理行业为我国市场经济的繁荣和商标事业的发展做出了重要贡献。

第四章　商标注册的申请

一、商标注册的申请的原则

商标注册是商标注册申请人为取得商标权，依照法律规定的程序，将其所有的商标向商标局提出注册申请，经商标局审核，核准注册的一系列程序的总称。目前，在我国商标注册是取得商标权的主要途径和依据。经过注册的商标，商标所有人获得商标权，受法律保护。为了便于商标使用人申请注册商标和加强对注册商标的管理，新商标法借鉴了国际上有关商标注册的申请的先进立法经验并与我国国内商标管理工作的实践相结合，对商标注册的申请规定了以下几项原则：

(一) 一份申请文件只能申请注册一件商标的原则

这一原则是讲，一份商标注册申请只能请求注册一件商标，不能在一份商标注册申请中提出注册两件或两件以上的商标的要求。我国1982年颁布的《商标法》曾经规定，在一份商标注册申请文件中只能就一件商标的注册提出申请，并且该商标只能注册使用于同一类别的商品上。如申请人欲使用该商标于不同类别的商品上，则必须分别提出申请。这种规定对商标注册申请人提出了过多的限制，造成了大量人、财、物的浪费和重复劳动，不利于对商标注册的管理。

为此，1993年修正的《商标法》第十二条作出了新的规定："同一申请人在不同类别的商品上使用同一商标的，应当按商品分类表提出注册申请。"这一规定虽然仍沿用了一份申请文件只能申请注册一件商标的原则，但其分类申请的限制已被取消，也就是说，已经允许申请注册的同一商标使用于不同类别的商品上。

而新《商标法》第二十条规定："商标注册申请人在不同类别的商品上申请注册同一商标的，应当按商品分类表提出注册申请。"这一规定除承袭了1993年修订的《商标法》第十二条规定的精髓外，还对某些具体文字作了修改，将原来的"同一申请人"改为"商标注册申请人"、"使用同一商标的"改为"申请注册同一商标的"。这一文字上的改动看似没有什么实际意义，但从立法技术上讲，它更好地运用了法言法语，使本条规定变得更为精确，并且与本章的主题"商标注册的申请"联系的更为紧密。

（二）同一商标注册申请最先申请者准予注册的原则

商标专用权的含义就是一项商标只能有一个商标专用权，如果遇到两个或两个以上的商标注册申请人在同一种商品或者相类似的商品上，以相同或者近似的商标申请注册的，商标局应对最先申请者的商标予以注册，驳回后申请人的商标注册申请。新《商标法》第二十九条亦有相同的规定："两个或者两个以上的商标注册申请人，在同一种商品或者类似商品上，以相同或者近似的商标申请注册的，初步审定并公告申请在先的商标”。

(三) 同日提出商标注册申请最先使用者准予注册的原则

新《商标法》第二十九条规定:“同一天申请的,初步审定并公告使用在先的商标,驳回其他人的申请,不予公告。”也就是说两个或者两个以上的商标注册申请人,在同一种商品或类似商品上,以相同或者相近似的商标申请注册,并且双方的申请文件又在同一天提交商标局,实行最先使用者取得商标注册的原则。这里所说的“使用”,根据我国有关法规的规定,是指将商标用于商品、商品包装或者容器以及商品交易文书上,或者将商品用于广告宣传、展览以及其他业务活动中。这种解释的外延宽泛,有利于对商标权的保护,也很准确。

二、商标注册申请的程序和要求

(一) 提出商标注册申请前办理商标查询

办理商标查询是为了了解自己申请注册的商标与别人已经注册或者申请注册的商标是否相同或者近似,以免自己在申请商标注册时遇到核驳。在我国,商标注册申请人在提出申请前,可自行查阅《商标公告》上有无与自己申请注册的商标相同或者近似者。如在国外申请商标注册的,可以委托代理人查询。

（二）商标注册申请应按商品分类表提出

商品分类是指一件商标注册申请可同时指定的商品范围。为了便于商标注册和管理，商标管理机关根据一定的标准，将所有商品划归为若干类，按一定的顺序排列编成表册。目前世界上商品分类表有两类，一类是本国独立实行的商品分类表，另一类是国际统一的商品分类表。我国已于1988年11月加入了《巴黎公约》，因此我国商标注册现已采用商品国际分类法，即将商品商标分为34类，服务商标分为8类。

商标注册的商品分类影响到如何判断商品是否相同或者相似，相应影响到对商标权的保护。国际商品分类是在1957年6月15日，由一些发达国家在法国尼斯外交会议上正式签订的《商标注册用商品和服务国际分类尼斯协定》确定的，于1961年4月8日生效。目前已有33个国家正式加入尼斯联盟，有80多个非尼斯协定成员国采用国际商品分类，尼斯协定已9次修订。国际商品分类1987年印制成册，称为《商标注册用商品和服务国际分类表》。新《商标法》第十九条规定："申请商标注册的，应当按规定的商品分类表填报使用商标的商品类别和商品名称。"

如遇到申请的商品在分类表中没有商品名称的情况，则应根据类似商品填写类别，并提交商标局确认。在申请书中，注册申请人还应填写清楚商品的主要原料、性质、用途等，以便商标局审定。

（三）按照规定格式填写申请书

申请书应当按照国家工商行政管理局拟定并经国务院批准的格式填写。申请书规定的项目必须逐一填全，字体应整洁规范，应用毛笔或钢笔填写，使用蓝色或黑色墨水。商标注册申请书需要加盖申请人章戳，委托代理的应提供商标代理委托书并加盖代理人章戳。如果是申请人直接办理的，还需提供：申请人营业执照副本或盖有当地工商行政管理部门章戳的营业执照复印件，申请人的介绍信，经办人的身份证复印件。申请文件在填写时如有错误，可以改正，但需加盖章戳或签名。

（四）报送商标图样

申请人在递交商标注册申请书时，应同时报送商标图样10份（指定颜色的彩色商标，应当交送着色图样10份）、黑白墨稿1份。商标图样用于粘贴各种商标档案和注册证，必须按照《商标法实施细则》的规定，采用光洁耐用的纸张印刷，长和宽不超过10厘米，不小于5厘米。硬质的、塑料的以及其他不能粘贴的，则用纸张印刷或绘制的图样或照片代替。申请注册的商标，如果采用不常见的事物，以及地方性的名胜古迹、山川风景等名称和图形，应附送商标设计说明书，以便在审查时参考。报送商标图样只粘贴、绘印属于商标部分的图案，商品装潢一般不在范围之内。如果商品的整个包装图案都属于商标部分，如卷烟、电池等，则整个图案都粘贴报送。

（五）提交其他有关文件

申请卷烟、雪茄烟商标注册的，应交送批准生产或者经销的文件。经有关主管部门检查许可才能生产的商品（如机床电器），如申请注册商标的，必须提交主管部门颁发的生产许可证。申请人申请报刊、杂志商标注册的，也应提供有关主管部门的证明文件。申请人用人物肖像作为商标申请注册的，必须提供肖像权人授权书并经公证机关公证。办理集体商标和证明商标还需提供申请人主体资格证明和商标使用管理规则。

（六）交纳相关费用

在提出商标注册申请时，应按照国家工商行政管理局的规定交纳申请费、注册费。

（七）对申报事项与材料的要求

新《商标法》第二十六条规定：“为申请商标注册所申报的事项和所提供的材料应当真实、准确、完整。”这条规定在旧商标法中是没有的。新《商标法》要求商标注册申请人在向商标局申请商标注册时必须提供真实、准确、完整的申报材料，这三个条件是缺一不可的。如果商标注册申请人申报的材料不真实、不准确或者不完整，商标局经过审查应当驳回商标注册申请人的申请。

上述的各种文件和费用，应当按照《商标法实施细则》的规定，在申请时一次备齐，否则不予受理。申请手续不完备的，予以退回，由申请人补充修改，但申请日期不予保留。

以上是商标注册申请的一般规则。根据新《商标法》的规定，遇到下列情况时，还必须办理特别的申请手续。

1. 另行申请。新《商标法》第二十一条规定：“注册商标需要在同一类的其他商品上使用的，应当另行提出注册申请。”这里所讲的同一类的其他商品，是指商标局原核定使用注册商标的商品以外的同类商品。例如，商标局原核定使用注册商标的商品为健身器材，现在商标使用人又准备在其新产品同一类别的娱乐器材上使用该商标，就应当另行提出注册申请。根据《商标法》的规定，注册商标的使用范围以核准注册的商标所核定使用的商品为限。所以商标注册后，为扩大使用范围而在其他同一类的商品上使用的，应视为另一个商标，与原注册商标无关。在未经商标局核准时，自行扩大注册商标原核定使用的范围，很可能发生与他人已注册商标或者已初步审定的商标相同或者近似的情况。因此，商标使用人必须另行申请注册。

2. 重新申请。新《商标法》第二十二条规定："注册商标需要改变其标志的，应当重新提出注册申请。"这一规定表明，商标专用权是以商标局核准注册的商标为限，它的效力只及于被核准注册的商标的文字、图形等可视性标志。如对其进行修改，无论改动多寡，都已经脱离了商标局原核准的专用范围，实际上形成了一个新商标。假如不重新注册，这个新商标就可能与他人已经注册或者已经初步审定的商标发生相同或者近似的情况。所以商标使用人必须重新提出商标注册申请。

3. 变更申请。新《商标法》第二十三条规定："注册商标需要变更注册人的名义、地址或者其他注册事项的，应当提出变更申请。"这种申请本身并不涉及注册商标的文字、图形等要素，以及核定使用商品的种类和商标专用权的改变，仅指商标注册人因某种特殊原因（如行政区划的改变、企业的合并或者分立、企业改变字号、迁移厂址、转让商标专用权等），需要对注册人名义、地址或者其他注册事项予以变更。根据有关规定，凡需要变更注册人名义的，应当提交《注册商标变更注册人名义申请书》1 份，注册人名义变更证明 1 份，并交回原注册证。经商标局核准后，将原证加注发还，并予以公告；需要变更注册人地址的，应当交送《注册商标变更注册人地址申请书》1 份，连同原注册证，按照核转程序，报送商标局办理；需要变更其他注册事项的，可以参照上述程序办理。凡未经商标局的核准，自行改变注册人名义、地址或者其他注册事项的，即构成违反商标使用管理的行为，有被撤销注册商标的可能。

三、申请日期的确定

在我国商标注册实行注册原则，一般说，只有经过商标局核准注册的商标才受法律保护。但如遇到两个或者两个以上的商标注册申请人在同一种商品或者类似商品上，以相同或者近似的商标申请注册的问题，就需要先分别确定各申请人的商标注册申请的日期，在日期确定后，商标局应当对最先申请的符合商标形式和实质要件的商标予以注册。因此，商标注册的申请日期的确定是一个非常重要的问题，它的确定有时关系到商标注册申请人申请注册的商标能否得到商标局的注册。

依据国务院有关行政法规规定，商标注册的申请日期，以商标局收到申请书件的日期为准。申请手续齐备并按照规定填写申请书件的，编写申请号，发给《受理通知书》；申请手续不齐备或者未按照规定填写申请书件的，予以退回，申请日期不予保留。

申请手续基本齐备或者申请书件基本符合规定，但是需要补充的，商标局通知申请人予以补正，限其在收到通知起15日内，按指定内容补正并交回商标局。限期内补正并交回商标局的，保留申请日期；未作补正或者超过期限补正的，予以退回，申请日期不予保留。

此外，依照新《商标法》第二十一条和第二十二条的规定，注册商标需要在同一类的其他商品上使用的，应当另行提出商标注册申请；注册商标需要改变标志的，应当重新提出商标注册申请。另行提出申请和重新提出申请的，也按上述所讲的确定申请日期。

以前关于注册商标扩大使用于同类商品的，只要按变更程序报请核准即可。因而不需要重新申请，确定申请日期。新《商标法》改变了这一作法，把商标变更仅局限于商标权人名称、地址或者其他事项的变更上。对商标扩大使用范围的，都令其另行提出商标注册申请。这样做比较符合新《商标法》的精神。因为获准注册的商标，其商标专用权的效力仅以商标局核准注册的商标和核准使用的商品为限，超出这个范围就不再受到法律的保护。所以，商标注册人需要将注册商标在同一种类的其他商品上使用的，应当另行提出商标注册申请，确定申请日期。这样，使用在同一种类不同商品上的同一商标就有可能存在两个申请日期。

四、商标注册的优先权问题

(一)《巴黎公约》关于优先权的规定

优先权原则是《保护工业产权巴黎公约》所确立的对工业产权国际保护的重要原则之一，它主要体现在工业产权保护的申请程序上。我国于 1985 年 3 月 19 日正式成为该公约的成员国。因此，优先权原则也成为我国在工业产权保护方面所依据的一项重要原则。

1. 优先权的含义。《巴黎公约》所说的优先权是指，如果某个申请人在一个成员国就某一项工业产权提出正式的申请，该申请人或其权利继承人可以在一定的期限内向所有其他的成员国申请保护。这些在后的申请将被视为与其第一次或者在先的申请相同的时间提出，即对于最先申请日后就同一工业产权提出的所有申请，在法定期限内，享有与其最先申请的申请日相同的优先权，视为与其最先申请在同一天提出。

2. 优先权的期限。根据保护对象的不同，优先权期限的长短也有区别。发明和实用新型的优先权期限为 12 个月，外观设计和商标的优先权期限为 6 个月。如果在优先权期限内，另有人在其他成员国就同一工业产权提出申请，既使优先权人在该国的申请迟于该人提出，该人的申请也不能对抗优先权人的申请。

3. 如何成为优先权的受益人。根据《巴黎公约》的规定，任何人只要有权享受国民待遇原则并在某一个成员国及时提出申请，就可以是优先权的受益人。优先权只能建立在就同一工业产权所提出的最先申请上，而且该申请必须在某一个成员国内正式提出。

4. 优先权的效力。优先权具有如下效力：

第一，在第一次申请日和后来的申请日之间，即在优先权期间，其他人提出的申请及相关行为都不能破坏作为后来申请的内容的权利。

第二，最先申请被撤回、放弃或者驳回，并不影响其作为优先权的基础，根据它所享有的优先权仍然有效。即使作为优先权基础的最先申请已不存在了，优先权仍然存在。

第三，后来申请的内容在优先权期间被公开或公用的，并不因此丧失新颖性和创造性。

第四，在优先权期间以前依法已经产生的权利，则不受优先权的拘束。

5. 享有优先权应履行的手续。享有优先权必须履行规定的手续，以便于第三人及时知道存在着关于优先权的要求。成员国若违反这些规定，将不被认为是提出了有效的优先权要求。这些手续是：

第一，指出第一次申请日和第一次申请所在国。此项声明是在申请优先权时必须作出的，但优先权申请人作出此声明的时限，则由各国国内法来确定。

第二，指出第一次申请时申请的号码。

第三，允许各国国内法提出其他要求，例如要求提供经过第一次申请国主管机关证明过的第一次申请的副本、优先权证书和优先权文件的译本等等。

（二）新商标法关于优先权的规定

新《商标法》第二十四条规定："商标注册申请人自其商标在外国第一次提出商标注册申请之日起六个月内，又在中国就相同商品以同一商标提出商标注册申请的，依照该外国同中国签订的协议或者共同参加的国际条约，或者按照相互承认优先权的原则，可以享有优先权。""依照前款要求优先权的，应当在提出商标注册申请的时候提出书面声明，并且在三个月内提交第一次提出的商标注册申请文件的副本；未提出书面声明或者逾期未提交商标注册申请文件副本的，视为未要求优先权。"

新《商标法》第二十五条规定："商标在中国政府主办的或者承认的国际展览会展出的商品上首次使用的，自该商品展出之日起六个月内，该商标的注册申请人可以享有优先权。""依照前款要求优先权的，应当在提出商标注册申请的时候提出书面声明，并且在三个月内提交展出其商品的展览会名称、在展出商品上使用该商标的证据、展出日期等证明文件；未提出书面声明或者逾期未提交证明文件的，视为未要求优先权。”

这两条规定是新商标法对优先权原则的确认。在我国1982年《商标法》和1993年修正的《商标法》中都没有关于优先权的规定。但在实际工作中，基于我国参加的国际条约以及与一些国家签订的双边或多边协定或者基于对等原则，优先权已经得到广泛的适用。这就造成了立法与现实的脱节。

当前，我国的改革开放正在逐步深化，随着经济稳定、高速地发展和科学技术的不断进步，不难预见，在不久的将来我国必然要进入知识经济时代。为了适应这一发展趋势，我国也必须在知识产权方面加强立法，特别是在立法工作中应多多借鉴国际的先进理论和先进经验，在国内立法时应更加重视与国际接轨的问题。当然，这应是在尊重我国主权和坚持我国的社会主义立法特色的大前提下的。只有这样，才能创造更好的投资环境和公平竞争的环境，也有利于我国商品参与日益残酷的国际市场的竞争。

因此，新《商标法》中增加了优先权原则的规定，这既符合《巴黎公约》关于优先权的规定，也符合我国立法工作的发展趋势，更与我国当前商标管理工作的实践是一致的。

第五章 商标注册的审查和核准

一、商标注册的审查和核准的含义

（一）商标注册审查的含义

商标审查是商标主管机关对商标注册申请是否符合商标法的规定所进行的一系列活动。对申请注册的商标是初步审定、予以公告，还是驳回申请、不予公告，是核准注册还是不予注册，都要经过商标主管机关的审查之后再确定。商标审查是商标主管机关是否决定授予商标注册申请人商标权的前提。

当今世界各国对申请注册的商标是否进行审查以及如何进行审查，大致可以分为两种做法，一种是实行审查原则，即对申请注册的商标既要进行形式审查，也要进行实质审查；另一种是实行不审查原则，即只对申请注册的商标进行形式审查，而不进行实质审查。我国对申请注册的商标一直采用审查原则，这也是大多数国家所采用的做法。

我国《商标法》没有对形式审查和实质审查作出严格的区分，一般的作法是：各地工商行政管理部门在核转申请后，商标局在正式受理前，首先对申请文件和应办手续是否齐备进行审查（形式审查），然后决定是否受理；如果决定受理，则需对商标的实体内容进行审查（实质审查）。

（二）商标注册核准的含义

商标注册的核准是指商标局对经过其初步审定并公告期满，没有人提出异议或者异议不能成立，当事人又不提请复审或者复审理由不能成立时，商标局对申请注册的商标予以注册。申请注册的商标一经商标局核准，就标志着商标专用权的诞生。

二、初步审定和公告

（一）何谓形式审查

形式审查是对商标注册申请的文件、手续是否符合法律规定的审查，主要是就申请书的填写是否属实、准确、清晰和有关手续是否完备进行审查。通过形式审查决定商标注册申请能否受理。形式审查包括以下几个方面：

1. 申请注册的商标是否按照产品分类表填报商品类别和商品名称。

2. 商标注册申请人是否具有申请商标注册的资格或者具备法律规定的条件。

3. 商标注册申请人是否按照规定交送各种申请文件和费用。

（二）何谓实质审查

实质审查是对商标是否具备注册条件的审查。申请注册的商标能否初步审定并予以公告，取决于该商标是否通过了实质审查。实质审查包括以下几个方面：

1. 申请注册的商标所使用的文字、图形、字母、数字、三维标志和颜色组合等构成要素是否违背商标法的禁用条款。

2. 申请注册的商标是否具备法定条件，也就是说商标使用的文字、图形、字母、数字、三维标志和颜色组合等是否具有显著特征，易于识别。

3. 申请注册的商标不应损害他人的在先权利，亦不能恶意抢注。

新《商标法》第三十一条规定："申请商标注册不得损害他人现有的在先权利，也不得以不正当手段抢先注册他人已经使用并有一定影响的商标。"这一规定就是为了防止有人损害他人的在先权利和在经济利益的驱使下恶意抢注他人的知名商标。

所谓"他人现有的在先权利"是指他人在注册商标申请人提出商标注册申请以前，已经依法取得或者依法享有并受法律保护的权利，如著作权、专利权、名称权、姓名权、域名权等等。注册商标的构成要素包括文字、图形、字母、数字、三维标志和颜色组合等标志，当某一商标注册申请在使用上述标志时不慎重，则很可能损害到他人的在先权利，如文字标志可能与他人的姓名、企业名称、商号相冲突，图形标志、颜色组合可能与他人的美术作品的著作权相冲突，三维标志可能与他人的外观设计专利权相冲突，字母、数字标志可能与他人的域名相冲突，等等。根据新《商标法》的规定，如果商标注册申请人申请注册的商标使用的标志与上述的他人的在先权利相冲突，商标局将不予核准注册，已经注册的，要予以撤销。

所谓“以不正当手段抢先注册他人已经使用并有一定影响的商标”是指恶意抢注他人的知名商标。知名商标是指未经商标局核准注册，但有一定影响的在用商标，它与驰名商标是不同的。比如老字号、老招牌，我国历史上遗留下许多有经济价值的中华老字号、老招牌，如全聚德的烤鸭、瑞福祥的绸缎等等，这些老字号、老招牌大多是在历史上因经营某一种商品而出名的店铺或者个人的名称、姓名，它们直接代表着其经营的商品，起的作用也与现代的商标相似。在未实行商标制度的时代，这些老字号、老招牌往往代表的就是那些信誉卓著、质量上乘的商品，所以才有所谓“金字招牌”之说。当时的人们就是根据这些老字号、老招牌来选购商品，时至今日，还是有许多人在选购商品时认这些老字号、老招牌。像人们常说的“没有吃过全聚德的烤鸭，就不算是到过北京”。现在，各地商家为了招揽顾客，都争着使用老字号、老招牌作为商品商标。有的商家甚至通过抢先进行商标注册获得了老字号、老招牌的商标专用权，然后再以商标侵权起诉在先使用老字号、老招牌的其他同业竞争者，甚至是老字号、老招牌的真正拥有者，这种不正当竞争行为就是“恶意抢注”。

4. 申请注册的商标是否与他人在同一种商品或类似商品上注册的商标相混同，是否与申请在先的商标及已撤销、注销不满1年的注册商标相混同。这里所说的“混同”是指相同或者近似。

上述第1项禁用条款的审查和第2项是否具有显著特征的审查，第3项是否损害他人在先权利和是否为恶意抢注行为的审查也称拒绝商标注册的绝对理由的审查，是对商标合法性的审查；第4项是对商标的新颖性，即是对注册商标是否与他人在先权利冲突的审查，也称拒绝注册商标的相对理由的审查。

商标局经过实质审查，认为申请注册的商标符合商标法的有关规定并且具有显著性的，予以初步审定，并予以公告。

（三）初步审定和公告

新《商标法》第二十七条规定："申请注册的商标，凡符合本法有关规定的，由商标局初步审定，予以公告。"

初步审定是指商标局指定的工作人员对申请注册的商标经过形式审查和实质审查，认为符合商标法的各项规定，得出可以核准注册的结论，这一程序被称为"初步审定"。经过初步审定的商标还没有正式核准注册，因此该商标此时还未取得商标权。经过初步审定的商标，还需要在《商标公告》上公之于众，征询社会公众的意见，让公众来协助商标局审查是国际上在商标注册方面的通行作法。

初步审定公告是指在商标局对申请注册的商标经审查得出可以注册的结论时发布的公告，它的内容有：审定号、申请日期、商标、指定使用的商品，申请人名称及地址。刊登初步审定公告的目的：一是公开征求社会各方面的意见，使社会公众可以依商标法对商标局初步审定结果进行监督，以利于准确核准商标注册，增加商标审查工作的透明度；二是为商标注册人和在先申请人提供维护自身权益，防止商标局核准注册与自己商标相混同的商标的机会，以避免和减少商标注册后可能发生的争议。

三、商标注册申请的驳回和复审

（一）商标注册申请的驳回

新《商标法》第二十八条对此作出了规定："申请注册的商标，凡不符合本法有关规定或者同他人在同一种商品或者类似商品上已经注册的或者初步审定的商标相同或者近似的，由商标局驳回申请，不予公告。"

这里所说的"本法有关规定"是指商标审查的法律依据而言，主要包括以下几点：

1. 商标使用的文字、图形、字母、数字、三维标志和颜色组合等是否具有显著特征；

2. 外国商标在我国注册的条件；

3. 商标使用的文字、图形、字母、数字、三维标志和颜色组合等是否违反商标禁用条款；

4. 申请商标注册是否按照商品分类表填报商品类别、名称；

5. 申请注册的商标是否同他人在同一种商品或者类似商品上已经注册的或者初步审定的商标混同；

6. 申请在先原则；

7. 申请注册的商标是否与被注销、撤销不满 1 年的注册商标混同；

8. 申请人是否具有申请商标注册的资格或者具备法律规定的条件；

9. 申请人是否按照规定交送各种文件和费用。

如果申请注册的商标不符合法律对以上几点的要求，商标局就应驳回商标注册申请人的申请，不予公告。商标局如果认为商标注册申请书内容可以修正，则发给《审查意见书》，限其在收到通知之日起15日内予以修正；未作修正、超过期限修正或者修正后仍不符合商标法有关规定的，驳回申请，发给申请人《驳回通知书》。

新《商标法》第二十九条规定："两个或者两个以上的商标注册申请人，在同一种商品或者类似商品上，以相同或者近似的商标申请注册的，初步审定并公告申请在先的商标；同一天申请的，初步审定并公告使用在先的商标，驳回其他人的申请，不予公告。"这一条规定是驳回商标注册申请的另一种情形。当出现两个或者两个以上的申请人在同一种商品或者类似商品上，以相同或者近似的商标申请注册的情况时，商标局有两种处理办法：第一种是，如果申请人不是在同一天提出的商标注册申请，商标局应当核准注册最先申请人的商标（申请在先原则），驳回其他申请人的商标注册申请；第二种是，如果申请人在同一天提出商标注册申请，则商标局应当对最先使用者予以核准注册（使用在先原则），驳回其他申请人的商标注册申请。

（二）商标注册申请被驳回的复审

新《商标法》第三十二条第一款对驳回申请、不予公告的商标的复审作出了规定："对驳回申请、不予公告的商标，商标局应当书面通知商标注册申请人。商标注册申请人不服的，可以自收到通知之日起十五日内向商标评审委员会申请复审，由商标评审委员会做出决定，并书面通知申请人。"也就是说，如果商标局认为商标注册申请人申请注册的商标不符合《商标法》的有关规定，则发给《商标驳回通知书》。商标注册申请人对商标注册申请被驳回不服的，可以要求商标评审委员会再予审查，这在商标法上称为对驳回商标的复审申请。依照商标法的规定，对驳回申请不服的，申请人可在收到驳回通知之日起15日内，将《驳回商标复审申请书》1份交送商标评审委员会申请复审，同时附送原《商标注册申请书》、原商标图样10份、黑、白墨稿1份和《驳回通知书》，还应缴纳评审费。

请求商标评审委员会对驳回商标申请的复审的法定期限为15日，自商标注册申请人收到商标局驳回决定通知之日起算，直到复审请求书的送交日或者寄出的邮戳日为止。如果商标注册申请人由于不可抗力或者其他正当理由，不能在法定的15日内提出复审请求，可以申请延期复审，根据国务院有关行政法规的规定可以申请延期30日。申请延期的，必须填写《延期申请书》，并按国家工商行政管理局有关规定缴纳延期费。对商标注册申请人提出的延期申请是否准许，由商标评审委员会决定。

商标评审委员会收到商标注册申请人的《驳回商标复审申请书》及相关材料后，应先进行形式审查，如果出现以下几种情况，商标评审委员会将做出不予受理的决定，并书面通知申请人：第一，商标驳回复审申请人不是商标注册申请人；第二，申请复审的商标不是被驳回的原商标；第三，超过法定的提出驳回复审申请的期限；第四，相关材料或者手续不齐备，不能进行评审。对于手续不齐备的情况，如果商标评审委员会认为可以令其补办的，就应要求商标驳回复审申请人在一定期限内补齐所需的材料，并将商标评审委员会通知补办的书面文件一起寄回商标评审委员会，逾期补办的不予受理。

商标评审委员会对于完全符合法定要求的驳回商标复审申请，将予以受理，并进行全面地审查评议，审查内容包括：商标是否具备注册商标的显著性特征；是否违反了禁用条款；是否在同一种商品或者类似商品上与在先注册、在先初步审定、在先申请、同一日申请但是使用在先的商标混同等等。

经审查评议，商标评审委员会应将其所做出的决定书面通知商标驳回复审申请人。商标评审委员会决定应予以初步审定的商标，即移交商标局办理初步审定并公告。

新《商标法》第三十二条第二款规定："当事人对商标评审委员会的决定不服的，可以自收到通知之日起三十日内向人民法院起诉。"根据这个规定，当事人对商标评审委员会的复审决定不服时，可以向人民法院起诉，用司法程序来维护自身的权益。

四、商标的核准注册和商标异议

新《商标法》第三十条规定："对初步审定的商标，自公告之日起三个月内，任何人均可以提出异议。公告期满无异议的，予以核准注册，发给商标注册证，并予公告。"这一条文不但规定了商标的核准注册，也规定了如何提出商标异议。通过这一条的规定可以看出，商标的核准注册与商标异议的提出是不可分的两个问题，决不能割裂它们的联系，孤立地去看其中任何一个问题。

（一）商标的核准注册

商标的核准注册是商标注册申请人取得商标专用权的决定性环节。任何一个商标只有在无异议的情况下，才可以得到注册，有异议则不能注册；反之，一个商标如果已经核准注册，就证明对该商标无人提出异议或者提出的异议不成立。所以，有无异议及异议能否成立是商标是否应获得核准注册的前提。依照新《商标法》的有关规定，申请注册的商标经过商标局的审查，认为其可以注册，就应当初步审定并予以公告。公告经过法定期限无人提出异议或者异议不能成立的，当事人又不提请复审或者复审理由不成立的，商标局就应为该商标核准注册，发给《商标注册证》并予以公告。

《商标注册证》是由商标局颁发的、标志商标注册申请人在特定商品上申请的商标获准注册并享有专用权的凭证。它记录如下内容：商标图样，注册人名称或者姓名、地址，商品类别、名称，专用权期限。如果注册后发生变更、续展或者转让注册的情况，也要记载于商标证上，以反映有关注册商标的一切情况。

注册商标公告是指在初步审定公告后，经过3个月的异议期，没有人提出异议或者经过异议裁定程序，异议不能成立时，商标局对申请注册的商标予以核准注册时发布的公告。该公告应当刊登在《商标公告》上，其目的是将注册商标公之于众，使之产生法律效力，便于保护商标专用权。

(二) 商标异议

1. 有关概念。

(1) 商标异议。新《商标法》第三十条有这样的规定："对初步审定的商标，自公告之日起三个月内，任何人均可以提出异议。"所谓异议就是对初步审定公告的商标提出反对意见，要求撤销初步审定、不予公告。商标异议并不是每一个商标注册申请必经的程序，它是一个在商标注册过程中对发生矛盾或冲突而采取补救措施的特别程序。虽然异议程序不是每一个商标注册申请必经的程序，但任何一个商标注册申请都要在初步审定公告之后经过3个月的异议期，才能获准注册。

(2) 异议人。对初步审定并公告的商标提出反对意见的人是异议人，异议人可以是利害关系人，也可以是无利害关系的任何人。而实际上，异议人绝大多数是利害关系人。例如，商标注册人或先申请人认为商标局初步审定公告的商标与自己在同一类商品或者类似商品上已经注册或已经初步审定并公告的商标混同，为了保护自己的合法权益，而提出异议；作为利害关系人也可能是其他在先权利人，如商标所采用设计的著作权人，以他人姓名或肖像为商标的享有肖像权及姓名权的人，以商标注册申请人未经其同意而使用其作品、姓名或者肖像为由而提出异议，要求商标局撤销初步审定的商标。当然，没有利害关系的任何人，既可以以初步审定公告的商标违反商标法规定的禁用条款为由提出异议，也可以以初步审定公告的商标与他人已注册商标或者申请在先的商标相混同或者侵犯了他人在先权利为由提出异议。在实践中还大量发生违反诚实信用原则的商标恶意抢注行为，这是指以获利为目的，申请注册他人已经投入使用并具有独创性的商标，或在非类似商品上注册他人已具有相当知名度的商标的行为。对于恶意抢注的行为，商标所有人也同样可以为维护自身利益而提出异议。

(3) 被异议人。这是一个与异议人相对称的概念，实际上，被异议人就是商标注册申请人。当商标注册申请人向商标局申请注册某一商标，商标局又对该商标予以初步审定并公告后，有人对该商标提出了异议，这时商标注册申请人就成为了被异议人。

2. 商标异议的提出和处理。新《商标法》第三十条规定："对初步审定的商标，自公告之日起三个月内，任何人均可以提出异议。公告期满无异议的，予以核准注册，发给商标注册证，并予公告。"这一规定是当事人提出商标异议和商标局处理商标异议的法律依据，在当事人提出商标异议和商标局处理商标异议时应当注意几个问题：

(1) 商标异议提出的期限。商标异议必须在异议期内提出。因为，商标注册是为商品生产和流通服务的，无限异议拖延期限，影响对商标权利的及时确认，影响商品生产和流通。所以新《商标法》第三十条规定异议必须在初步审定之日起3个月内提出，超过这一期限提出的商标异议，商标局不予受理。

(2) 商标异议应当书面提出。依照国务院有关行政法规的规定，商标异议人必须书面提出异议，将正、副本各1份寄送商标局。异议书需写明：被异议的商标名称、图形，初步审定编号，商品类别，《商标公告》期号和公告日期，陈述异议理由。异议人是利害关系人的，还需写明异议人注册商标或者初步审定商标的名称、图形，核定商品及类别，注册或者审定号。

(3) 商标局如何处理商标异议。依照国务院有关行政法规的规定，商标局在收到异议书后，应将异议书副本送达被异议人，限期答辩，在期限内不能答辩或者拒绝答辩的，不影响异议程序的正常进行。商标局处理异议案件时，应当保障双方当事人平等地行使权利，认真研究双方当事人陈述的事实和理由，并在查清事实的基础上依法做出裁定，或者撤销被异议商标的初步审定或者驳回不能成立的异议。当事人对商标局的处理不服的，还可以在法定期限内向商标评审委员会申请复审，对复审裁定仍不服的，还可以向人民法院起诉。

3. 设立商标异议程序的目的。设立异议程序，其目的是加强社会主义民主和法制，将商标行政工作置于人民群众的监督之下，发现问题，及时纠正，减少审查工作的失误，强化商标意识，给予注册在先的商标权人及其他利害关系人一次保护自身权益的机会。这也是走群众路线，提高商标审查质量的重要措施。

五、商标异议的裁定和诉讼

（一）商标异议的裁定和生效

新《商标法》第三十三条规定：对初步审定、予以公告的商标提出异议的，商标局应当听取异议人和被异议人陈述事实和理由，经调查核实后，做出裁定。当事人不服的，可以自收到通知之日起十五日内向商标评审委员会申请复审，由商标评审委员会做出裁定，并书面通知异议人和被异议人。“当事人对商标评审委员会的裁定不服的，可以自收到通知之日起三十日内向人民法院起诉。人民法院应当通知商标复审程序的对方当事人作为第三人参加诉讼。”第三十四条规定：“当事人在法定期限内对商标局作出的裁定不申请复审或者对商标评审委员会作出的裁定不向人民法院起诉的，裁定生效。”经裁定异议不能成立的，予以核准注册，发给商标注册证，并予公告；经裁定异议成立的，不予核准注册。“经裁定异议不能成立而核准注册的，商标注册申请人取得商标专用权的时间自初审公告三个月期满之日起计算。”

根据上述两条的规定，当事人对商标专用权提出异议实际上应当遵守这样一个程序，即如对某一商标专用权有异议，应先向商标局提出，如对商标局关于该项异议的裁定不服，必须在法律规定的期限内向商标评审委员会申请复审，对复审裁定仍不服的，才可以在法律规定的期限内向人民法院起诉。如果当事人不按照上述程序行事，则依照新《商标法》第三十四条第一款的规定，商标局或者商标评审委员会作出的裁定就发生法律效力。

从新《商标法》的规定可以看出，有关商标异议的裁定应当分为两种，一是商标局作出的异议裁定，二是商标评审委员会作出的复审裁定。但无论是哪种裁定，依照新《商标法》第三十四条第二款的规定，都具有如下效力：

1. 经裁定异议不能成立的，商标局应当予以核准注册，发给商标注册证，并予以公告。

2. 经过裁定如果异议成立的，商标局则不能核准注册该商标。

（二）商标异议裁定的复审和司法救助

商标局应当在充分听取异议双方当事人陈述事实与理由后，经过调查核实，作出商标异议裁定，并以书面形式送达异议双方当事人。任何一方当事人如对异议裁定不服的，可以在收到通知之日起15日内向商标评审委员会申请复审。如果对商标评审委员会的复审裁定仍不服，则可以自收到通知之日起30日内向人民法院起诉。新《商标法》对此有明确的规定。

六、对注册商标审查和核准的其他要求

（一）及时审查

商标局对商标注册申请人提出的商标注册申请和商标评审委员会对商标复审申请人提出的商标复审申请都应当及时进行审查并按照《商标法》的规定分别处理。对此，新《商标法》第三十五条规定："对商标注册申请和商标复审申请应当及时进行审查。"新《商标法》的这一规定是为了提高商标局和商标评审委员会的工作效率，避免他们工作中出现拖拖拉拉的官僚主义作风。同时，这一条的规定也等于给商标局对商标注册申请的审查工作和商标评审委员会对商标复审申请的审查工作规定了法定的期限；为国务院就这一问题制定实施细则提供了法律依据。由于旧法中并没有相关的内容，因此具体怎样才算是"及时进行审查"，还要等新的《商标法实施细则》出台。

（二）文件错误的更正

新《商标法》第三十六条："商标注册申请人或者注册人发现商标申请文件或者注册文件有明显错误的，可以申请更正。商标局依法在其职权范围内作出更正，并通知当事人。""前款所称更正错误不涉及商标申请文件或者注册文件的实质性内容。"这一条是新《商标法》增加的条款，明显错误是指商标申请文件或者注册文件中出现的明显的文字错误，也可称为"笔误"，这种错误不包括实质内容的错误。对于类似的错误，商标局可以在其职权范围内，根据商标注

册申请人或者商标注册人的申请依法作出更正，并通知当事人。如果在商标申请文件中出现了实质性的错误，商标局应当驳回该商标注册申请；如果商标注册文件中出现涉及实质性内容的错误，商标局则应根据具体情况作出处理，直至撤销该注册商标。

第六章　注册商标的续展、转让和使用许可

一、注册商标的有效期

根据《商标法》第三十七条规定："注册商标的有效期为十年，自核准注册之日起计算。"注册商标的有效期也称保护期，《商标法》对注册商标的保护不是无限期的，不是一经注册，终身受法律保护，而是有期限规定的。注册商标的有效期，是指注册商标具有法律效力或受法律保护的期限，也即注册商标所有人享有的商标专用权的有效期限。

为什么要规定有效期？这是因为注册商标具有特定的法律地位，与未注册商标不同。商标注册人具有商标专用权，其商标权受法律保护。因此，规定注册商标的有效期，从管理者来说，能有利于注册商标的管理，可以减少那些虽然注册在册，但注册人早已不使用的商标的存在，有利于社会对商标资源的重新利用。由于注册即产生专用权，所以虽然注册人没有使用，但其他人也不能擅自使用，这样就违背了法律保护注册商标的初衷。规定了商标注册的有效期以后，若注册人放弃了商标的使用，那么当有效期满且注册人未提出

续展注册申请时，该商标将被注册机关注销，从而使得该商标能够为别人所注册、使用，发挥其区别商品来源的作用。从注册商标所有人来说，有利于保护注册商标，有利于保护自己的权益。另外，也有利于注册商标所有人按实际情况使用注册商标。

世界各国的商标法对其本国注册商标的效力一般都作了有效期的限制，有些国家规定注册商标的保护期是20年，有些国家规定为10年。美国的注册商标保护期限是20年，从注册之日起计算。欧洲大陆的一些国家，规定注册商标的保护期限为10年，从申请之日起计算。纵观世界，绝大多数国家的注册商标保护期限，均规定为10年，从注册之日起计算。

在我国商标立法的历程中，对注册商标的保护期，也曾有过不同的规定。1950年我国的《商标注册暂行条例》规定，“商标从注册之日起，注册人即取得专用权，专用权的期限为20年”。注册商标的有效期为20年，1963年的《商标管理条例》第十条规定：“注册商标的使用期限自核准之日起至企业申请撤销时止。”这是对国内注册商标使用期限的规定，可以理解成无限期使用。对外国商标，第十二条规定：“外国企业在我国注册的商标的有效期限，由中央工商行政管理局核定”。当时，中央工商行政管理局原则上根据注册人之所属国与我国签订的互惠协议做出决定，按外国商标在其本国注册的有效期计算。显然这样内外有别的规定，既不符合国际惯例，也不利于注册商标的管理。

因此，我国《商标法》统一规定注册商标的有效期为10年。此外，针对注册商标的有效期，不再对注册商标所有人作特别规定，即没有国别的限制，只要必须是依法在我国注册的商标。

二、注册商标的续展

注册商标的续展是指注册商标享有人通过办理一定的法定手续，使其注册商标的有效期得以延续，从而使得注册商标继续受到法律保护的制度。这一制度是与商标注册、注册商标的有效期密切相关的。《商标法》第三十八条规定：“注册商标有效期满，需要继续使用的，应当在期满前六个月内申请续展注册；在此期间未能提出申请的，可以给予六个月的宽展期。宽展期满仍未提出申请的，注销其注册商标。”“每次续展注册的有效期为十年。”“续展注册经核准后，予以公告。”

我国《商标法》规定注册商标的有效期限为10年，自核准之日起计算。超过了有效期和六个月的宽展期，注册商标享有人便丧失了商标专用权。商标专用权作为一项民事权利，其续展与否取决于注册商标享有人，如果在法定期限内不申请续展注册，商标专用权即终止，商标局将注销该注册商标，注册商标享有人自公告注销之日起便丧失商标专用权。所以，在注册商标有效期限届满前后的法定期限里，如果注册商标享有人为了继续得到法律对商标专用权的保护，还想使用该商标，就必须通过办理注册商标续展手续的法律行为方式使商标专用权得以延续。由于续展次数没有限制，这样注册商标可以通过续展的办法使有效期不断得以延长。其中宽展期的规定，实际延长了商标权的保护，为商标享有人续展提供了机会，使其注册商标专用权继续得以使用。

及时办理商标续展手续对注册商标享有人来说是非常重要的。商标是区别一个企业的产品与另一个企业的产品的标志，保持商标专用权的长期有效，不仅对企业有益，对国家经济的稳定和发展也有积极的作用，因此我国《商标法》和国务院有关行政法规专门规定了商标的续展程序，只要注册商标享有人依法按时办理续展手续，就能够在事实上使商标权成为永久性的权利。

申请商标续展注册，应自商标有效期满前六个月至有效期满后的六个月内提出，在此长达一年的时间内提出的申请，商标局均予以接受。期满前的六个月一般称为续展申请期，有效期满后的六个月叫续展宽展期。根据国务院有关行政法规的规定，续展注册商标有效期自该商标上一届有效期满次日起计算。这里应注意的是，续展注册商标有效期是从上一届有效期满次日起计算，而不是核准之日或宽展期满的次日。这样规定，避免了注册商标有效期的间断，使得在宽展期发生侵权的，注册商标专用权仍然受法律保护。

例如，某企业的商标有效期限如果是从 1990 年 7 月 10 日至 2000 年 7 月 10 日，那它就应该在 2000 年 1 月 10 日至 2000 年 7 月 10 日这段时间提出续展申请，如果因为各种原因没有在这一段时间内提出，还可以在法律规定的宽展期内提出，即还可以在 2000 年 7 月 10 日至 2001 年 1 月 9 日内提出。不过即使是在宽展期内提出的续展申请，其续展被核准后的有效期仍从原注册有效期届满之日起计算，而不是核准之日或宽展期满之日起计算，即从 2000 年 7 月 11 日起计算。

申请续展注册的程序比重新注册或变更注册相对简化一些。在国务院有关行政法规以及有关的政府规章中有较详细的规定。主要包括以下一些内容：申请办理商标续展手续的，每一件申请应当向商标局寄送《商标续展注册申请书》一份，《商标续展注册申请书》的填写应规范，同时送商标图样十张，核准指定颜色的商标还应送原彩色商标图样，交回原《商标注册证》，并缴纳费用。其中应注意，报送的商标应与商标注册证上核准的图样相一致，文字商标不应任意改变字体，否则，商标局将不予续展注册。

续展商标注册申请经过商标局的审查，核准续展商标注册的，由商标局将原《商标注册证》加注发还，并予以公告。但如果有商标法规定不应予以续展的情形，商标局将做出驳回决定。

对商标局驳回续展注册申请不服的，申请人可以在收到驳回通知之日起十五日内，将《驳回续展复审申请书》一份寄送商标评审委员会申请复审，同时附送原《商标续展注册申请书》和驳回通知。商标评审委员会做出裁决，并书面通知申请人。商标评审委员会做出裁决决定核准续展注册的，移送商标局办理续展手续。如果申请人对商标评审委员会的决定不服的，可以自收到通知之日起三十日内向人民法院起诉。

我国《商标法》第四十六条还规定："注册商标被撤销的或者期满不再续展的，自撤销或者注销之日起一年内，商标局对与该商标相同或者近似的商标注册申请，不予核准。"这是与注册商标的续展相关的规定，这一规定主要是为了保护公众利益，避免消费者在认购商品时造成混淆。

三、注册商标的转让

我国《商标法》第三十九条规定："转让注册商标的，转让人和受让人应当签订转让协议，并共同向商标局提出申请。受让人应当保证使用该注册商标的商品质量。""转让注册商标经核准后，予以公告。受让人自公告之日起享有商标专用权。”

（一）注册商标转让的概念

注册商标的转让，是指商标权人将其所有的注册商标的专用权，依照法定的程序转让给他人的法律行为。原商标权人为转让人，接受注册商标专用权的一方为受让人，转让的结果是使注册商标的所有人发生了变更，受让人成为新的商标权人。原商标权人不再享有商标权。注册商标的转让，必须在双方自愿原则下进行，应当通过签订书面合同，并由转让人和受让人共同向商标局申请转让注册。注册商标转让权是商标权的一项重要内容，没有这一权利，商标权作为一种“产权”就不完整。注册商标的转让权又是一项附带的、从属的权利，是从专有使用权中派生出来的一项权利，商标权人可以行使也可以不行使这一权利。商标权转让后，受让人取得完整的商标权，实现了想取得专有使用权的根本目的。

（二）注册商标转让的原则

世界各国的商标法大都规定注册商标可以转让，但有关转让原则的规定不完全一样，通常可以分为以下两种情形：

1. 连同转让原则。连同转让原则是指商标权人在转让其注册商标时，必须连同使用该商标的企业的信誉，或者连同使用该注册商标的企业一并转让，而不能只转让其注册商标而不转让使用该商标的企业或企业的信誉。目前国外一些国家的商标法采取这项原则。例如，美国商标法第 10 条规定：“已经注册或者已经提出注册申请的商标，可以连同使用商标的企业的信誉，或者连同使用商标并由该商标表彰的部分信誉一并转让。”中国历史上，1923 年的商标法第 17

条也规定了该原则：“商标专用权得与其营业一并移转于他人，并得随使用该商标之商品，分析转移。但联合商标之商标权，不得分析移转”。日本商标法规定，一般的商标权的转让不必连同企业或其信誉转让，但规定了从事不以营利为目的的公益事业的商标不得转移的例外。属于是有限制的连同转让。另外，在企业合并、企业拍卖出售时应当同时转让注册商标，不管该商标是否知名。

实行连同转让原则，其原因是商标的本质属性为商品的识别标记，因而商标与企业的信誉相连。当注册商标与附属的企业或营业的信誉分开时，可能引起消费者的误认，导致使用该商标的商品质量下降，损害消费者的利益。因此，规定连同转让原则，可以避免以上弊端，保护消费者的利益。

2. 自由转让原则。自由转让原则是指商标权人既可连同其营业转让注册商标，也可将注册商标与营业分开转让。不过许多国家的商标法规定，在商标权人将其注册商标与营业分开转让时，受让人应当保证该注册商标的商品质量。我国商标法就是这样规定的。自由转让注册商标的做法，往往是因为该商标有一定知名度，受让人可以借助其良好的商标声誉在市场竞争中处于有利地位。再有一种情况，属于受让人出于无奈，因受让人实际使用的商标被人抢注，不得不花钱将注册商标转让回来。

关于注册商标转让的原则，《保护工业产权巴黎公约》第六条之四第 1 款和第 2 款也规定了基本原则。公约规定，各缔约国根据其法律可以同时转让商标所属的企业。商标的转让只有在与其所属企业或商誉同时转让方为有效时，如该企业或商誉坐落在该国部分连同在该国制造或销售标有被转让的商标的商品的专有权一起转让与受让人，即足以承认其转让为有效。也就是，只要企业或商誉坐落在该国的部分连同在该国制造或销售标有被转让的商标的商品的专有权一起转让与受让人，那么就足以承认商标的转让是有效的。但是，如果一个商标与企业的有关部分一起转让后，受让人使用该商标具有引起公众误解的性质，尤其对使用该商标的商品的原产地、性质或重要品质发生误解的性质，则各缔约国有自由不承认此种转让为有效。

只要商品质量能得到保证，即使商标与商品分开转让，也不会损害消费者的利益。所以从保证商品质量的角度来说，要求商标与营业一起转让已无必要。

（三）注册商标转让的形式和限制

1.注册商标转让的形式。注册商标的转让形式有合同转让和继承转让二种。合同转让是指转让人和受让人之间通过签订转让合同的方式转让注册商标；继承转让是指依法登记的个体工商户死亡或丧失行为能力，由法定继承人继承其注册商标的。但注册商标转让的主要形式还是合同方式转让。

2.注册商标转让的限制。注册商标的转让涉及商标权的取得、管理和保护等法律问题，也涉及转让当事人双方和消费者的利益，所以《商标法》在允许注册商标转让的同时，对转让作了限制性规定，包括以下几个方面：(1) 类似商品使用同一注册商标的不得分割转让，其专用权应全部转让。如果注册商标所有人仅转让一部分商品上的注册商标专用权，则会形成两个以上的主体对类似商品上使用的同一商标享有专用权的局面，因而会导致消费者的误认，引起市场混乱。(2) 已经许可他人使用的商标不得随意转让。已经许可他人使用的商标关系到被许可人的利益，因此只有在征求被许可人同意的情况下，才能把注册商标转让给他人。(3)

集体商标不得转让。由于集体商标关系到使用该商标的特殊集体的利益，属于一种特殊商标，因而一般不允许转让。(4) 联合商标不得分开转让。(5) 共同所有的商标，任何一个共有人或部分共有人不得私自转让。这是民法通则原则在注册商标转让权上的体现。

（四）注册商标转让的程序

转让注册商标，必须依法履行一定的手续，经商标局核准后，并予公告，转让注册才能生效。根据有关行政法规的规定，申请转让注册商标的，转让人和受让人应当向商标局交送《转让注册商标申请书》一份。转让注册商标申请手续由受让人办理。经商标局核准后，发给受让人相应证明，并予以公告。转让注册商标的，商标注册人对其在同一种或者类似商品上注册的相同或者近似的商标，必须一并办理。转让烟草制品等必须使用注册商标的商标，受让人应当提供有关部门的证明文件。对可能产生误认、混淆或者其他不良影响的转让注册商标申请，商标局不予核准，予以驳回。

对商标局驳回转让申请不服的，申请人可以在收到驳回通知之日起十五日内，将《驳回转让复审申请书》一份交送商标评审委员会申请复审，同时附送原《转让注册商标申请书》和《驳回通知书》。商标评审委员会做出决定，并书面通知申请人，决定核准转让注册，移交商标局办理。如果转让申请人对商标评审委员会的决定不服的，可以自收到通知之日起三十日内向人民法院起诉。

商标注册人有权决定注册商标是否转让，但是必须经商标局核准转让注册。转让注册商标而不向商标局办理有关手续的，属于自行转让注册商标的行为，是无效民事行为。根据《商标法》的规定，商标局有权责令限期改正，严重时还可能导致注册商标被撤销。根据《商标法》规定，受让人自公告之日起享有商标专用权。虽然转让人和受让人应当签订转让注册商标的协议，但受让人自商标局核准公告之日起才享有商标专用权，而不是协议签订的日期。

四、注册商标的许可使用

我国《商标法》第四十条规定："商标注册人可以通过签订商标使用许可合同，许可他人使用其注册商标。许可人应当监督被许可人使用其注册商标的商品质量。被许可人应当保证使用该注册商标的商品质量。""经许可使用他人注册商标的，必须在使用该注册商标的商品上标明被许可人的名称和商品产地。""商标使用许可合同应当报商标局备案。"

（一）注册商标许可使用的概念

注册商标的许可使用是指商标注册人或其授权的人将注册商标的部分或全部使用权许可给他人使用的法律行为。其中，商标注册人是许可人，注册商标被许可使用的一方是被许可人。商标许可制度是国际上通行的一项制度。

注册商标许可使用是商标权的一项重要内容，是商标注册人行使商标使用权的主要方式之一。许可人通过使用许可的方式，同意他人使用其注册商标，以此发挥注册商标的经济效益。注册商标许可使用后，许可人并没有失去商标权。被许可人则通过许可人许可，获得了许可人注册商标的使用权，也从中获得了注册商标的经济效益。同时，法律规定了许可人和被许可人的法定义务，即许可人应当监督被许可人使用其注册商标的商品质量。而被许可人应当保证使用该注册商标的商品质量。并且必须在使用该注册商标的商品上标明被许可人的名称和商品产地。

（二）注册商标许可使用的意义

注册商标的许可使用，有以下几个方面的重要意义：

1．可以保证注册商标不会因连续几年不使用而导致终止的情形发生。因为被许可人的使用应视为许可人的使用。

2．可以保证商标权人保有商标权，不失去对商标使用的控制，维护商标声誉。

3．可以为商标权人开拓国内国际市场，输出产品、资本、技术和人才，带来高额利益。

4．可以为被许可人引进先进技术和管理经验，吸引投资和吸引人才，提高产品档次，改善企业形象，以较小的代价换取长远发展的利益。

5．可以满足不同地区消费者对优质名牌产品的共同需要，可以保持商标的表明出处或者来源的功能。避免因商标权人的频繁更迭而给消费者区别商品生产者或经营者可能造成的混淆。

（三）注册商标许可使用的形式和种类

注册商标的许可使用主要有两种形式。一种是排他使用许可，也称独占使用许可。一种是一般使用许可，也称普通使用许可。

排他使用许可，是指许可人许可被许可人在规定的时间、地区和指定的商品上独家使用其注册商标。许可人并承担在约定的范围内，不再许可第三人使用该注册商标的义务，这包括许可人自己在内也不能在约定的范围内使用。由于独占许可使用具有排他性，因此，若他人侵犯了该注册商标专用权，则取得排他使用许可的被许可人可以要求停止侵权，还可以要求赔偿损失。

一般使用许可，是指许可人许可被许可人在规定的时间、地区和指定的商品上使用其注册商标。许可人可以在约定的范围内，同样许可第三人使用该注册商标。即许可人授权不同的被许可人同时使用某一注册商标。

无论是排他使用许可还是一般使用许可，经许可人特别授权，被许可人还可以进行分许可。但分许可必须是一般使用许可。

注册商标的许可使用是通过签订合同来实现的。商标许可使用合同也称商标许可证。商标许可证可以是单一商标许可证，也可以是包含技术许可等其他内容的混合许可证。在当今国际技术贸易中，混合许可所占比例很大。

（四）注册商标许可使用的特殊情况

根据我国《担保法》第七十五条规定，依法可以转让的商标专用权可以质押。质押是以注册商标的所有权为标的而采取的担保方式。作为质押商标，出质人应当负有维持商标价值的责任。因此，出质人可以在质押期间继续使用质押商标，并经质权人同意可以许可他人使用该注册商标。有商标权质押情形的，商标许可人在向商标局递交许可合同备案申请时，应当附送质权人允许出质人许可他人使用的许可文件，或质权人与出质人签署的关于许可出质人有限度的行使商标使用许可权的协议。否则，该商标使用许可合同不予备案。商标权冻结是指由与商标注册人有债权关系的民事主体提出请求并提供担保，由人民法院下达协助通知，采取冻结商标注册人商标所有权的行为。商标权在冻结期间，商标享有人不得许可他人使用其商标，与他人签订的商标使用许可合同属无效合同，许可合同备案机关不予备案存查。

（五）商标使用许可合同

我国《商标法》规定，商标注册人许可他人使用注册商标，可以通过签订商标使用许可合同。使用许可一般应采用书面形式，明确双方当事人的权利和义务。

1. 商标使用许可合同内容。一般包括以下几个方面：(1) 合同双方当事人的名称、地址、法定代表人的姓名。(2) 许可使用的商标、注册证号码、使用期限、使用商品的种类和名称。(3) 许可使用商品的质量标准。(4) 许可人监督商品质量的措施。(5) 被许可人保证商品质量的措施。(6) 商品销售的价格、范围。(7) 商品的产地、厂名的标注方式。(8) 合同发生纠纷后采取仲裁或调解的方式。(9) 许可商标被侵权后的处理方式。(10) 有偿许可使用的费用计算方法和付费方式。(11) 违约责任。(12) 双方认为需要约定的其他事项。

当事人在订立使用许可合同时，还应当注意以下问题：(1) 被许可使用的商标，应当与核准注册的商标相一致，不得改变注册商标的文字、图形、字母、数字、三维标志和颜色组合，以及上述要素的组合。(2) 被许可使用的商品，必须是注册商标核定使用的商品中的部分或全部，超出此范围的商品，商标注册人无权许可他人使用。(3) 许可使用商标的期限，不能超过注册商标的专用权有效期限。

2. 许可合同双方当事人的义务

许可人的义务包括：(1) 保持注册商标的有效性。在商标使用许可合同的有效期内，未经被许可人同意，许可人不得转让其注册商标，不得放弃续展注册，不得申请注销其注册商标。(2) 维护被许可人合法的使用权，当第三人侵犯注册商标专用权时，许可人应及时采取有效措施予以制止。(3) 监督被许可人使用该注册商标的商品质量。

使用许可合同的效力，是以许可人对注册商标的商标权利为基础的。因此，如果许可人不能保持其注册商标的有效性，则会造成被许可人的损失，许可人应负赔偿责任。

被许可人的义务包括：(1) 未经许可人的书面授权，不得将商标使用权移转给第三人。(2) 保证使用许可人注册商标的商品质量，维护商标信誉，并在其商品或包装上注明产地和被许可人的名称。(3) 如被许可使用的商标被他人侵权，被许可人应协助许可人查明事实。(4) 按合同的约定交纳商标许可费用。

(六) 商标使用许可合同的备案程序

《商标法》规定，商标使用许可合同应当报商标局备案。这样规定，首先是为了便于国家商标局对全国商标使用许可情况的管理；其次是通过商标使用许可合同的备案审查，从中发现问题，及时纠正，更好地维护当事人双方的合法权益；最后，通过商标公告，向社会公布商标使用许可情况，为消费者选购商品提供方便。

根据国务院有关行政法规的规定，商标使用许可合同的备案程序有以下几个方面：许可人和被许可人订立合同之日起3个月内，填写3份商标使用许可合同的备案表，并附有商标注册证复印件，除双方当事人保存两份正本外，由许可人将其中一份合同连同备案表报商标局备案，另外两份交双方当事人所在地工商行政管理机关存查。商标局对上报的合同进行审查。符合规定的予以备案，并刊登在商标公告上；对不符合规定的合同，退回许可人，由其重新修正后再重新报商标局备案。如果违反这个规定，由许可人或被许可人所在地工商行政管理机关责令其限期改正，拒不改正的，处以1万元以下罚款，直到报请商标局撤销注册商标。

第七章　注册商标争议的裁定

一、注册商标争议裁定的概述

（一）注册商标争议的概念

注册商标争议有广义和狭义之分。狭义的注册商标争议是指两个或两个以上的商标注册人就同一或类似的商品上使用的商标相同或者近似而发生的注册商标专用权的争执。一般是指注册在先的商标所有人就他人在后的注册的与其在同一种商品（或服务）或者类似商品（或服务）上注册的商标相同或近似的商标提出的争议。广义的注册商标争议还包括商标注册无效的审定。商标注册无效的审定是指商标不具备注册条件但取得了注册的，事后商标局可以依法撤销该注册商标，或者由商标评审委员会根据第三人（包括其他单位、个人、商标所有人或者利害关系人）的请求裁定撤销该注册商标的制度。我国的商标法规定的注册商标争议制度是广义的，既包括了商标注册无效的审定制度，又规定了狭义的注册商标争议的内容。

世界上许多国家规定了注册商标无效审定制度，对一些不属于争议范畴，但应予撤销的注册商标，给予撤销的机会。只有包括了注册商标无效审定的广义的注册商标争议制度才是完善的注册商标的争议裁定制度。商标法关于注册商标争议裁定程序的规定，目的即在于加强商标法律意识，体现了对商标专用权的保护，给予注册在先的商标权人一次保护自身合法权益的机会，可以对先前未及时提出异议而被注册的商标提出争议，确保其注册商标专用权不受损害。也对注册不当起一种纠偏作用，对阻止利用“申请在先”原则进行不正当竞争的行为也具有重要意义。注册商标争议程序和商标异议程序相配合，能大大提高注册商标的质量，减少注册商标权利的冲突，确保注册商标专用权的效力，保护消费者的利益，也维护了商标专用权受让人的利益。

(二) 注册商标争议与商标异议的区别

注册商标争议是指对已经注册的商标，因注册不当或在先商标注册人对在后已经注册的商标有争议而请求撤销的一种法律行为。商标异议是对国家工商行政管理部门商标局初步审定的商标提出不同意见并要求撤销该初步审定商标的一种法律行为。

注册商标争议与商标异议的区别在于：(1) 两者实质不同：商标争议实质是对已经注册的商标有争议；商标异议实质是对拟申请注册的商标在初步审定后，核准注册前所进行的社会异议。(2) 两者内容不同：注册商标争议的内容是权利争执；而异议的内容只是对初步审定的商标发生异议。(3) 提出时间不同：注册商标争议根据争议的不同情形，或自商标注册之日起五年内提出，或不受时间限制；而商标异议是在初步审定后，自公告之日起三个月内提出。对核准注册前已经提出异议并经裁定的商标，不得再以相同的事实和理由申请裁定。两者在注册程序中所处阶段也不同。(4) 申请主体有所不同：注册商标的争议人根据争议的不同情形而有不同，狭义的注册商标争议必须是在先注册人；而异议人不是特定的，可以是任何机关、团体、企业或者个人，包括在先注册人。(5) 处理机构有所不同：商标争议主要是直接向商标评审委员会提出，商标局也可主动依法处理。商标异议则只能是向商标局提出，对商标局裁定不服的，可以自收到通知之日起十五日内向商标评审委员会提出复审。(6) 商标异议不用交纳费用；而商标争议应交纳评审费。

二、适用注册商标争议裁定的几种情形

《商标法》第四十一条规定：已经注册的商标，违反本法第十条、第十一条、第十二条规定的，或者是以欺骗手段或者其他不正当手段取得注册的，由商标局撤销该注册商标；其他单位或者个人可以请求商标评审委员会裁定撤销该注册商标。

已经注册的商标，违反本法第十三条、第十五条、第十六条、第三十一条规定的，自商标注册之日起五年内，商标所有人或者利害关系人可以请求商标评审委员会裁定撤销该注册商标。对恶意注册的，驰名商标所有人不受五年的时间限制。

“除前两款规定的情形外，对已经注册的商标有争议的，可以自该商标经核准注册之日起五年内，向商标评审委员会申请裁定。商标评审委员会收到裁定申请后，应当通知有关当事人，并限期提出答辩。”

根据商标法这条的规定，以下三种情形适用注册商标的

争议裁定：

1. 已经注册的商标，违反商标法第十条、第十一条、第十二条的规定，将商标禁止使用的标志或者将注册商标禁止使用的标志作为商标标志并取得注册的，或者是以欺骗手段或者其他不正当手段取得注册的，适用注册商标的争议裁定。由于客观世界的复杂，商标局不能完全了解各方面情况，很可能在不知情的情况下，在审查过程中未能审查驳回违反商标禁用条款的商标，并在异议期间没有人提出异议或虽有异议但裁定异议不成立，从而核准注册了禁止使用或禁止注册的商标。以欺骗手段或者其他不正当手段取得注册的行为主要是指虚构、隐瞒事实真相或者伪造申请文件进行注册的行为。

对这种情形，《商标法》规定，商标局一旦发现便可依职权以注册不当为由撤销该注册商标。其他单位或者个人可以请求商标评审委员会裁定撤销该注册商标。商标法对提起注册不当的裁定未作时间限制，任何时间，一经发现，都可请求撤销。《保护工业产权巴黎公约》也规定，对于以不诚实手段取得注册或使用的商标提出取消或禁止使用要求的，不应规定时间限制。

2. 已经注册的商标，违反商标法第十三条、第十五条、第十六条、第三十一条规定的行为，适用注册商标的争议裁定。这里的违法行为主要是指：（1）申请注册的商标是复制、摹仿或者翻译他人驰名商标，容易混淆，误导公众的；（2）未经授权，代理人或者代表人以自己的名义将被代理人或者被代表人的商标进行注册，被代理人或者被代表人提出异议的；（3）商标中有商品的地理标志，而该商品并非来源于该标志所标示的地区，误导公众的；（4）注册商标损害他人现有的在先权利，或者商标注册人以不正当手段抢先注册他人已经使用并有一定影响的商标。

对上述情形，《商标法》规定，自商标注册之日起五年内，商标所有人或者利害关系人可以请求商标评审委员会裁定撤销该注册商标；对恶意注册的，驰名商标所有人不受五年的时间限制。这里明确规定了请求人必须是商标所有人或者利害关系人，对提起争议的时间也有限制，争议期限一般为五年，超过了五年时间期限的则不予受理，但对恶意注册的行为，法律对请求人和提起争议的时间作了例外规定，即驰名商标所有人不受五年的时间限制，任何时候一经发现即可请求商标评审委员会裁定撤销该注册商标。《保护工业产权巴黎公约》规定，抄袭、仿造驰名商标的，自注册之日起至少五年内，应允许提出取消这种商标。我国的规定与公约是一致的。

3. 对已经注册的商标，注册在先的商标所有人就他人在后注册的与其在同一种商品（或服务）或者类似商品（或服务）上注册的商标相同或近似的商标提出争议的，适用注册商标的争议裁定。对这一情形，《商标法》规定，自该商标经核准注册之日起五年内，商标所有人可以请求商标评审委员会裁定撤销该注册商标。

这种争议的提出，应当符合以下条件：（1）申请争议的人必须是商标注册人。未注册商标使用人不能提出争议。（2）申请人注册商标的核准注册日必须先于被争议人注册商标的核准注册日。申请在后的注册商标不能对注册在先和申请在先商标提出争议。（3）申请争议的时间为自被争议的商标核准注册之日起五年内，超过五年期限提出的争议不予受理。这次修改将注册商标专用权归属争议申请裁定的期限规定为五年，既保持与《保护工业产权巴黎公约》的规定相一致，又更为有利于保护商标注册相关利害人的正当利益，较为适宜。(4) 被争议商标的构成要素必须与争议商标的构成要素相同或近似，而且两者被核定使用的商品为同一种商品或类似商品。(5) 争议所依据的事实和理由，不属于商标注册不当的补正事由。

根据《商标法》第四十二条规定："对核准注册前已经提出异议并经裁定的商标，不得再以相同的事实和理由申请裁定。"上述三种注册商标争议的提出，都必须受到这条规定的限制。因此这也是上述提出商标争议的应当符合的条件。

三、维持和撤销

《商标法》第四十三条规定："商标评审委员会做出维持或者撤销注册商标的裁定后，应当书面通知有关当事人。""当事人对商标评审委员会的裁定不服的，可以自收到通知之日起三十日内向人民法院起诉。人民法院应当通知商标裁定程序的对方当事人作为第三人参加诉讼。"

根据《商标法》和国务院有关行政法规的规定，商标评审委员会收到注册商标争议的裁定申请后，应当首先进行审查，决定是否受理。然后应当通知有关当事人，要求有关当事人限期提出书面答辩。

商标评审委员会评审的结果有两种情况：

一是请求裁定撤销的理由不成立，维持有争议的注册商标继续有效。

二是请求裁定撤销的理由成立，撤销有争议的注册商标。

当事人在法定期限内对商标评审委员会作出的裁决不向人民法院起诉的，裁定生效。撤销注册商标的，被撤销的商标由商标局予以公告，原商标注册人应当将《商标注册证》交回商标局。原商标注册人即失去商标权，其商标权视为自始不存在，但不溯及既往，根据国务院有关行政法规规定，撤销注册商标的决定或者裁定，对在撤销前人民法院做出并已执行的商标侵权案件的判决、裁定，工商行政管理机关做出并已执行的商标侵权案件的处理决定，以及已履行的商标转让或者使用许可合同，不具有追溯力。但是，因商标注册人的恶意给他人造成损失的，应当予以赔偿。

商标评审委员会做出维持或者撤销注册商标的裁定后，应当书面通知有关当事人。

针对上述第一种适用注册商标争议裁定的情形，如果商标注册人对商标局作出的撤销注册商标的决定不服的，可以自收到通知之日起十五日内向商标评审委员会申请复审，由商标评审委员会对商标局撤销注册商标的决定进行复审，做出裁决，并书面通知申请人。如果商标注册人对商标评审委员会作出的裁决不服的，可以自收到通知之日起三十日内向人民法院起诉。任何单位或者个人对商标评审委员会的裁定不服的适用下述第二、三种争议裁定程序。

针对上述第二、三种适用注册商标争议裁定的情形，当事人对商标评审委员会的裁定不服的，可以自收到通知之日起三十日内向人民法院起诉。人民法院应当通知商标裁定程序的对方当事人作为第三人参加诉讼。

原《商标法》规定，商标评审委员会作出的维持或者撤销注册商标的裁定为终局裁定；商标评审委员会对商标局撤销注册商标的决定进行复审，作出的决定为终局决定。按照知识产权协议第六十二条的规定，有关获得和维持知识产权的程序中作出的终局行政决定，均应接受司法或者准司法当局的审查。因此，修改后的《商标法》删去关于商标评审委员会的裁定为终局的规定，增加了当事人可以向人民法院提起诉讼的规定。从而完善了现行商标保护制度，使我国商标保护制度与世界贸易组织有关知识产权保护规则更趋一致。

四、商标权的终止

商标权的终止是指商标注册人由于法定原因导致商标权的丧失，不再受到法律的保护。因注册商标有效期满未续展而注销注册商标，以及因注册商标争议而裁定撤销注册商标都涉及到商标权的终止。商标权的终止按法定原因可分为期限届满终止和提前终止二种。期限届满终止是指注册商标有效期届满，由于没有续展，导致注册商标的注销，引起商标权的终止。提前终止一般有三种情况：一是商标权人向商标局声明放弃注册。比如在与在先权利冲突时主动放弃注册。但商标权人已与他人签订了商标许可合同的，未经被许可人同意不能放弃注册，否则应承担违约责任。商标局应将放弃的注册商标注销并予公告。二是商标评审委员会裁定争议理由成立，撤销注册商标。三商标局对商标权人违反注册商标使用管理规定的，可以撤销该注册。

商标权的终止还可按事由的发生，分为因注销而终止和因撤销而终止二种情形。注销是指商标权人自动放弃注册商标或者商标局依法取消注册商标的程序。因注销而终止商标权有三种情况：一是商标权人自动申请注销；二是有效期满未续展注册而过期注销；三是无人继承注销。因撤销而终止商标权的事由主要也有三种：一是违法撤销；二是不当注册撤销；三是争议裁定撤销。

撤销注册商标，从撤销之日起商标注册人终止其商标权。

第八章　商标使用的管理

一、使用注册商标违法行为的处理

注册商标的专用权，以核准注册的商标和核准使用的商品为限。核准注册的商标的标志及其他注册事项和核准使用的商品，两者是不可分割的统一体，改变其中之一的，即非原注册商标，就不再享有专用权。而且注册商标的内容，是经过审查和核准注册的，使用商标的内容应当稳定，与核准注册的商标一致，不允许自行变动，否则商标注册将无任何意义。至于注册商标的转让，更是涉及商标权属改变的大事。所以当商标注册人需要改变注册商标的，应视为新的商标，重新提出注册申请；需要改变注册商标的注册人名义、地址或者其他注册事项的，应当提出变更申请。需要转让注册商标的，转让人和受让人应当签订转让协议，并共同向商标局提出申请，经核准后才能实现转让。

如果自行改变或者转让注册商标，不但易于造成权利人不明的状态，也会造成管理上的混乱，而且还有导致侵犯他人注册商标专用权的可能，所以依法要给予一定的处罚。我国《商标法》第二十二条、第二十三条明确规定，注册商标需要改变其标志的，应当重新提出注册申请。注册商标需要变更注册人的名义、地址或者其他注册事项的，应当提出变更申请。《商标法》第三十九条也明确规定，转让注册商标的，转让人和受让人应当签订转让协议，并共同向商标局提出申请。转让注册商标经核准后，予以公告。上述这些规定中的“应当”就是“必须”的意思，如果使用注册商标违反了上述法律的强制性规定，依法就要承担相应的法律责任。

按照《商标法》第四十四条的规定，使用注册商标，有下列行为之一的，由商标局责令限期改正或者撤销其注册商标：（一）自行改变注册商标的；（二）自行改变注册商标的注册人名义、地址或者其他注册事项的；（三）自行转让注册商标的。由此可见，如果商标注册人将注册商标自行改变后仍作为注册商标使用，而不将改变后的商标重新申请注册，即构成自行改变注册商标的行为；如果商标注册人的名义、地址等发生变化而不向商标局办理变更手续，即构成自行改变注册商标的注册人名义、地址或者其他注册事项的行为；如果转让注册商标未经过商标局核准，即构成自行转让注册商标的行为。对于这些违法行为所给予的处罚是由商标局责令限期改正或者撤销其注册商标。

所谓“责令限期改正”，就是责成有关当事人按照本法规定限期办理重新注册、变更或转让注册手续。根据我国行政处罚法的规定，行政机关实施行政处罚时，应当责令当事人改正或者限期改正违法行为。因为实施行政处罚的根本目的是为了纠正违法行为，所以行政机关无论准备对违法行为人处以何种行政处罚，都应首先要求违法行为人及时改正违法行为。因此需要注意的是，责令限期改正本身并不是一种行政处罚，本条中只有撤销注册商标才是一种行政处罚。由于撤销注册商标直接涉及到商标专用权的消灭，是一种最为严厉的行政处罚，故只有对于拒不改正的，才由商标局撤销其注册商标。

《商标法》第四十四条除对前述三种使用注册商标的违法行为规定由商标局责令限期改正或者撤销其注册商标外，还对连续三年停止使用的违法行为规定了同样的法律责任。我们知道，商标使用的目的是为了出售自己的商品，如果一个商标储备起来而不使用，那它就得不到社会的承认，也就没有价值。一个商标注册后如遇到不可抗拒的原因或有其他正当理由，经提请商标局批准后暂时停用是允许的，但若长期闲置不用，不仅失去了注册专用的意义，而且也有碍于他人申请注册与其相同或近似的商标，所以使用注册商标既是商标权人的权利，也是商标权人的义务。

由于使用商标是发挥商标作用的惟一途径，也是对商标提供法律保护的理由，因此各国商标立法都对商标权人的使用义务作出了严格的规定，在注册制度之下，如果商标要继续保持注册，它必须符合的条件之一就是该商标必须予以使用，因未履行商标使用义务，即注册商标在法定期限内未以法律认可的方式加以使用，则有可能导致商标注册被撤销。在我国法律认可的商标使用方式，包括将商标用于商品、商品包装或者容器以及商品交易文书上，或者将商标用于广告宣传、展览以及其他业务活动。对于注册商标连续三年停止使用的，任何人均可以向商标局申请撤销该注册商标，并说明有关情况。商标局应当通知商标注册人，限其在收到通知之日起三个月内提供该商标使用的证明或者不使用的正当理由。逾期不提供使用证明或者证明无效的，商标局撤销其注册商标。

二、使用注册商标商品不符合质量要求欺骗消费者行为的处理

商品质量是商标信誉的基础，商品质量和商标信誉的内在关系，直接影响着消费者认哪个牌、购哪种货。商标以其标志商品的一定质量吸引消费者，因此商标与消费者的利益密切相关。通过商标管理以保障消费者的利益是我国《商标法》的一项重要任务，也是我国《商标法》的一个显著特征。

《商标法》将保障消费者的利益作为立法宗旨之一，十分强调保护消费者的利益，把保护消费者利益作为调整商标关系的重要准则。《商标法》第七条明确规定，商标使用人应当对其使用商标的商品质量负责。各级工商行政管理部门应当通过商标管理，制止欺骗消费者的行为。这就是说，为了保护消费者的利益，无论是使用注册商标还是使用非注册商标，商品质量都应由商标使用人负责，同时尽管商品质量是一个涉及许多方面的复杂问题，由多种因素决定，而商标管理只是商品质量管理的一个辅助手段，但是鉴于商品质量与消费者利益有着密切的关系，从维护消费者的利益出发，制止利用注册商标欺骗消费者的行为，仍是工商行政管理部门的一项重要职责。

我们知道，商标起源的初衷是商品的生产者为了证明自己的商品质量没有问题，或者有问题愿意承担责任，也就是商标使用人对消费者一定质量的承诺或保证，而如果少数不法分子使用注册商标，商品粗制滥造、以次充好，欺骗消费者，不仅会破坏国家的商标管理制度，而且也会损害消费者

的利益，作为主管市场的政府职能部门，工商行政管理部门从维护市场正常秩序、保障消费者利益的角度出发，有责任采取必要的行政手段对上述违法行为进行处理。

为此《商标法》第四十五条规定，使用注册商标，其商品粗制滥造，以次充好，欺骗消费者的，由各级工商行政管理部门分别不同情况，责令限期改正，并可以予以通报或者处以罚款，或者由商标局撤销其注册商标。这是对使用注册商标不顾商品质量和商标信誉的欺骗消费者违法行为给予行政处罚的规定，是贯彻《商标法》总则第七条规定的具体措施。

具体来讲，对于使用注册商标，其商品粗制滥造，以次充好，欺骗消费者的行为，根据不同情节和后果，工商行政管理部门可作如下处理：对情节轻微的，进行批评教育，责令限期改正；对情节比较严重、在一定范围内造成不良影响的，责令检讨，予以通报；对情节恶劣，造成严重后果的，除给予通报外，并处以罚款，罚款按粗制滥造、以次充好非法经营额百分之二十以下或者非法获取利润的两倍以下计算；对有毒、有害并且没有使用价值的商品，予以销毁；使用注册商标的，应当依照商标法的规定，由商标局撤销其注册商标。

三、对被撤销或者注销商标的管理

根据《商标法》的有关规定，对于自行改变注册商标和自行改变注册商标的注册人名义、地址或者其他注册事项以及商品粗制滥造，以次充好，欺骗消费者等行为，商标局可以撤销其注册商标；对于注册商标有效期满，宽展期已过仍未提出申请续展注册的注册商标，由商标局予以注销。无论是撤销注册商标还是注销注册商标，其后果都是商标注册人失去该商标专用权，不再受法律保护。

因商标注册人不遵守注册商标使用的规定而被撤销的注册商标，或者是因注册有效期满未续展而被注销的商标，其商标专用权已经消灭，但是为了防止发生商品出处的混淆，《商标法》第四十六条规定，注册商标被撤销的或者期满不再续展的，自撤销或者注销之日起一年内，商标局对与该商标相同或者近似的商标注册申请，不予核准。这样规定并不是仍要保护已被撤销或者注销的商标的权利，而是完全为了维护市场秩序和保护消费者的利益，以免造成不必要的误会和损失。

我们知道，在注册商标中，当一些商标被撤销或者注销时，由于商品本身的周转期较长和商标声誉在消费者中的影响较大，商标专用权终止时，并不等于该商标在市场上或消费者中彻底消失，原商标注册人生产的使用该注册商标的商品并不能立即退出市场，在流通领域还会存在一定时期。因此，如果立刻核准其他人注册与之相同或者近似的商标，就有可能使市场上同时出现带有相同或者近似商标的商品，从而可能造成消费者的误认、误购。正是为了防止出现这种情况，维护消费者的利益，对这些已被撤销或者注销的商标，也要加强管理，避免市场上出现混同商标，发生商品出处的混淆。

为此，《商标法》规定了一年的过渡期，在这个过渡期内，不核准他人提出的相同或者近似商标的注册申请，过渡期后，原来带有注册商标的剩余商品应当基本上已销售完毕，商标局就可以对这样的申请核准了。需要注意的是，如被撤销的注册商标是连续三年停止使用的，则不受上述规定的限制，因为这种情况下被撤销的注册商标自身已连续三年没有使用，故而市场上应当不会有带这种商标的商品的流通，也就不会产生消费者的误认、误购问题，所以说上述规定不限制与三年已不使用的商标相同或者近似的商标注册申请。

四、对强制注册商标的管理

我国《商标法》虽然实行自愿注册原则，但并不是所有商品使用的商标都实行自愿注册原则。对与人民生活关系极为密切并直接涉及人民健康的极少数商品，对于少数对国计民生关系极为重要的商品，法律要求强制性商标注册。《商标法》第六条明确规定，国家规定必须使用注册商标的商品，必须申请商标注册，未经核准注册的，不得在市场上销售。这就是说，我国商标注册制度，在总的原则上是实行自愿注册制度，但对极少数商品又规定必须使用注册商标，这是根据国家经济发展状况和商标使用的实际情况所制定的法律规范，既符合我国的实际情况，也体现了法律对人民负责的精神。

在我国必须使用商标的商品为烟草制品，对这类商品要求强制使用注册商标，有利于对商标注册人实行监督，有利于对特殊商品进行严格的管理。强制使用注册商标，本身就是要商标注册人对强制使用商标的商品负责，如果发现其商品粗制滥造，以次充好，欺骗消费者的，则可以通过商标使用的管理对其违法行为给予必要的制裁。按照《商标法》第四十七条的规定，违反本法第六条规定的，由地方工商行政管理部门责令限期申请注册，可以并处罚款。这是对《商标法》总则第六条规定的补充和具体化，它明确规定了违法者所应承担的法律责任，既使得对违法者的处理有法可依，又可以通过惩处违法者来达到严格执行法律规定的目的。

具体来讲，对必须使用注册商标的商品，不使用商标或者使用商标而不注册的，地方工商行政管理部门可以行使行政执法权，责令其在规定的期限内申请注册，禁止其商品在市场上销售，停止广告宣传，封存或者收缴其商标标识，并可以根据情节处以非法经营额百分之十以下的罚款。

五、对未注册商标使用的管理

未注册商标是指未经商标局核准注册而直接投放市场使用的商标，它虽是商标的一部分，但是由于它未经注册，没有取得商标专用权，所以不受法律保护。未注册商标使用的范围非常广泛，国家允许使用未注册商标，是从有利于发展社会生产力考虑的，对于一些生产尚不稳定、产品尚未定型的商品和地产地销的小商品，不强行要求注册，便于他们扬长避短，迅速取得经济效益，因此采取自愿注册原则，允许未注册商标的存在和使用及其商品进入市场，这是符合我国经济发展需要，适应多层次生产力发展水平要求的。但是，这并不意味着国家对未注册商标的使用就放任不管，从保护注册商标专用权和维护消费者利益出发，国家商标管理部门仍然要对未注册商标的使用进行管理。

加强对未注册商标使用的管理，对于保护注册商标专用权和维护消费者利益，发展社会主义市场经济等方面都具有十分重要的意义，首先它有利于维护商标秩序正常化，加强管理的一个重要方面就是指导未注册商标使用人正确使用商标，以免因违反《商标法》的有关规定，破坏了市场经济秩序而受处罚，从而维护了商标秩序正常化；其次有利于未注册商标使用人提高商标意识，积极申请注册，未注册商标不能有效地利用现代宣传手段参与竞争，不易取得消费者的信任感，使用的商标又经常处于不稳定、不安全状态，不是被别人使用或被抢先注册，就是因与他人注册商标发生相同或近似而被禁止使用，所以加强商标管理能促使未注册商标使用人对未注册商标寻求法律保护，积极申请注册；最后有利于克服未注册商标使用人生产经营的短期行为，由于使用未注册商标易使商标使用人产生急功近利的短期行为，所以加强对未注册商标使用的管理，有助于从根本上解决这一问题。

《商标法》第四十八条明确规定，使用未注册商标，有下列行为之一的，由地方工商行政管理部门予以制止，限期改正，并可以予以通报或者处以罚款：（一）冒充注册商标的；（二）违反本法第十条规定的；（三）粗制滥造，以次充好，欺骗消费者的。这是对使用未注册商标违反《商标法》有关规定的违法行为给予行政处罚的规定。

所谓“冒充注册商标”，是指使用未注册商标而标称注册商标或者擅自在商品上标注“注册商标”或者注册标记的行为，根据《商标法》第九条第二款的规定，商标注册人有权标明“注册商标”或者注册标记，以表明所使用的商标为注册商标，受法律的保护。未注册商标在使用时若标称为注册商标，就是对消费者进行欺骗，有损商标管理的秩序，因此是法律所禁止的行为。对这种违法行为由工商行政管理部门禁止其广告宣传，封存或者收缴其商标标识，责令限期改正，并可根据情节予以通报、处以非法经营额百分之二十以下的罚款。

对于未注册商标使用商标禁用标志的行为，即构成违反《商标法》第十条规定的违法行为。根据《商标法》第十条的规定，下列标志不得作为商标使用：（一）同中华人民共和国的国家名称、国旗、国徽、军旗、勋章相同或者近似的，以及同中央国家机关所在地特定地点的名称或者标志性建筑物的名称、图形相同的；（二）同外国的国家名称、国旗、国徽、军旗相同或者近似的，但该国政府同意的除外；（三）同政府间国际组织的旗帜、徽记、名称相同或者近似的，但经该组织同意或者不易误导公众的除外；（四）与表明实施控制、予以保证的官方标志、检验标记相同或者近似的，但经授权的除外；（五）同“红十字”、“红新月”的标志、名称相同或者近似的；（六）带有民族歧视性的；（七）夸大宣传并带有欺骗性的；（八）有害于社会主义道德风尚或者有其他不良影响的。如果违反了上述规定，使用了《商标法》禁止使用的标志，工商行政管理部门应当禁止其广告宣传，封存或者收缴其商标标识，责令限期改正，并可根据情节予以通报、处以非法经营额百分之二十以下的罚款。

对于使用未注册商标，其商品粗制滥造，以次充好，欺骗消费者的，因其行为与使用注册商标，其商品粗制滥造，以次充好，欺骗消费者的行为相同，所以基本上应与使用注册商标实施此种违法行为给予相同的处罚，即由各级工商行政管理部门予以制止，限期改正，并可以予以通报或者处以罚款。具体执行中，工商行政管理部门根据不同情节和后果可作如下处理：对情节轻微的，进行批评教育，责令限期改正；对情节比较严重、在一定范围内造成不良影响的，责令检讨，予以通报；对情节恶劣，造成严重后果的，除给予通报外，并处以罚款，罚款按粗制滥造、以次充好非法经营额百分之二十以下或者非法获取利润的两倍以下计算；对有毒、有害并且没有使用价值的商品，予以销毁。

六、对撤销注册商标决定的复审和司法审查

商标权是一项重要的民事权利，撤销注册商标就是要剥夺这项权利，使商标专用权归于消灭，由于撤销注册商标的后果将直接影响到商标注册人的权益，所以必须慎重。为了维护商标注册人的正当权利，加强对撤销注册商标决定的监督，我国《商标法》确立了对撤销注册商标决定的复审和司法审查制度，《商标法》第四十九条明确规定，对商标局撤销注册商标的决定，当事人不服的，可以自收到通知之日起十五日内向商标评审委员会申请复审，由商标评审委员会做出决定，并书面通知申请人。当事人对商标评审委员会的决定不服的，可以自收到通知之日起三十日内向人民法院起诉。这是对撤销注册商标决定的复审和司法审查的规定。

《商标法》第四十九条第一款规定了对撤销注册商标决定的复审制度。所谓商标复审，是指商标评审委员会应当事人的申请，对不服商标局关于商标确权或撤销的决定依法进行审议评核，做出复审决定的法律程序。商标复审在商标评审活动中占有重要的地位，商标法律对商标复审作出规定，有利于商标审查、管理与商标专用权的保护，有利于当事人通过严格的法律程序充分地主张自己的权利。撤销注册商标的复审是商标复审的一项重要内容。

具体来讲，当事人对商标局做出的撤销其注册商标的决定不服的，可以自收到决定通知之日起十五日内，将撤销商标复审申请书交送商标评审委员会申请复审。当事人申请复审应当在规定的期限内办理，因不可抗拒的事由或者其他正

当理由，可以在期满前申请延期三十日，是否准许，由商标评审委员会决定。以邮寄方式收发文的，以邮戳日期为准；邮戳不清或者没有邮戳的，以商标局发文后二十日或者收文前二十日分别作为当事人收到或者发出的日期。商标评审委员会根据被撤销注册商标的商标注册人申请复审的理由，依据商标法的规定进行审议评核，做出复审决定，并用书面方式通知申请人，结束复审程序。

《商标法》第四十九条第二款规定了对撤销注册商标决定的司法审查制度，是这次修改《商标法》新增加的规定。所谓对撤销注册商标决定的司法审查，是指由司法机关最终决定商标专用权存灭的一项法律制度。按照这一款的规定，当事人对商标评审委员会的决定不服的，可以自收到通知之日起三十日内向人民法院起诉。对《商标法》作上述补充修改，主要是为了完善我国商标保护制度，并适应加入世界贸易组织的需要。根据世界贸易组织《与贸易有关的知识产权协议》第六十二条的规定，有关获得和维持知识产权的程序中作出的终局行政决定，均应接受司法或者准司法当局的审查。我国即将加入世界贸易组织，并已对外承诺在正式加入世界贸易组织时全面实施知识产权协议，因此有必要在《商标法》中增加有关司法审查的规定。这一制度的建立，有利于加强司法对行政的监督，使当事人可以通过严格的司法程序充分地主张自己的权利，获得足够的司法救济，从而有效地保障当事人的合法权利，确保商标确权的公正性，因此是一项十分重要的法律规范。

七、对罚款决定不服的行政诉讼及强制执行

按照《商标法》第五十条的规定，对工商行政管理部门根据本法第四十五条、第四十七条、第四十八条的规定做出的罚款决定，当事人不服的，可以自收到通知之日起十五日内，向人民法院起诉；期满不起诉又不履行的，由有关工商行政管理部门申请人民法院强制执行。这是对工商行政管理部门罚款决定不服的行政诉讼及强制执行的规定。

工商行政管理部门根据《商标法》第四十五条、第四十七条、第四十八条的规定对商标违法行为的当事人做出的罚款决定，是行政机关依法进行行政管理的手段之一，是对商标违法行为的当事人给予的一种行政处罚性质的经济制裁，其目的是为了保障《商标法》的贯彻执行，保护商标专用权和维护消费者的利益。如果工商行政管理部门滥用了行政执法权力，违法进行了处罚，就会侵犯到当事人的合法权利。根据我国行政诉讼法及行政处罚法的规定，当事人认为行政机关和行政机关工作人员的具体行政行为侵犯其合法权益时，可以向人民法院提出诉讼请求，要求人民法院行使国家审判权予以保护。《商标法》第五十条的规定内容之一，就是赋予当事人对工商行政管理部门的罚款决定有提起行政诉讼的权利，即商标注册人或未注册商标使用人对罚款决定不服的，可以自收到决定通知书之日起十五日内，向作出罚款决定的工商行政管理部门所在地的人民法院起诉，这既是对当事人行政诉讼权利的一种法律保障，也是对工商行政管理部门的一种法律制约。

《商标法》第五十条的另一项内容，是对强制执行的规

定。我们知道，当事人自收到罚款决定书十五日期满不起诉的，就意味着当事人对罚款决定不持异议，因此应当按照罚款决定书的要求认真履行。如果期满不起诉又不履行的，为了保证法律执行的严肃性，维护商标管理机关的权威，作出罚款决定的工商行政管理部门要申请人民法院强制执行。这里将不服罚款决定的起诉期限规定为十五日内，主要是为了使正确的决定能得到迅速的生效执行，而错误的决定能及时受到起诉，并通过司法程序加以纠正。

第九章　注册商标专用权的保护

一、侵犯注册商标专用权的行为

（一）注册商标专用权的范围

所谓注册商标专用权的范围，是指商标注册人对其所注册的商标所享有的使用权的范围。关于注册商标专用权的范围，修改后的《商标法》第五十一条作了如下规定：注册商标的专用权，以核准注册的商标和核定使用的商品为限。这一规定是判断商标侵权与非侵权的一条界限。法律规定这一界限，既有利于依法充分保护注册商标专用权人正确有效地行使自己的权利，又可以避免不适当地扩大注册商标专用权的保护范围而损害注册商标专用权人以外的社会公众的利益。对此需要说明的是：

1．修改后的《商标法》是对这次修改前的《商标法》第三十七条规定的保留。也就是说，修改后的《商标法》就这一问题未作修改。

2．这一条所讲的“核准注册的商标”，是指依法经过核准注册的商标图样中组成商标的文字、图形、字母、数字、三维标志和颜色组合，以及上述要素的组合。这一条所讲的“核定使用的商品”，是指已经核准注册在案的某一类别中的具体的商品。

3. 注册商标的专用权“以核准注册的商标”为限，是指国家保护注册商标专用权是“以核准注册的商标”为范围的。表明两点：一是自己的商标如果要想得到法律的保护，就需要将自己的商标进行注册，没有注册的商标，一般来讲是不受法律保护的；二是对注册商标的保护是有范围的，即以注册商标专用权人注册登记时的文字、图形、字母、数字、三维标志和颜色组合等为准，超过了这个范围，比如改变了注册登记时的文字、图形、字母、数字、三维标志和颜色组合，以及上述要素的组合且没有再经过登记注册的则不受法律保护。注册商标的专用权“以核定使用的商品为限”，是指国家保护注册商标专用权是以“核定使用的商品”为范围的。表明该范围具有排他性，即对于一经注册的商标已经核定了使用的商品的范围后，他人就不得非法在“同类”商品上使用相同或者相类似的商标。当然，如果他人在“非同类”商品上使用相同或者相类似的商标的，原则上应是允许的。在《商标法》中“核准注册的商标和核定使用的商品”的注册商标专用权的范围是不能擅自改变的，擅自改变是违法的。

4. 注册商标专用权的范围和注册商标专用权的保护范围是两个不同的概念。注册商标专用权仅“以核准注册的商标和核定使用的商品为限”，它表明的是注册商标专用权人有权在自己已经注册核定的商品上独占的使用自己的注册商标，更多强调的是专用范围，超出这个范围就不得作为自己的注册商标而使用。而注册商标专用权的保护范围则超出这个范围，不仅包括了注册商标专用权人有权禁止他人擅自在相同的商品上使用与自己注册的商标相同的商标，同时还包括了注册商标专用权人有权禁止他人擅自在相同的商品上使用与自己注册的商标相近似的商标，有权禁止他人使用在与自己核定的商品相类似的商品上使用与自己的注册商标相同或者相近似的商标。由此可知，注册商标专用权的保护范围要大于注册商标专用权的范围。

（二）侵犯注册商标专用权的行为

侵犯注册商标专用权的行为简称商标侵权行为。对于商标侵权行为，修改后的《商标法》第五十二条中有所体现。其中规定：有下列行为之一的，均属侵犯注册商标专用权：未经商标注册人的许可，在同一种商品或者类似商品上使用与其注册商标相同或者近似的商标的；销售侵犯注册商标专用权的商品的；伪造、擅自制造他人注册商标标识或者销售伪造、擅自制造的注册商标标识的；未经商标注册人同意，更换其注册商标并将该更换商品又投入市场的；给他人的注册商标专用权造成其他损害的。

修改后的《商标法》对于商标侵权行为作了修改和补充。主要修改为：一是将修改前的“未经注册商标所有人的许可，在同一种商品或者类似商品上使用与其注册商标相同或者近似的商标”中的“注册商标所有人”修改为“商标注册人”；二是将这次修改前《商标法》所规定的侵权行为中的“销售明知是假冒注册商标的商品的”修改为“销售侵犯注册商标专用权的商品的”；三是增加了反向假冒的规定，即“未经商标注册人同意，更换其注册商标并将该更换注册商标的商品又投入市场的”属于侵权行为。

修改后的《商标法》规定的商标侵权行为有如下五类：

1. 未经商标注册人的许可，在同一种商品或者类似商品上使用与其注册商标相同或者近似的商标的。如前所述，修改后的这一规定将修改前的“注册商标所有人”表述改为“商标注册人”，修改后的这一表述较为准确的体现了“注册”给予保护的立法指导思想。这里要说明的是，这一项规定讲的是非法使用商标行为的问题。这种行为是司法实践中经常遇到而且是最多的行为。这种侵权行为的具体表现有四：一是在同一种商品上使用与他人注册商标相同的商标；二是在同一种商品上使用与他人注册商标相近似的商标；三是在类似的商标上使用与他人注册商标相同的商标；四是在类似的商标上使用与他人注册商标相近似的商标。

这里需要说明的是，了解这种侵权行为还需要注意两点：一是这里所讲的“使用”应是一个宽泛的概念，包括了将商标用于商品、商品包装或者容器以及商品交易文书上，或者将商标用于广告宣传、展览以及其他业务活动。销售发票、合同等商标性文件，是商标交易活动的重要组成部分，在这些商业性文件中使用商标，应当视为商标的“使用”(见一九九五年六月一日《国家商行政管理局商标局关于如何理解〈商标法〉第三十八条（1）项所述“使用”问题的答复》)。二是构成这种侵权需要具备一定条件，就商标来讲应当是相同或者近似，就商标标示的商品来讲应当是同一种或者类似的商品，也就是说，如果不具备上述所讲条件，就不应当认定为是侵权行为。

2. 销售侵犯注册商标专用权的商品的。这一项规定讲的是销售侵权的问题。就这项规定来讲，如前所述作了修改。按照过去的规定来讲，是否构成侵权，还需要看是否存在主观上的故意，如果有主观上的故意就认定其为侵权行为，如果没有主观上的故意就不能认定其为侵权行为。这样在司法实践中较为难以操作，不利于打击销售中的违法行为。另外，这次修改时增加了有关销售中的“非故意”行为属于侵权但不承担赔偿责任的规定。因此，这次修改《商标法》时作出了修改。

侵犯注册商标专用权的商品，除了生产者自己销售以外，有些时候还要通过销售者进行销售。这种销售行为一般来讲都是故意行为，该行为不仅侵犯了注册商标专用权人的利益，而且还损害了消费者的利益。对这种行为需要依法制裁。

3. 伪造、擅自制造他人注册商标标识或者销售伪造、擅自制造的注册商标标识的。这一项讲的是商标标识侵权问题。该侵权包括了“制作”行为和“销售”行为两类。这里所讲的商标标识，是指商标的物质表现形式；“伪造”他人注册商标标识，是指模仿他人注册商标的图样等制作出与他人注册商标标识相同的行为；“擅自”制造他人注册商标标识，是指未经注册商标专用权人同意而制作他人注册商标标识的行为；“销售伪造、擅自制造的注册商标标识”，是指以“伪造、擅自制造的注册商标标识”为标的物进行买卖的行为。上述几种行为均侵犯了注册商标专用权人的利益，也侵犯了广大消费者的利益，对此也需要予以制裁。

4. 未经商标注册人同意，更换其注册商标并将该更换商标的商品又投入市场的。这项规定是新增加的规定，学理上称之为“反向假冒”。具体是指在商品销售活动中将他人在商品上的合法贴附的商标消除、变动或者更换，冒充为自己的商品予以展示或者销售的行为。这种行为在消费者中间造成混淆，不仅损害了商标注册人的合法权益，同时也损害了消费者的利益，对此，需要禁止。

5. 给他人的注册商标专用权造成其他损害的。这项规定讲的是上述行为之外的侵权行为问题，属于兜底条款。作出这一规定的基本目的是，更有利于打击侵犯他人注册商标专用权的行为。根据国务院行政法规有关规定，给他人的注册商标专用权造成其他损害的行为是指：在同一种或者类似商品上，将与他人注册商标相同或者近似的文字、图形作为商品名称或者商品装潢使用，并足以造成误认的；故意为侵犯他人注册商标专用权行为提供仓储、运输、邮寄、隐匿等便利条件的。

二、侵犯注册商标专用权纠纷的处理（解决）方式

（一）修改情况

对于侵犯注册商标专用权纠纷的处理方式问题，修改后的《商标法》第五十三条作出了以下规定：有本法第五十二条所列侵犯注册商标专用权行为之一，引起纠纷的，由当事人协商解决；不愿协商或者协商不成的，商标注册人或者利害关系人可以向人民法院起诉，也可以请求工商行政管理部门处理。工商行政管理部门处理时，认定侵权行为成立的，责令立即停止侵权行为，没收、销毁侵权商品和专门用于制造侵权商品、伪造注册商标标识的工具，并可处以罚款。当事人对处理决定不服的，可以自收到处理通知之日起十五日内依照《中华人民共和国行政诉讼法》向人民法院起诉；侵权人期满不起诉又不履行的，工商行政管理部门可以申请人民法院强制执行。进行处理的工商行政管理部门根据当事人的请求，可以就侵犯商标专用权的赔偿数额进行调解；调解不成的，当事人可以依照《中华人民共和国民事诉讼法》向

人民法院起诉。上述规定，是在这次修改前的《商标法》第三十九条规定的基础上修改而成的。这次修改前的《商标法》第三十九条规定，“有本法第三十八条所列侵犯注册商标专用权行为之一的，被侵权人可以向县级以上工商行政管理部门要求处理，有关工商行政管理部门有权责令侵权人立即停止侵权行为，赔偿被侵权人的损失，赔偿额为侵权人在侵权期间因侵权所获得的利润或者被侵权人在被侵权期间因被侵权所受到的损失。侵犯注册商标专用权，未构成犯罪的，工商行政管理部门可以处以罚款。当事人对工商行政管理部门责令停止侵权行为、罚款的处理决定不服的，可以在收到通知十五天内，向人民法院起诉；期满不起诉又不履行的，由有关工商行政管理部门申请人民法院强制执行。”“对侵犯注册商标专用权的，被侵权人也可以直接向人民法院起诉。”修改后的《商标法》对过去的规定主要作了如下修改：

1. 进一步明确了解决方式。修改后的《商标法》在行政处理、诉讼解决侵权纠纷二种方式的基础上增加了协商解决、调解解决方式。

2. 将民事行为和行政行为区别开来。在修改前的《商标法》关于“被侵权人可以向县级以上工商行政管理部门要求处理，有关工商行政管理部门有权责令侵权人立即停止侵权行为，赔偿被侵权人的损失，赔偿额为侵权人在侵权期间因侵权所获得的利润或者被侵权人在被侵权期间因被侵权所受到的损失”的规定中，工商行政管理部门可以依照职权要求侵权人向被侵权人进行赔偿，而修改后的规定，则明确规定赔偿数额问题由当事人自己解决或者应当事人的请求进行调解。也就是说，将本来不应属于工商行政管理部门以行政命令的方式干预解决而应由当事人自己解决的问题明确为由当事人自己解决。

3. 明确了当事人在什么情况下可以提起行政诉讼，什么情况下可以起诉民事诉讼。也就是说，修改后的规定，明确在不服“责令立即停止侵权行为，没收、销毁侵权商品和专门用于制造侵权商品、伪造注册商标标识的工具，并可处以罚款”的情况下，可以依法提起行政诉讼。明确民事“赔偿数额”问题，可以依法提起民事诉讼。

4. 增加了行政处理的手段（或者讲措施），即有权“没收、销毁侵权商品和专门用于制造侵权商品、伪造注册商标标识的工具”。增加这一规定的目的是，更利于打击侵犯注册商标专用权的行为。

(二) 处理（解决）方式

1. 协商解决。协商解决是指发生侵权案件以后，双方当事人直接进行磋商，在互相谅解的基础上解决争议的一种方式。协商解决争议不能随心所欲，必须遵循一定的规则，这些规则即是：一是必须自愿进行；二是必须依法进行；三是必须平等进行。

2. 向人民法院起诉。即被侵权人以侵权人为被告向人民法院提起民事诉讼。

3. 行政处理。即工商行政管理部门依法对侵权行为进行认定，如果属于侵权的，则责令停止侵权行为，没收、销毁侵权商品和专门用于制造侵权商品、伪造注册商标标识的工具，并可处以罚款。

4. 行政调解。该调解是由工商行政管理部门应当事人的“请求”进行的，调解的内容为赔偿数额。该调解属于自愿行为，调解结果没有强制约束力。调解不成，或者不履行调解结果，被侵权人均可以向人民法院提起民事诉讼。

对此需要指出的是，注册商标专用权侵权纠纷，性质上属于民事纠纷，当事人协商解决不成的，通常应通过司法程序加以解决，而不应由行政机关处理。但修改后的《商标法》从我国实际情况出发，规定当事人也可以请求工商行政管理部门进行调解。这对于发挥工商行政管理部门业务熟悉、处理程序简便的优势，减少注册商标专用权诉讼案件，方便当事人，是有利的。但是，究竟是直接向人民法院起诉，还是请求工商行政管理部门调解解决，采用哪种方式对自己比较有利，要由当事人自己来判断，选择权在当事人，或者说是在被侵权人。工商行政管理部门只能根据有关当事人的请求进行调解，当事人没有请求工商行政管理部门调解的，工商行政管理部门不能主动进行调解。

三、注册商标专用权的行政保护

关于注册商标专用权的保护，在我国《商标法》中规定了两种方式：一种是行政保护；一种是司法保护。就商标专用权的保护来讲，国际上通行的规则是注重司法保护，而在我国则是两者并重。行政保护是我国的一大特色。实践证明，行政保护对于及时打击侵犯商标专用权人的利益，制裁违法行为起到了积极的作用。

（一）行政保护机关

修改后的《商标法》第五十四条规定，对侵犯注册商标专用权的行为，工商行政管理部门有权依法查处；涉嫌犯罪的，应当及时移送司法机关依法处理。这条规定中就明确规定了“对侵犯注册商标专用权的行为”的查处机关为“工商行政管理部门”。修改后的《商标法》的这条规定是这次修改《商标法》时新增加的一条规定。增加这一规定的主要考虑是，工商行政管理部门在查处商标违法案件时，往往会涉及到一些有可能构成犯罪的刑事案件。由于现行的《商标法》没有明确的规定，所以在实际工作中出现了一些以罚代刑和刑事案件难以处理的现象，这样不利于打击侵犯注册商标专用权的犯罪行为。所以，为了进一步加强对注册商标专用权的保护，严厉打击侵犯注册商标专用权的犯罪行为，修改后的《商标法》增加了这条规定。对于增加的这条规定需要说明的是：

1. 查处侵犯注册商标专用权的行为，是修改后的《商标法》赋予工商行政管理部门的一项法定职权。工商行政管理部门需要依法履行这项法定职责。如果工商行政管理部门不依法履行这项法定职责，比如不查处违法行为，就属于失职行为，失职则应依法承担相应的法律责任。

2. 工商行政管理部门在查处侵犯注册商标专用权的过程中，如果侵犯注册商标专用权的行为涉嫌犯罪的，则应当依法移送司法机关，不得以罚代刑。关于移送问题，一九九九年十二月二十九日国家工商行政管理局发布的《关于商标行政执法中若干问题的意见》中作了规定。其中规定：工商行政管理部门查处的商标侵权行为，涉嫌商标犯罪的，应当依法移送公安机关侦查。

（二）商标侵权案件行政保护的管辖

国务院有关行政法规对商标侵权案件的管辖问题作了原则性的规定。其中规定，“对侵犯注册商标专用权的，任何人可以向侵权人所在地或者侵权行为地县级以上工商行政管理机关控告或者检举。被侵权人也可以直接向人民法院起诉。”

（三）行政职权

这里所讲的行政职权，是指工商行政管理部门为了履行法律赋予的查处侵犯注册商标专用权的行为的职责所具有的法定权力。修改后的《商标法》第五十五条对此作了如下规定：县级以上工商行政管理部门根据已经取得的违法嫌疑证据或者举报，对涉嫌侵犯他人注册商标专用权的行为进行查处时，可以行使下列职权：询问有关当事人，调查与侵犯他人注册商标专用权有关的情况；查阅、复制当事人与侵权活动有关的合同、发票、账簿以及其他有关资料；对当事人涉嫌从事侵犯他人注册商标专用权活动的场所实施现场检查；检查与侵权活动有关的物品；对有证据证明是侵犯他人注册商标专用权的物品，可以查封或者扣押。工商行政管理部门依法行使上述规定的职权时，当事人应当予以协助、配合，不得拒绝、阻挠。这一规定是这次修改《商标法》时新增加的一条规定。对于修改后的《商标法》上述规定需要明确的有几点：

1. 针对修改前的《商标法》中没有明确赋予行政执法机关采取有关调查取证和必要的行政强制措施的权力，使得行政执法手段不够完善的问题，修改后的《商标法》增加了相应的规定。按照一切行政机关必须依法行政的要求，工商行政管理部门在行使调查取证和采取行政强制措施的权力时，必须遵守《商标法》所规定的条件。这些条件包括：一是工商行政管理部门已经取得违法嫌疑的证据（比如发现存在侵权行为等），或者接到侵权行为的举报（包括电话、书面等形式接到的举报）；二是调查取证的对象只能是与侵权行为有关的人和物，采取行政强制措施的对象只能是侵权的商品及相关物品；三是采取调查取证和行政强制措施的主体必须是县级以上工商行政管理部门。

2. 县级以上工商行政管理部门在对涉嫌侵犯他人注册商标专用权的行为进行查处时，可以行使下述权力：

第一，现场检查。县级以上工商行政管理部门直接进入当事人涉嫌从事侵犯他人注册商标专用权活动的场所进行现场检查。

第二，查阅、复制有关资料。县级以上工商行政管理部门在调查时，可以查阅、复制当事人有关的合同、发票、账簿以及其他有关资料。行使调查权的工商行政管理部门查阅、复制的资料如不属于违法行为证据，并涉及当事人商业秘密的，应当依法为当事人保密。

第三，向有关人员调查、了解有关情况。县级以上工商行政管理部门在检查过程中，有权向当事人的法定代表人、主要负责人、其他有关人员或者直接当事人调查、了解涉嫌从事侵权活动有关的情况。调查了解情况一般应在检查现场进行，必要时，工商行政管理部门也可以要求有关人员到工商行政管理部门接受调查，但不得限制被调查人员的人身自由。

第四，县级以上工商行政管理部门对涉嫌侵权活动进行查处时，对确有证据证明是侵犯他人注册商标专用权的物品的，有采取查封或者扣押的行政强制措施的权力。这里所说的“查封”，是指县级以上工商行政管理部门以张贴封条或者其他必要措施，将有关物品封存起来，未经查封部门许可，任何单位和个人不得启封、动用。这里所讲的“扣押”，是指工商行政管理部门将违法生产、销售的产品等运到另外的场所予以扣留。修改后的《商标法》赋予工商行政管理部门采取查封、扣押有侵犯注册商标专用权的物品的权力，一是可以防止侵权物品进一步流入市场，给消费者和有关权利人造成损害；二是可以为进一步查处侵权行为保留必要的证据。

3. 注意事项。这里需要说明的有几点注意事项：一是县级以上工商行政管理部门在采取查封、扣押的强制措施时，必须遵守一定的程序，如通知被执行人到场，列出查封、扣押物品的清单，由被执行人签字等。二是对查封或者扣押的物品，经进一步检验，确认属于有侵权问题的，应依法予以处罚；构成犯罪的，应将查封或者扣押的物品移送司法机关。对经核实确认不属于侵权的物品的，应当立即解除查封或者扣押。三是当事人如对工商行政管理部门采取的查封、扣押的强制措施有异议的，可以依照行政复议法或者行政诉讼法等法律的规定提起行政复议或者行政诉讼。

（四）查处中涉及异议、争议等程序问题的处理

随着社会主义市场经济的发展和全社会商标意识的增强，商标侵权纠纷也日趋复杂，在商标案件查处过程中，涉及异议、争议等程序的情况时有发生，《商标法》修改之前一些地方工商行政管理机关也曾就此类案件的处理问题向国家工商行政管理局请示。为有效制止商标侵权，切实保护商标注册人的合法权益，及时处理和解决商标纠纷，国家工商行政管理局曾经（1996 年 3 月）发布了《关于商标侵权案件涉及异议、争议等程序问题的处理意见》。其中规定：

（1）被投诉人使用的商标已经向国家工商行政管理部门商标局提出注册申请但尚未获准注册（包括处于异议期）的，工商行政管理部门如认为该商标与投诉人注册商标近似，构成侵权的，有权立案查处。

（2）被投诉人在被查处过程中以注册不当为由向商标评审委员会请求裁定撤销投诉人注册商标的，工商行政管理部

门可以中止处理，但被投诉人应当提供相应的经济担保。

(3) 投诉人对被投诉人的注册商标提出争议同时又请求工商行政管理部门查处商标侵权行为的，工商行政管理部门不予立案。

(五) 行政保护

根据修改后的《商标法》第五十三条的规定，工商行政管理部门处理时，认定侵权行为成立的，责令立即停止侵权行为，没收、销毁侵权商品和专门用于制造、伪造注册商标标识的工具，并可以处以罚款。

1. 责令立即停止侵权行为。即由工商行政管理部门以行政决定的方式要求侵权人停止侵权行为。比如，要求未经商标注册人的许可的侵权人，停止在同一种商品或者类似商品上使用与其注册商标相同或者近似的商标，要求侵权人停止销售侵犯注册商标专用权的商品，要求侵权人停止伪造、擅自制造他人注册商标标识，要求停止销售伪造、擅自制造的注册商标标识，收缴并销毁侵权商标，要求停止给他人的注册商标专用权造成其他损害的行为等。

2. 没收、销毁侵权商品和专门用于制造、伪造注册商标标识的工具。也就是，在不进行任何补偿的情况下将侵权商品和有关侵权工具予以没收，将侵权商品排除出商业领域，将侵权商品和有关侵权工具销毁，使侵权人不能再侵权。

3. 并可以处以罚款。该罚款由工商行政管理部门根据具体情况作出规定。工商行政管理部门可以在“责令立即停止侵权行为，没收、销毁侵权商品和专门用于制造、伪造注册商标标识的工具”的行政处理时，进行罚款，也可以不一同进行罚款，是否罚款由工商行政管理部门根据具体情况决定。根据《商标法实施细则》的规定，对侵犯注册商标专用权，尚未构成犯罪的，工商行政管理部门可根据情节处以非法经营额50%以下或者侵权所获利润五倍以下的罚款。对侵犯注册商标专用权的单位的直接责任人员，工商行政管理部门可根据情节处以一万元以下的罚款。

（六）行政诉讼

根据修改后的《商标法》第五十三条的规定，“当事人对处理决定不服的，可以自收到处理通知之日起十五日内依照《中华人民共和国行政诉讼法》向人民法院起诉”。修改后的《商标法》就行政诉讼的要求作了规定。也就是说，当事人提起行政诉讼必须在法定的时间内即“自收到处理通知之日起十五日内”提起，超过规定的时间，除法定事由外，人民法院将不予受理。这里需要特别说明的是，当事人提起诉讼应当符合下列条件：原告是认为具体行政行为侵犯其合法权益的公民、法人或者其他组织；有明确的被告；有具体的诉讼请求和事实根据；属于人民法院受案范围和受诉人民法院管辖。

（七）强制执行

根据修改后的《商标法》第五十三条的规定，“侵权人期满不起诉又不履行的，工商行政管理部门可以申请人民法院强制执行”。所谓强制执行，是指人民法院或者法律明确规定的行政机关依照法定职权，采取强制措施迫使义务人履行义务的行为。按照修改后的《商标法》的规定，工商行政管理部门没有直接采取强制措施迫使当事人履行义务的权力。只能申请人民法院强制执行。对此需要说明的是，这里所讲的强制执行不是必经程序，不属于行政诉讼，而是属于一种执行措施。强制执行需要具有一定的条件，其条件就是当事人逾期不提起行政诉讼又不履行行政处罚决定。如果当事人已经起诉或者已经履行了处罚决定，作出决定的工商行政管理部门就不能申请人民法院强制执行。工商行政管理部门向人民法院提起申请后，人民法院可以强制执行，费用由被执行人承担。

四、注册商标专用权的司法保护

(一) 民事诉讼

根据修改后的《商标法》第五十三条的规定，“进行处理的工商行政管理部门根据当事人的请求，可以就侵犯商标专用权的赔偿数额进行调解；调解不成的，当事人可以依照《中华人民共和国民事诉讼法》向人民法院起诉”。这就是说，当事人可以请求工商行政管理部门进行调解，也可以不请求工商行政管理部门进行调解。请求调解而调解不成的，当事人可以依照《民事诉讼法》的有关规定向人民法院提起民事诉讼，请求人民法院依法维护自己的合法权益；当事人不请求调解也可以直接依照《民事诉讼法》的有关规定向人民法院提起民事诉讼，请求人民法院依法维护自己的合法权益。

(二) 商标侵权案件的司法管辖

根据《民事诉讼法》第二十九条规定，“因侵权行为提起的诉讼，由侵权行为地或者被告住所地人民法院管辖。”这里需要说明的是，上述所讲的侵权行为地，包括侵权行为实施地、侵权结果发生地。

（三）赔偿数额的确定

修改后的《商标法》第五十六条就赔偿数额问题作了如下规定，“侵犯商标专用权的赔偿数额，为侵权人在侵权期间因侵权所获得的利益，或者被侵权人在被侵权期间因被侵权所受到的损失，包括被侵权人为制止侵权行为所支付的合理开支。”“前款所称侵权人因侵权所得利益，或者被侵权人因被侵权所受损失难以确定的，由人民法院根据侵权行为的情节判决给予五十万元以下的赔偿。”“销售不知道是侵犯注册商标专用权的商品，能证明该商品是自己合法取得的并说明提供者的，不承担赔偿责任。”这一条是关于侵犯注册商标专用权的赔偿数额计算方法的规定。该规定是这次修改《商标法》时新增加的一条规定。增加这一规定有下述两点考虑：一是加入 WTO 的需要。按照与贸易有关的知识产权协议（简称 TRIPS 协议）的规定，损害赔偿费用应当足以弥补因侵犯知识产权给权利人造成的损失，司法机关有权责令侵权人向权利持有人支付其开支。二是正确及时处理这方面纠纷的需要。注册商标专用权是一种无形财产权，注册商标专用权人在侵权纠纷中调查取证比较困难，需要一些必要的开支；现实生活中，很多注册商标专用权人因为处理注册商标侵权纠纷时费钱，打赢了官司赔了钱，得不偿失，急需法律明确这方面的规定。对于增加的这一规定需要说明的是：

1. 根据修改后的《商标法》的上述规定，人民法院在审理注册商标专用权侵权纠纷案件时，或者工商行政管理部门应当事人的请求对侵犯注册商标专用权的赔偿数额进行调解时，应当如何确定侵权损害赔偿的数额，规定了三种计算方法：

第一，按照权利人因被侵权所受到的损失确定。如何具体计算注册商标专用权人因他人侵权所受的损失，《国家工商行政管理局关于商标行政执法中若干问题的意见》（1999年12月29日发布）中规定，被侵权人在侵权期间所受到的损失是指实际损失，包括直接损失和间接损失。直接损失为被侵权人在被侵权期间所减少的利润或者侵权人销售正常商品的平均利润率的积。间接损失为被侵权人承担的因调查侵权人的侵权行为所支付的代理费、调查费等合理费用。

第二，按照侵权人侵犯专利权所获得的利益确定。按照国家工商行政管理局《关于执行〈商标法〉及其〈实施细则〉若干问题的通知》（1994年11月22日发布）的规定，在商标侵权案件中，侵权人所经营的全部商品（已销售的及库存的）均应计算非法经营额。对于生产、加工商标侵权商品的其非法经营额为其侵权商品的销售收入与库存侵权商品的实际成本之和；对于侵权人的原因导致实际成本难以确定的，视其库存商品的数量与该商品的销售单价之乘积为实际成本；没有销售单价的视其库存商品的数量与被侵权人的同种商品的销售单价的乘积，为库存商品的实际成本。对于经销商标侵权商品的，其非法经营额为其所经销的侵权商品的销售收入与库存侵权商品的购买金额之和；购买金额难以确认的，以其库存商品的数量与被侵权人的同种的销售单价的乘积为库存商品的购买金额；对于侵权商品的成本或者购买金额高于销售收入的，其非法经营额则为该商品的成本或者购买金额。

第三，被侵权人的损失或者侵权人获得的利益难以确定的，由人民法院根据侵权行为的情节判决给予五十万元以下的赔偿。按照上述规定，在确定侵犯专利权的赔偿数额时，首先应当按照上述的两种方法计算。只有当权利人所受到的损失及侵权人所获得的利益难以确定时，才应适用法定赔偿额。

2. 修改后的《商标法》规定的计算方法，主要是供人民法院在审理注册商标侵权纠纷案件及工商行政管理部门对注册商标侵权赔偿额进行调解时适用。如果当事人双方自愿商定用其他计算方法确定损失赔偿额的，只要是公平合理的，人民法院或者工商行政管理部门都应当准许。

3. 根据修改后的《商标法》的规定，销售不知道是侵犯注册商标专用权的商品，能证明该商品是自己合法取得的并能说明提供者的，不承担赔偿责任。对这种规定，有些人称之为善意侵权不承担赔偿责任的规定。这一规定是这次修改后的《商标法》新增加的规定，增加的这一规定和 2000 年 8 月修改的《专利法》所规定的精神是一致的。对于新增加的这一规定，学习使用时应注意三点：

第一，这种行为属于侵权行为，但该侵权行为不承担赔偿责任。该行为之所以不承担赔偿责任，其理由就是，其属于善意侵权。

第二，不承担赔偿责任人需要提出不承担赔偿责任的证明：一是，本人确实不知道自己销售的是“侵犯注册商标专用权的商品”；二是，商品属于合法来源，即能证明该商品是自己合法取得的并能说明提供者。

第三，善意侵权人被发现后应立即停止侵权行为，如果不停止而继续销售则应属于故意侵权，并应依法承担赔偿责任。

（四）诉前证据保全

修改后的《商标法》第五十八条规定，为了制止侵权行为，在证据可能灭失或者以后难以取得的情况下，商标注册人或者利害关系人可以在起诉前向人民法院申请保全证据。人民法院接受申请后，必须在四十八小时内做出裁定；裁定采取保全措施的，应当立即执行。人民法院可以责令申请人提供担保，申请人不提供担保的，驳回申请。申请人在人民法院采取保全措施后十五日内不起诉的，人民法院解除保全措施。这是为了有利于打击假冒注册商标的行为，保全有关证据而增加的一条规定。对此需要说明的是：

1. 诉前证据保全需要具备一定的条件。这些条件是：

一是，必须是“为了制止侵权行为”这一目的，并且在起诉前存在紧急情况，即存在“证据可能灭失或者以后难以取得的情况”。

二是，当事人提出申请。即“商标注册人或者利害关系人”应当“在起诉前向人民法院申请保全证据”，也就是说，诉前证据保全，需要有当事人的申请，如果没有当事人的申请，人民法院不应依职权作出。

三是，必须立即申请证据保全，不能等到起诉后。

四是，人民法院要求提供担保的，当事人已经提供了担保。该担保可以是具体的财产担保，也可以是银行担保，或者其他信用担保。

2. 人民法院接受申请后需要立即进行。按照修改后的《商标法》的规定，人民法院接到商标注册人或者利害关系人的申请后，必须在四十八小时内进行审查，并以裁定的方式作出。人民法院一旦作出裁定进行保全，就必须立即开始执行。

3. 保全解除。按照修改后的《商标法》的规定，人民法院一旦作出了保全措施，申请人必须在人民法院作出采取保全措施后的十五日内向人民法院提起诉讼。如果申请人没有在这个时间内进行起诉，作出采取保全措施裁定的人民法院，则依法解除该保全。如果该保全给有关当事人造成损失的，申请人应当依法承担相应的责任。

（五）临时措施

修改后的《商标法》第五十七条规定，商标注册人或者利害关系人有证据证明他人正在实施或者即将实施侵犯其注册商标专用权的行为，如不及时制止，将会使其合法权益受到难以弥补的损害的，可以在起诉前向人民法院申请采取责令停止有关行为和财产保全的措施。人民法院处理前款申请，适用《中华人民共和国民事诉讼法》第九十三条至第九十六条和第九十九条的规定。上述规定是关于商标注册人或者利害关系人在一定条件下，对有证据证明正在或者即将侵害其注册商标专用权行为可以在起诉前申请人民法院采取临时措施的规定。对此需要说明的是：

1. 这一条规定是这次修改《商标法》时新增加的规定。增加这一规定的目的是为了进一步加强对注册商标专用权的保护，并与 TRIPS 协议的有关规定相衔接。按照这一规定，商标注册人或者利害关系人可以申请人民法院采取的临时措施有两项：一是责令停止有关行为，即申请人民法院责令停止申请人认为是侵犯其权利的行为；二是申请人民法院采取财产保全措施，如查封、扣押侵权商品等。

2. 依照这一条规定和《民事诉讼法》的有关规定，申请人民法院采取临时措施的，应符合以下条件：

第一，申请人必须是商标注册人或者利害关系人（如与商标注册权人订立了商标实施许可合同的被许可人）。

第二，申请人必须提供证据，证明他人正在实施或者即将实施侵犯其注册商标专用权的行为，并且证明这种侵权行为如不及时制止，申请人的合法权益将会受到难以弥补的损害。

3. 依照这一条规定，人民法院处理有关注册商标专用权保护的临时措施申请时，适用《中华人民共和国民事诉讼法》第九十三条至第九十六条和第九十九条的规定，包括：

第一，要求申请人提供担保，申请人不提供担保的，人民法院应驳回其申请。

第二，人民法院接受申请后，必须在四十八小时内作出裁定；裁定采取临时措施的，应当立即开始执行。

第三，申请人在人民法院采取临时措施后，应当在十五日内向人民法院提起诉讼，十五日内不起诉的，人民法院应当解除所采取的临时措施。

第四，人民法院对财产采取保全措施，应当限于请求的范围，或者与本案有关的财物；财产保全采取查封、扣押、冻结或者法律规定的其他方法。人民法院冻结财产后，应当立即通知被冻结财产的人。财产已被查封、冻结的，不得重复查封、冻结。

第五，被申请人提供担保的，人民法院应当解除财产保全。

第六，申请有错误的，申请人应当赔偿被申请人因财产保全所遭受的损失。

第七，当事人对采取临时措施的裁定不服的，可以申请复议一次。复议期间不停止裁定的执行。

（六）刑事处罚

刑事处罚的目的，就是进一步打击侵犯他人注册商标专用权的行为，以减少侵权行为的发生。关于刑事处罚问题，修改后的《商标法》第五十九条中作出了规定。其中规定：

未经商标注册人许可，在同一种商品上使用与其注册商标相同的商标，构成犯罪的，除赔偿被侵权人的损失外，依法追究刑事责任。伪造、擅自制造他人注册商标标识或者销售伪造、擅自制造的注册商标标识，构成犯罪的，除赔偿被侵权人的损失外，依法追究刑事责任。销售明知是假冒注册商标的商品，构成犯罪的，除赔偿被侵权人的损失外，依法追究刑事责任。上述规定，同修改前的《商标法》第四十条的规定相比，没有作实质性的修改，只是将修改前的第四十条第一款的表述作了修改，即将“假冒他人注册商标，构成犯罪的，除赔偿被侵权人的损失外，依法追究刑事责任”修改为“未经商标注册人许可，在同一种商品上使用与其注册商标相同的商标，构成犯罪的，除赔偿被侵权人的损失外，依法追究刑事责任”。该修改属于文字修改。修改目的是同修改后的《商标法》有关侵权行为的表述和《刑法》有关规定的表述相一致。修改后《商标法》第五十九条主要涉及下述犯罪：

1. 假冒他人注册商标罪。“未经商标注册人许可，在同一种商品上使用与其注册商标相同的商标，构成犯罪的，除赔偿被侵权人的损失外，依法追究刑事责任。”这一规定所涉及的犯罪就是《刑法》所规定的假冒他人注册商标罪。根据《刑法》第二百一十三条的规定，“未经注册商标所有人许可，在同一种商品上使用与其注册商标相同的商标，情节严重的，处三年以下有期徒刑或者拘役，并处或者单处罚金；情节特别严重的，处三年以上七年以下有期徒刑，并处罚金。”根据《刑法》规定，假冒他人注册商标罪，具有以下特征：

第一，行为人在主观上具有犯罪的故意。即只要有犯罪的故意，不管出于何种目的，均不影响本罪的成立。

第二，有犯罪行为。即行为人在客观上有“未经商标注册人许可，在同一种商品上使用与其注册商标相同的商标”的行为，也就是说，未经商标注册人许可违背商标注册人的意志，是假冒商标罪的本质特征。

第三，假冒他人注册商标，情节严重的，才构成本罪。这是区分罪与非罪的重要界限。

根据《刑法》上述规定，对于犯有假冒他人注册商标罪的处罚，分了两个档次，该档次是根据情节轻重来划分的。即：情节严重的，处三年以下有期徒刑或者拘役，并处或者单处罚金；情节特别严重的，处三年以上七年以下有期徒刑，并处罚金。

这里需要说明的是，实践中这一罪和生产销售伪劣商品罪难以区分。比如，两罪都有假冒他人注册商标的行为，该如何处理。一般来讲，有假冒他人注册商标，涉及的商品有以次充好、以不合格商品冒充合格商品等行为，同时又利用了他人注册商标来谋取利益，就应按生产、销售伪劣商品罪来处理。有假冒他人注册商标，涉及的商品没有以次充好、没有以不合格商品冒充合格商品等行为，在自己的商品上使用了他人的注册商标，应按假冒注册商标罪来处理。

2. 销售假冒注册商标的商品罪。“销售明知是假冒注册商标的商品，构成犯罪的，除赔偿被侵权人的损失外，依法追究刑事责任。”这一规定所涉及的犯罪就是《刑法》所规定的销售假冒注册商标的商品罪。根据《刑法》第二百一十四条的规定，“销售明知是假冒注册商标的商品，销售金额数额较大的，处三年以下有期徒刑或者拘役，并处或者单处罚金；销售金额数额巨大的，处三年以上七年以下有期徒刑，并处罚金。”依据《刑法》规定，销售假冒注册商标的商品罪，具有以下特征：

第一，行为人在主观上具有犯罪的故意。即有明知是假冒注册商品的商标仍然销售的故意。

第二，有犯罪行为。即行为人在客观上有销售假冒注册商标的商品的行为。这里需要说明的是，这里所讲的销售，是一个广义上的概念，包括了批发、零售、代售等行为；销售的假冒的商标，必须是经过依法注册的商标，未经注册的商标不构成本罪。

第三，销售假冒注册商标的商品，其销售金额须较大，才构成本罪。

根据《刑法》上述规定，对于犯有销售假冒注册商标的商品罪的处罚，分了两个档次，即销售金额数额较大的，处三年以下有期徒刑或者拘役，并处或者单处罚金；销售金额数额巨大的，处三年以上七年以下有期徒刑，并处罚金。

3. 非法制造、销售非法制造的注册商标标识罪。"伪造、擅自制造他人注册商标标识或者销售伪造、擅自制造的注册商标标识，构成犯罪的，除赔偿被侵权人的损失外，依法追究刑事责任。"这一规定所涉及的犯罪就是《刑法》所规定的非法制造、销售非法制造的注册商标标识罪。根据《刑法》第二百一十五条的规定，"伪造、擅自制造他人注册商标标识或者销售伪造、擅自制造的注册商标标识，情节严重的，处三年以下有期徒刑、拘役或者管制，并处或者单处罚金；情节特别严重的，处三年以上七年以下有期徒刑，并处罚金。"依据《刑法》规定，非法制造、销售他人商标标识罪，具有以下特征：

第一，行为人在主观上具有故意行为。即明知是他人的注册商标而仍非法制造他人注册商标标识或者销售伪造、擅自制造的注册商标标识。

第二，行为人在客观上有犯罪行为。即行为人具有伪造、擅自制造他人注册商标标识或者销售伪造、擅自制造的注册商标标识的行为。

第三，伪造、擅自制造他人注册商标标识或者销售伪造、擅自制造的注册商标标识，情节严重的，才构成本罪。比如，被工商行政管理部门查处后仍然进行这种行为、这种行为给社会造成严重危害、造成恶劣影响等。

根据《刑法》上述规定，对于犯有非法制造、销售非法制造的注册商标标识罪的处罚，分了两个档次，即情节严重的，处三年以下有期徒刑、拘役或者管制，并处或者单处罚金；情节特别严重的，处三年以上七年以下有期徒刑，并处罚金。

五、有关人员和工商行政管理部门的义务

（一）商标局、商标评审委员会以及从事商标注册、管理和复审工作的国家机关工作人员的义务

根据修改后的《商标法》第六十条的规定，从事商标注册、管理和复审工作的国家机关工作人员的基本义务是“必须秉公执法，廉洁自律，忠于职守，文明服务”。

1. 秉公执法。秉公执法就是必须依法办事，严格履行《商标法》规定的义务。党的十五大提出的依法治国的基本方略要求，行使国家行政职权的工作人员必须依法办事，这也是一项基本的要求。从事商标注册、管理和复审工作的国家机关工作人员必须履行这一义务，严格依据《商标法》和有关法律、行政法规的要求履行自己的神圣职责。

2. 廉洁自律。廉洁自律就要公正廉洁，严格要求自己。

廉洁自律也是国家工作人员必须具备的一项素质。这一素质则要求从事商标注册、管理和复审工作的国家机关工作人员必须具备自尊、自重、自爱的情操，正确对待人情、金钱、名利，自觉抵御各种不正之风和腐败现象的侵蚀，不徇私情、严于律己，以身作则，坚持真理，光明磊落。

3. 忠于职守。忠于职守就是不得擅离工作岗位，对工作要兢兢业业。从事商标注册、管理和复审工作的国家机关工作人员属于代表国家行使行政职权的人员，从事的是国家的公务，忠于职守是最基本要求，其必须具备这一素质，做到对工作认真负责，对本职工作要具有高度的责任感。

4. 文明服务。文明服务是指对待服务对象的态度问题，要求其对待服务对象做到一视同仁，不能蛮横无理、不能对服务对象置之不理等等。

根据修改后的《商标法》第六十条的规定，商标局、商标评审委员会以及从事商标注册、管理和复审工作的国家机关工作人员有不得从事商标代理业务和商品生产经营活动的义务。从事商标代理业务和商品生产经营活动有可能产生有失公正，且同其自身的身份不相符，必须绝对禁止。

（二）工商行政管理部门应履行的义务

根据修改后的《商标法》第六十一条的规定，工商行政管理部门应履行的义务有两项：

1. 建立健全内部监督制度。这一义务是要从制度上解决问题，防止有关工作人员不履行《商标法》所规定的秉公执法、廉洁自律、忠于职守、文明服务的义务。

2. 对负责商标注册、管理和复审工作的国家机关工作人员执行法律、行政法规和遵守纪律的情况，进行监督检查。这一义务也是要从制度上解决问题，也就是内部要有监督制度，要求其要对本单位工作人员进行监督，防止有关工作人员违法乱纪。

六、对从事商标注册、管理和复审工作的国家机关工作人员渎职行为处理

修改后的《商标法》第六十二条规定，从事商标注册、管理和复审工作的国家机关工作人员玩忽职守、滥用职权、徇私舞弊，违法办理商标注册、管理和复审工作，收受当事人财物，牟取不正当利益，构成犯罪的，依法追究刑事责任；尚不构成犯罪的，依法给予行政处分。这一条规定是这次修改《商标法》时新增加的一条规定。增加这一规定的目的是为了惩治从事商标注册、管理和复审工作的国家工作人员的渎职等行为。

从事商标注册、管理和复审工作的国家机关工作人员须忠于职守、严格依法办事。这是国家对从事公务人员的基本要求。这些人员是代表国家行使监督管理权的人员，该人员行使职权必须依照《商标法》和其他有关法律、行政法规的规定进行，如果不按照《商标法》和其他有关法律、行政法规规定的职权进行，执法犯法，有玩忽职守、滥用职权、徇私舞弊的渎职行为和收受当事人财物牟取不正当利益的受贿行为的，应依法追究其法律责任。

《商标法》所称玩忽职守，是指从事商标注册、管理和复审工作的国家机关工作人员在商标管理工作中不依法履行其法定职责，致使公共财产、国家和人民利益遭受重大损失的行为。

《商标法》所称滥用职权，是指从事商标注册、管理和

复审工作的国家机关工作人员违反法律、法规的规定或者超越法定的权限行使职权的行为。

《商标法》所称徇私舞弊，是指从事商标注册、管理和复审工作的国家机关工作人员为了个人或者亲友私利而弄虚作假致使公共财产、国家和人民利益遭受重大损失的行为。

《商标法》所称收受当事人财物牟取不正当利益，是指从事商标注册、管理和复审工作的国家机关工作人员在从事商标注册、管理和复审工作中利用职务上的便利索取他人财物或者非法收受他人财物违法办理商标注册、管理和复审工作，为他人谋取利益的行为。

七、玩忽职守、滥用职权、徇私舞弊、收受当事人财物牟取不正当利益应承担的法律责任

（一）刑事责任

根据《商标法》的规定，从事商标注册、管理和复审工作的国家机关工作人员玩忽职守、滥用职权、徇私舞弊，违法办理商标注册、管理和复审工作，收受当事人财物，牟取不正当利益，构成犯罪的，依法追究刑事责任。

1. 根据《刑法》第三百九十七条的规定："国家机关工作人员滥用职权或者玩忽职守，致使公共财产、国家和人民利益遭受重大损失的，处三年以下有期徒刑或者拘役；情节特别严重的，处三年以上七年以下有期徒刑。本法另有规定的，依照规定。""国家机关工作人员徇私舞弊，犯前款罪的，处五年以下有期徒刑或者拘役；情节特别严重的，处五年以上十年以下有期徒刑。本法另有规定的，依照规定。"

2. 根据《刑法》第四百零二条的规定，“行政执法人员徇私舞弊，对依法应当移交司法机关追究刑事责任的不移交，情节严重的，处三年以下有期徒刑或者拘役；造成严重后果的，处三年以上七年以下有期徒刑。”

3. 根据《刑法》第三百八十五条规定，“国家工作人员利用职务上的便利，索取他人财物的，或者非法收受他人财物，为他人谋取利益的，是受贿罪。”“国家工作人员在经济往来中，违反国家规定，收受各种名义的回扣、手续费，归个人所有的，以受贿论处。”

4. 根据《刑法》第三百八十六条规定，“对犯受贿罪的，根据受贿所得数额及情节，依照本法第三百八十三条的规定处罚。索贿的从重处罚。”

5. 根据《刑法》第三百八十三条的规定，“对犯贪污罪的，根据情节轻重，分别依照下列规定处罚：（一）个人贪污数额在十万元以上的，处十年以上有期徒刑或者无期徒刑，可以并处没收财产；情节特别严重的，处死刑，并处没收财产。（二）个人贪污数额在五万元以上不满十万元的，处五年以上有期徒刑，可以并处没收财产；情节特别严重的，处无期徒刑，并处没收财产。（三）个人贪污数额在五千元以上不满五万元的，处一年以上七年以下有期徒刑；情节严重的，处七年以上十年以下有期徒刑。个人贪污数额在五千元以上不满一万元，犯罪后有悔改表现、积极退赃的，可以减轻处罚或者免予刑事处罚，由其所在单位或者上级主管机关给予行政处分。（四）个人贪污数额不满五千元，情节较重的，处二年以下有期徒刑或者拘役；情节较轻的，由其所在单位或者上级主管机关酌情给予行政处分。”对多次贪污未经处理的，按照累计贪污数额处罚。

6. 根据《刑法》第三百八十七条的规定，“国家机关、国有公司、企业、事业单位、人民团体，索取、非法收受他人财物，为他人谋取利益，情节严重的，对单位判处罚金，并对其直接负责的主管人员和其他直接责任人员，处五年以下有期徒刑或者拘役。”“前款所列单位，在经济往来中，在账外暗中收受各种名义的回扣、手续费的，以受贿论，依照前款的规定处罚。”

7. 根据《刑法》第三百八十八条的规定，“国家工作人员利用本人职权或者地位形成的便利条件，通过其他国家工作人员职务上的行为，为请托人谋取不正当利益，索取请托人财物或者收受请托人财物的，以受贿论处。”

（二）行政处分

根据《商标法》的规定，从事商标注册、管理和复审工作的国家机关工作人员玩忽职守、滥用职权、徇私舞弊，违法办理商标注册、管理和复审工作，收受当事人财物，牟取不正当利益，没有构成犯罪的，依法给予行政处分。行政处分是指对国家机关工作人员以及其他有关国家机关工作人员的行政违法行为，由所在单位或者其上级主管机关或者其他法定机关所给予的一种制裁性处理。按照《行政监察法》及国务院的有关规定，行政处分的种类包括警告、记过、降级、降职、撤职、开除等。

这里需要说明的是，按照《行政监察法》第二条的规定，行政监察机关是人民政府行使监察职能的机关，依法对国家行政机关、国家公务员和国家行政机关任命的其他人员实施监察。按照《行政监察法》第二十四条的规定，监察机关根据检查、调查结果，遇有下列情形之一的，可以作出监察决定或者提出监察建议：违反行政纪律，依法应当给予警告、记过、记大过、降级、撤职、开除行政处分的；违反行政纪律取得的财物，依法应当没收、追缴或者责令退赔的。对“违反行政纪律，依法应当给予警告、记过、记大过、降级、撤职、开除行政处分”情形作出监察决定或者提出监察建议的，应当按照国家有关人事管理权限和处理程序的规定办理。

第十章　附　　则

一、申请商标注册和办理其他商标事宜的收费

《商标法》第六十三条规定："申请商标注册和办理其他商标事宜的，应当缴纳费用，具体收费标准另定。"

根据国务院有关行政法规规定：申请商标注册、转让注册、续展注册、变更、补证、评审及其他有关事项，必须按照规定缴纳费用（简称：商标规费）。按规定缴纳商标规费是商标注册人及其他关系人的义务。申请商标注册和办理其他商标事宜应当依照法律规定缴纳费用。对费用标准，本法未作详细规定，由国家工商行政管理局及国家物价、计划管理部门根据实际情况制定和修订。

为规范商标规费的缴纳工作，国家计委、财政部、国家工商行政管理局先后发布了有关商标规费的规定，其内容是：

（一）1992年9月5日，国家工商行政管理局商标局发出《关于交纳商标规费具体办法的通知》，其中规定：

1．申请商标注册或办理其他商标事宜都应按规定交纳

商标规费。商标局收到商标规费后才视为商标注册申请手续齐备予以受理，否则不予受理。

2. 现仍实行核转制的地区，商标申请人应通过银行将应交纳的商标规费直接汇至商标局；已实行商标代理制的地区，由商标代理组织直接向商标局交纳商标规费。

3. 交纳商标规费，一律通过银行信汇。严禁用电汇或经邮电局寄汇商标规费。

4. 交纳商标规费，填写银行信汇凭证时必须写明省、市、县行政区划名称及申请人名称，具体写明商标申请人的开户银行，账号及商标规费用途。商标申请人同汇款人名称必须完全一致，书写工整，字迹清楚，并将此信汇凭证复印一份附在商标申请书上，一并报送商标局。凡填写不清或写错信汇凭证，商标规费无法查对的，由申请人自己负责。

5. 商标申请人在申请商标注册时，按规定交纳商标注册申请费 100 元、审查费 100 元（计 200 元），商标局收到商标注册申请书及商标申请费、审查费后，即开具商标申请审查费发票，寄商标申请人作核销凭据。此项申请费、审查费不论该商标注册与否均不再退还。

6. 商标申请人申请注册的商标刊登注册公告后，商标申请人按规定交纳商标注册费 100 元，印花税票费 5 元（计 105 元），商标局收到商标申请人交纳的商标注册费、印花税票费后，发给《商标注册证》并出具商标注册费、印花税票费发票。

7. 凡申请办理补发商标注册证、变更注册人名义、变更注册人地址、变更其他注册事项、商标续展迟延、延期申请、商标评审、商标证明、商标查询均应按规定在申请的同时一次交纳该项全部商标规费，商标局收到商标规费后出具商标规费发票。

上述申请书件如因手续不齐或填写有误被商标局退回，要求在规定的时间内补齐或改正后重新上报，如申请人不再继续上报其申请书件，商标局亦不再办理退款。

8. 申请办理商标转让注册、续展注册的应一次交纳该项全部商标规费（商标转让申请费、审查费、转让费、商标续展申请费、续展费）。核准注册的，商标局出具商标规费发票。未核准注册的商标转让，商标局收取转让商标申请费100元，转让商标审查费100元（计200元），开具商标转让申请审查费发票，并退回商标转让费100元；未核准商标续展注册的，商标局收取续展注册申请费100元并开具发票，退回续展费440元。

9. 地方工商局在办理核转商标注册申请及其他商标事宜时，应认真检查申请人是否按规定填写并汇出商标规费。凡核转报送商标申请及办理其他事项申请书件时，核转机关都应认真填写《上缴商标规费清单》，此清单应一式两份一并上报商标局财务室，商标局依此清单核对商标规费出具商标规费发票。

10. 商标代理组织在寄送代理申请书时，应认真填写国内商标代理组织《上缴商标申请审查费清单》、《上缴转让变更等商标规费清单》、《上缴商标评审费清单》一式两份一并报送商标局财务室。

11. 国内商标代理组织可预付一定的商标规费，预付款汇至商标局指定的银行账户。商标局依据代理人提交的商标业务规费清单逐项从中扣减，每月月底为代理组织出具已发生商标规费的发票。各商标代理组织应及时掌握已发生商标代理业务费用的数额，保持一定的预付款余额。商标申请人交纳商标规费的发票一律由各商标代理组织出具。

12. 涉外商标代理组织上缴商标规费的办法与国内商标

代理组织相同，预付和交纳的商标规费一律用美元汇款。在报送代理申请书件时，应认真填写涉外商标代理组织《上缴商标申请审查费清单》、《上缴转让变更等商标规费清单》、《上缴商标评审费清单》一式两份一并报送商标局财务室。

13. 商标规费应按物价局、财政部规定的“商标业务收费项目及标准”上缴，涉外商标代理组织按规定的涉外商标业务收费项目及标准上缴。

（二）1994年1月3日，国家工商行政管理局商标局发出《关于交纳商标注册费的通知》，其中规定：

1. 凡1992年11月起商标申请人申请注册的商标刊登注册商标公告后，商标申请人应速按规定交纳商标注册费100元，印花税票费5元（计105元），商标局收到商标申请人交纳的商标注册费及印花税票后，才发给商标申请人《商标注册证》并出具商标注册费、印花税票费的发票。

2. 凡1992年11月起商标代理组织代理商标申请注册，应由商标代理组织统一交纳商标注册费及印花税票费。各商标代理组织应在商标局账上有足够的预付款项。

3. 从1994年开始申请商标注册，凡申请注册的商标刊登初步审定商标公告后，应交纳商标注册费及印花税票费。

4. 国内交纳商标注册费及印花税票费时，请信汇至国家工商行政管理局商标局，开户银行：工商银行北京南礼士路分理处，账号890110－37。涉外商标代理交纳商标规费的美元汇至国家工商行政管理局，开户银行：中国银行总营业部，账号7140840。

5. 交纳商标注册费及印花税票费应通过银行信汇，在信汇凭证的汇款用途栏内应填写注册商标费。

（三）1995年5月29日，财政部、国家计委《关于增加商标注册收费项目及有关问题的通知》其中规定：

1. 国家工商行政管理局依法扩大商标注册管理范围，按照下列规定收费：（1）受理集体商标注册，向集体商标注册申请人收取集体商标注册费。（2）受理证明商标注册，向证明商标申请人收取证明商标注册费。（3）受理商标异议，向商标异议人收取商标异议费。（4）受理撤销商标申请，向申请人收取撤销商标费。（5）受理认定驰名商标申请，向申请人收取驰名商标认定费。（6）受理商标使用许可合同备案并予以公告，向商标使用许可人收取商标使用许可合同备案费。

2. 地方工商行政管理部门依照国家有关规定加强商标注册管理，按照下列规定收费：（1）对申请印制商标企业进行资格审查，向认定的印制商标企业发放《指定印制商标单位证书》，并收取证书工本费。（2）根据国家有关规定每两年对《指定印制商标单位证书》、《商标注册证》进行一次验证，向持证者收取验证费。

（四）国家计委、财政部1995年12月29日，以计价格（1995）2404号文发出《关于商标业务收费标准的通知》，其中规定商标规费的具体标准：

根据《中华人民共和国商标法》及其实施细则的有关规定，现就商标业务收费等有关问题通知如下：

1. 为适应我国商标管理工作的发展，解决目前商标业务收费偏低、中外企业收费标准不一致的问题，逐步与国际惯例接轨，决定适当提高商标业务收费标准，并实行中外企业统一标准。具体收费标准为：受理商标注册费1000元

(限定本类 10 个商品。10 个以上商品，每超过一个商品，每个商品加收 100 元)，补发商标注册证费 1000 元（含刊登遗失声明的费用)，受理转让注册商标费 1000 元，受理商标续展注册费 2000 元，受理续展注册迟延费 500 元，受理商标评审费 1500 元，商标评审延期费 500 元，变更费 500 元，出具商标证明费 100 元。

2. 根据财政部、国家计委《关于增加商标注册管理收费项目及有关问题的通知》（财综字（1995）88 号)，新增商标业务的收费标准核定为：受理集体商标注册费 3000 元，受理证明商标注册费 3000 元，商标异议费 1000 元，撤销商标费 1000 元，受理驰名商标认定费 5000 元，商标使用许可合同备案费 300 元。

3. 地方工商行政管理部门发放的《指定印制商标单位证书》工本费以及《指定印制商标单位证书》和《商标注册证》验证费，收费标准由省级物价部门会同同级财政部门制定。

4. 国家工商行政管理部门应严格执行本通知规定的收费标准，接受物价、财政部门的监督检查。

本通知自 1996 年 1 月 1 日起执行。原国家物价局、财政部《关于商标注册费收费标准及其使用范围的通知》(〔1992〕价费字 325 号）同时废止。

二、《商标法》的施行时间

法律的施行时间也就是法律的生效时间。正确地理解法律的生效时间，是运用法律的重要条件。法律从何时开始生效，一般根据该法律的性质和实际需要来决定。通常有三种方式。

第一种是在法律条文中明确规定，从该法律公布之日起生效施行。

第二种是法律公布后，并不立即生效施行，而是经过一定的时间后再开始施行，法律中明确规定生效施行日期。

第三种是法律公布后先予试行或者暂行，而后由立法部门加以补充修改，再通过为正式法律，公布施行，在试行期间也具有约束力。

《中华人民共和国商标法》（以下简称商标法）采取的是第二种方式。

（一）本法的时间效力

《商标法》是1982年8月23日第五届全国人民代表大会常务委员会第二十四次会议通过的，本法自1983年3月1日起施行。本法施行之时也是《商标管理条例》（1963年国务院公布）废止之时，同时，凡与本法相抵触的有关商标管理规定，失去效力。

本法不具有溯及既往的效力，凡根据《商标管理条例》在本法施行前已经注册的商标，即使有违背本法的地方，也继续有效。

1993年2月22日第七届全国人民代表大会常务委员会第三十次会议通过的《关于修改〈中华人民共和国商标法〉的决定》对《商标法》部分条文作了修改（本决定于1993年7月1日起施行）。凡与《关于修改〈中华人民共和国商标法〉的决定》不一致的商标管理规定失效。

2001年10月27日经第九届全国人民代表大会常务委员会第二十四次会议通过的《关于修改〈中华人民共和国商标法〉的决定》（本决定自2001年12月1日起施行），对

《商标法》作了修改和补充，使我国的《商标法》更加规范、可行，商标管理制度更加完善。

(二) 服务商标的继续使用

1993年2月22日第七届全国人民代表大会常务委员会第三十次会议通过的《关于修改〈中华人民共和国商标法〉的决定》，首次将服务商标纳入法律保护的范围。为了明确使用服务商标的效力，解决服务商标与依法注册服务商标可能产生的冲突，国务院和国家工商行政管理部门就服务商标的继续使用问题作了以下规定：

《商标法实施细则》第48条规定：连续使用至1993年7月1日的服务商标，与他人在相同或者类似的服务上已注册的服务商标（公众熟知的服务商标除外）相同或者近似的，可以依照国家工商行政管理局有关规定继续使用。

国家工商行政管理局《关于服务商标继续使用问题的通知》中规定：

1.《实施细则》第48条所述之“连续使用至1993年7月1日的服务商标”，是指在该日前已开始使用，且该日仍使用在同一服务项目上的服务商标；但在该日前三年内一直未使用的除外。

2. 连续使用至1993年7月1日的服务商标，虽与他人在相同或者类似的服务上已注册的服务商标（公众熟知的服务商标除外）相同或者近似，仍可依本通知的规定，由其使用人继续使用。

3. 服务商标继续使用时，使用人须遵守下列规定：（1）不得扩大该服务商标使用地域；（2）不得增加该服务商标使用的服务项目；（3）不得改变该服务商标的图形、文字、色彩、结构、书写方式等内容，但以同他人注册的服务商标相区别为目的而进行的改变除外；(4) 不得将该服务商标转让或者许可他人使用。

4. 使用人违反前条规定的，视为侵犯他人商标专用权，由有关部门依照《中华人民共和国商标法》及其《实施细则》中的相应规定予以处理。

5. 按本通知可以继续使用的服务商标连续 3 年停止使用的，则原使用人不得再继续使用。

6. 服务商标的注册同继续使用人发生纠纷时，使用人应当向处理该纠纷的工商行政管理机关或者人民法院提供其在 1993 年 7 月 1 日前实际使用该服务商标的证据。

1993 年 7 月 1 日以后使用的服务商标，使用在同种或类似的服务项目上，与他人注册的服务商标发生相同或近似的，按侵犯商标专利权行为处理。

继续使用与注册人使用发生实际混淆，造成消费者误认的，继续使用人应在使用服务商标时，增加地理名称标志，以便于与注册人使用的服务商标相区别。

附　录

中华人民共和国商标法

（1982年8月23日第五届全国人民代表大会常务委员会第二十四次会议通过　根据1993年2月22日第七届全国人民代表大会常务委员会第三十次会议《关于修改〈中华人民共和国商标法〉的决定》第一次修正　根据2001年10月27日第九届全国人民代表大会常务委员会第二十四次会议《关于修改〈中华人民共和国商标法〉的决定》第二次修正）

目　录

第一章　总　　则

第一条　为了加强商标管理，保护商标专用权，促使生产、经营者保证商品和服务质量，维护商标信誉，以保障消费者和生产、经营者的利益，促进社会主义市场经济的发展，特制定本法。

第二条　国务院工商行政管理部门商标局主管全国商标注册和管理的工作。

国务院工商行政管理部门设立商标评审委员会，负责处理商标争议事宜。

第三条　经商标局核准注册的商标为注册商标，包括商品商标、服务商标和集体商标、证明商标；商标注册人享有商标专用权，受法律保护。

本法所称集体商标，是指以团体、协会或者其他组织名义注册，供该组织成员在商事活动中使用，以表明使用者在该组织中的成员资格的标志。

本法所称证明商标，是指由对某种商品或者服务具有监督能力的组织所控制，而由该组织以外的单位或者个人使用于其商品或者服务，用以证明该商品或者服务的原产地、原料、制造方法、质量或者其他特定品质的标志。

集体商标、证明商标注册和管理的特殊事项，由国务院工商行政管理部门规定。

第四条　自然人、法人或者其他组织对其生产、制造、加工、拣选或者经销的商品，需要取得商标专用权的，应当向商标局申请商品商标注册。

自然人、法人或者其他组织对其提供的服务项目，需要取得商标专用权的，应当向商标局申请服务商标注册。

本法有关商品商标的规定，适用于服务商标。

第五条 两个以上的自然人、法人或者其他组织可以共同向商标局申请注册同一商标，共同享有和行使该商标专用权。

第六条 国家规定必须使用注册商标的商品，必须申请商标注册，未经核准注册的，不得在市场销售。

第七条 商标使用人应当对其使用商标的商品质量负责。各级工商行政管理部门应当通过商标管理，制止欺骗消费者的行为。

第八条 任何能够将自然人、法人或者其他组织的商品与他人的商品区别开的可视性标志，包括文字、图形、字母、数字、三维标志和颜色组合，以及上述要素的组合，均可以作为商标申请注册。

第九条 申请注册的商标，应当有显著特征，便于识别，并不得与他人在先取得的合法权利相冲突。

商标注册人有权标明“注册商标”或者注册标记。

第十条 下列标志不得作为商标使用：

（一）同中华人民共和国的国家名称、国旗、国徽、军旗、勋章相同或者近似的，以及同中央国家机关所在地特定地点的名称或者标志性建筑物的名称、图形相同的；

（二）同外国的国家名称、国旗、国徽、军旗相同或者近似的，但该国政府同意的除外；

（三）同政府间国际组织的名称、旗帜、徽记相同或者近似的，但经该组织同意或者不易误导公众的除外；

（四）与表明实施控制、予以保证的官方标志、检验印记相同或者近似的，但经授权的除外；

（五）同“红十字”、“红新月”的名称、标志相同或者近似的；

（六）带有民族歧视性的；

（七）夸大宣传并带有欺骗性的；

（八）有害于社会主义道德风尚或者有其他不良影响的。

县级以上行政区划的地名或者公众知晓的外国地名，不得作为商标。但是，地名具有其他含义或者作为集体商标、证明商标组成部分的除外；已经注册的使用地名的商标继续有效。

第十一条 下列标志不得作为商标注册：

（一）仅有本商品的通用名称、图形、型号的；

（二）仅仅直接表示商品的质量、主要原料、功能、用途、重量、数量及其他特点的；

（三）缺乏显著特征的。

前款所列标志经过使用取得显著特征，并便于识别的，可以作为商标注册。

第十二条 以三维标志申请注册商标的，仅由商品自身的性质产生的形状、为获得技术效果而需有的商品形状或者使商品具有实质性价值的形状，不得注册。

第十三条 就相同或者类似商品申请注册的商标是复制、摹仿或者翻译他人未在中国注册的驰名商标，容易导致混淆的，不予注册并禁止使用。

就不相同或者不相类似商品申请注册的商标是复制、摹仿或者翻译他人已经在中国注册的驰名商标，误导公众，致使该驰名商标注册人的利益可能受到损害的，不予注册并禁止使用。

第十四条 认定驰名商标应当考虑下列因素：

（一）相关公众对该商标的知晓程度；

（二）该商标使用的持续时间；

（三）该商标的任何宣传工作的持续时间、程度和地理范围；

（四）该商标作为驰名商标受保护的记录；

（五）该商标驰名的其他因素。

第十五条 未经授权，代理人或者代表人以自己的名义将被代理人或者被代表人的商标进行注册，被代理人或者被代表人提出异议的，不予注册并禁止使用。

第十六条 商标中有商品的地理标志，而该商品并非来源于该标志所标示的地区，误导公众的，不予注册并禁止使用；但是，已经善意取得注册的继续有效。

前款所称地理标志，是指标示某商品来源于某地区，该商品的特定质量、信誉或者其他特征，主要由该地区的自然因素或者人文因素所决定的标志。

第十七条 外国人或者外国企业在中国申请商标注册的，应当按其所属国和中华人民共和国签订的协议或者共同参加的国际条约办理，或者按对等原则办理。

第十八条 外国人或者外国企业在中国申请商标注册和办理其他商标事宜的，应当委托国家认可的具有商标代理资格的组织代理。

第二章 商标注册的申请

第十九条 申请商标注册的，应当按规定的商品分类表填报使用商标的商品类别和商品名称。

第二十条 商标注册申请人在不同类别的商品上申请注册同一商标的，应当按商品分类表提出注册申请。

第二十一条 注册商标需要在同一类的其他商品上使用的，应当另行提出注册申请。

第二十二条 注册商标需要改变其标志的，应当重新提出注册申请。

第二十三条 注册商标需要变更注册人的名义、地址或者其他注册事项的，应当提出变更申请。

第二十四条 商标注册申请人自其商标在外国第一次提出商标注册申请之日起六个月内，又在中国就相同商品以同一商标提出商标注册申请的，依照该外国同中国签订的协议或者共同参加的国际条约，或者按照相互承认优先权的原则，可以享有优先权。

依照前款要求优先权的，应当在提出商标注册申请的时候提出书面声明，并且在三个月内提交第一次提出的商标注册申请文件的副本；未提出书面声明或者逾期未提交商标注册申请文件副本的，视为未要求优先权。

第二十五条 商标在中国政府主办的或者承认的国际展览会展出的商品上首次使用的，自该商品展出之日起六个月内，该商标的注册申请人可以享有优先权。

依照前款要求优先权的，应当在提出商标注册申请的时候提出书面声明，并且在三个月内提交展出其商品的展览会名称、在展出商品上使用该商标的证据、展出日期等证明文件；未提出书面声明或者逾期未提交证明文件的，视为未要求优先权。

第二十六条 为申请商标注册所申报的事项和所提供的材料应当真实、准确、完整。

第三章 商标注册的审查和核准

第二十七条 申请注册的商标，凡符合本法有关规定的，由商标局初步审定，予以公告。

第二十八条 申请注册的商标，凡不符合本法有关规定或者同他人在同一种商品或者类似商品上已经注册的或者初步审定的商标相同或者近似的，由商标局驳回申请，不予公告。

第二十九条 两个或者两个以上的商标注册申请人，在同一种商品或者类似商品上，以相同或者近似的商标申请注册的，初步审定并公告申请在先的商标；同一天申请的，初步审定并公告使用在先的商标，驳回其他人的申请，不予公告。

第三十条 对初步审定的商标，自公告之日起三个月内，任何人均可以提出异议。公告期满无异议的，予以核准注册，发给商标注册证，并予公告。

第三十一条 申请商标注册不得损害他人现有的在先权利，也不得以不正当手段抢先注册他人已经使用并有一定影响的商标。

第三十二条 对驳回申请、不予公告的商标，商标局应当书面通知商标注册申请人。商标注册申请人不服的，可以自收到通知之日起十五日内向商标评审委员会申请复审，由商标评审委员会做出决定，并书面通知申请人。

当事人对商标评审委员会的决定不服的，可以自收到通知之日起三十日内向人民法院起诉。

第三十三条 对初步审定、予以公告的商标提出异议的，商标局应当听取异议人和被异议人陈述事实和理由，经调查核实后，做出裁定。当事人不服的，可以自收到通知之日起十五日内向商标评审委员会申请复审，由商标评审委员会做出裁定，并书面通知异议人和被异议人。

当事人对商标评审委员会的裁定不服的，可以自收到通知之日起三十日内向人民法院起诉。人民法院应当通知商标复审程序的对方当事人作为第三人参加诉讼。

第三十四条 当事人在法定期限内对商标局做出的裁定不申请复审或者对商标评审委员会做出的裁定不向人民法院起诉的，裁定生效。

经裁定异议不能成立的，予以核准注册，发给商标注册证，并予公告；经裁定异议成立的，不予核准注册。

经裁定异议不能成立而核准注册的，商标注册申请人取得商标专用权的时间自初审公告三个月期满之日起计算。

第三十五条 对商标注册申请和商标复审申请应当及时进行审查。

第三十六条 商标注册申请人或者注册人发现商标申请文件或者注册文件有明显错误的，可以申请更正。商标局依法在其职权范围内作出更正，并通知当事人。

前款所称更正错误不涉及商标申请文件或者注册文件的实质性内容。

第四章 注册商标的续展、转让和使用许可

第三十七条 注册商标的有效期为十年，自核准注册之日起计算。

第三十八条 注册商标有效期满，需要继续使用的，应当在期满前六个月内申请续展注册；在此期间未能提出申请的，可以给予六个月的宽展期。宽展期满仍未提出申请的，注销其注册商标。

每次续展注册的有效期为十年。

续展注册经核准后，予以公告。

第三十九条 转让注册商标的，转让人和受让人应当签订转让协议，并共同向商标局提出申请。受让人应当保证使用该注册商标的商品质量。

转让注册商标经核准后，予以公告。受让人自公告之日起享有商标专用权。

第四十条 商标注册人可以通过签订商标使用许可合同，许可他人使用其注册商标。许可人应当监督被许可人使

用其注册商标的商品质量。被许可人应当保证使用该注册商标的商品质量。

经许可使用他人注册商标的，必须在使用该注册商标的商品上标明被许可人的名称和商品产地。

商标使用许可合同应当报商标局备案。

第五章　注册商标争议的裁定

第四十一条　已经注册的商标，违反本法第十条、第十一条、第十二条规定的，或者是以欺骗手段或者其他不正当手段取得注册的，由商标局撤销该注册商标；其他单位或者个人可以请求商标评审委员会裁定撤销该注册商标。

已经注册的商标，违反本法第十三条、第十五条、第十六条、第三十一条规定的，自商标注册之日起五年内，商标所有人或者利害关系人可以请求商标评审委员会裁定撤销该注册商标。对恶意注册的，驰名商标所有人不受五年的时间限制。

除前两款规定的情形外，对已经注册的商标有争议的，可以自该商标经核准注册之日起五年内，向商标评审委员会申请裁定。

商标评审委员会收到裁定申请后，应当通知有关当事人，并限期提出答辩。

第四十二条　对核准注册前已经提出异议并经裁定的商标，不得再以相同的事实和理由申请裁定。

第四十三条　商标评审委员会做出维持或者撤销注册商标的裁定后，应当书面通知有关当事人。

当事人对商标评审委员会的裁定不服的，可以自收到通知之日起三十日内向人民法院起诉。人民法院应当通知商标裁定程序的对方当事人作为第三人参加诉讼。

第六章　商标使用的管理

第四十四条　使用注册商标，有下列行为之一的，由商标局责令限期改正或者撤销其注册商标：

（一）自行改变注册商标的；

（二）自行改变注册商标的注册人名义、地址或者其他注册事项的；

（三）自行转让注册商标的；

（四）连续三年停止使用的。

第四十五条　使用注册商标，其商品粗制滥造，以次充好，欺骗消费者的，由各级工商行政管理部门分别不同情况，责令限期改正，并可以予以通报或者处以罚款，或者由商标局撤销其注册商标。

第四十六条　注册商标被撤销的或者期满不再续展的，自撤销或者注销之日起一年内，商标局对与该商标相同或者近似的商标注册申请，不予核准。

第四十七条　违反本法第六条规定的，由地方工商行政管理部门责令限期申请注册，可以并处罚款。

第四十八条　使用未注册商标，有下列行为之一的，由地方工商行政管理部门予以制止，限期改正，并可以予以通报或者处以罚款：

（一）冒充注册商标的；

（二）违反本法第十条规定的；

（三）粗制滥造，以次充好，欺骗消费者的。

第四十九条　对商标局撤销注册商标的决定，当事人不服的，可以自收到通知之日起十五日内向商标评审委员会申请复审，由商标评审委员会做出决定，并书面通知申请人。

当事人对商标评审委员会的决定不服的，可以自收到通知之日起三十日内向人民法院起诉。

第五十条 对工商行政管理部门根据本法第四十五条、第四十七条、第四十八条的规定做出的罚款决定，当事人不服的，可以自收到通知之日起十五日内，向人民法院起诉；期满不起诉又不履行的，由有关工商行政管理部门申请人民法院强制执行。

第七章 注册商标专用权的保护

第五十一条 注册商标的专用权，以核准注册的商标和核定使用的商品为限。

第五十二条 有下列行为之一的，均属侵犯注册商标专用权：

（一）未经商标注册人的许可，在同一种商品或者类似商品上使用与其注册商标相同或者近似的商标的；

（二）销售侵犯注册商标专用权的商品的；

（三）伪造、擅自制造他人注册商标标识或者销售伪造、擅自制造的注册商标标识的；

（四）未经商标注册人同意，更换其注册商标并将该更换商标的商品又投入市场的；

（五）给他人的注册商标专用权造成其他损害的。

第五十三条 有本法第五十二条所列侵犯注册商标专用权行为之一，引起纠纷的，由当事人协商解决；不愿协商或者协商不成的，商标注册人或者利害关系人可以向人民法院起诉，也可以请求工商行政管理部门处理。工商行政管理部门处理时，认定侵权行为成立的，责令立即停止侵权行为，没收、销毁侵权商品和专门用于制造侵权商品、伪造注册商标标识的工具，并可处以罚款。当事人对处理决定不服的，可以自收到处理通知之日起十五日内依照《中华人民共和国行政诉讼法》向人民法院起诉；侵权人期满不起诉又不履行的，工商行政管理部门可以申请人民法院强制执行。进行处理的工商行政管理部门根据当事人的请求，可以就侵犯商标专用权的赔偿数额进行调解；调解不成的，当事人可以依照《中华人民共和国民事诉讼法》向人民法院起诉。

第五十四条 对侵犯注册商标专用权的行为，工商行政管理部门有权依法查处；涉嫌犯罪的，应当及时移送司法机关依法处理。

第五十五条 县级以上工商行政管理部门根据已经取得的违法嫌疑证据或者举报，对涉嫌侵犯他人注册商标专用权的行为进行查处时，可以行使下列职权：

（一）询问有关当事人，调查与侵犯他人注册商标专用权有关的情况；

（二）查阅、复制当事人与侵权活动有关的合同、发票、账簿以及其他有关资料；

（三）对当事人涉嫌从事侵犯他人注册商标专用权活动的场所实施现场检查；

（四）检查与侵权活动有关的物品；对有证据证明是侵犯他人注册商标专用权的物品，可以查封或者扣押。

工商行政管理部门依法行使前款规定的职权时，当事人应当予以协助、配合，不得拒绝、阻挠。

第五十六条 侵犯商标专用权的赔偿数额，为侵权人在侵权期间因侵权所获得的利益，或者被侵权人在被侵权期间因被侵权所受到的损失，包括被侵权人为制止侵权行为所支付的合理开支。

前款所称侵权人因侵权所得利益，或者被侵权人因被侵权所受损失难以确定的，由人民法院根据侵权行为的情节判决给予五十万元以下的赔偿。

销售不知道是侵犯注册商标专用权的商品，能证明该商品是自己合法取得的并说明提供者的，不承担赔偿责任。

第五十七条 商标注册人或者利害关系人有证据证明他人正在实施或者即将实施侵犯其注册商标专用权的行为，如不及时制止，将会使其合法权益受到难以弥补的损害的，可以在起诉前向人民法院申请采取责令停止有关行为和财产保全的措施。

人民法院处理前款申请，适用《中华人民共和国民事诉讼法》第九十三条至第九十六条和第九十九条的规定。

第五十八条 为制止侵权行为，在证据可能灭失或者以后难以取得的情况下，商标注册人或者利害关系人可以在起诉前向人民法院申请保全证据。

人民法院接受申请后，必须在四十八小时内做出裁定；裁定采取保全措施的，应当立即开始执行。

人民法院可以责令申请人提供担保，申请人不提供担保的，驳回申请。

申请人在人民法院采取保全措施后十五日内不起诉的，人民法院应当解除保全措施。

第五十九条 未经商标注册人许可，在同一种商品上使用与其注册商标相同的商标，构成犯罪的，除赔偿被侵权人的损失外，依法追究刑事责任。

伪造、擅自制造他人注册商标标识或者销售伪造、擅自制造的注册商标标识，构成犯罪的，除赔偿被侵权人的损失外，依法追究刑事责任。

销售明知是假冒注册商标的商品，构成犯罪的，除赔偿被侵权人的损失外，依法追究刑事责任。

第六十条 从事商标注册、管理和复审工作的国家机关工作人员必须秉公执法，廉洁自律，忠于职守，文明服务。

商标局、商标评审委员会以及从事商标注册、管理和复审工作的国家机关工作人员不得从事商标代理业务和商品生产经营活动。

第六十一条 工商行政管理部门应当建立健全内部监督制度，对负责商标注册、管理和复审工作的国家机关工作人员执行法律、行政法规和遵守纪律的情况，进行监督检查。

第六十二条 从事商标注册、管理和复审工作的国家机关工作人员玩忽职守、滥用职权、徇私舞弊，违法办理商标注册、管理和复审事项，收受当事人财物，牟取不正当利益，构成犯罪的，依法追究刑事责任；尚不构成犯罪的，依法给予行政处分。

第八章 附 则

第六十三条 申请商标注册和办理其他商标事宜的，应当缴纳费用，具体收费标准另定。

第六十四条 本法自1983年3月1日起施行。1963年4月10日国务院公布的《商标管理条例》同时废止；其他有关商标管理的规定，凡与本法抵触的，同时失效。

本法施行前已经注册的商标继续有效。

附一：

全国人民代表大会常务委员会关于修改《中华人民共和国商标法》的决定

（1993年2月22日）

第七届全国人民代表大会常务委员会第三十次会议审议了国务院关于《中华人民共和国商标法修正案（草案）》的议案，决定对《中华人民共和国商标法》作如下修改：

一、第四条修改为三款：

“企业、事业单位和个体工商业者，对其生产、制造、加工、拣选或者经销的商品，需要取得商标专用权的，应当向商标局申请商品商标注册。”

“企业、事业单位和个体工商业者，对其提供的服务项目，需要取得商标专用权的，应当向商标局申请服务商标注册。”

“本法有关商品商标的规定，适用于服务商标。”

二、第八条增加一款，作为第二款：“县级以上行政区划的地名或者公众知晓的外国地名，不得作为商标，但是，地名具有其他含义的除外；已经注册的使用地名的商标继续有效。”

三、第十二条修改为：“同一申请人在不同类别的商品上使用同一商标的，应当按商品分类表提出注册申请。”

四、第二十六条增加一款，作为第二款：“经许可使用他人注册商标的，必须在使用该注册商标的商品上标明被许可人的名称和商品产地。”

五、第二十七条第一款修改为两款：“已经注册的商标，违反本法第八条规定的，或者是以欺骗手段或者其他不正当手段取得注册的，由商标局撤销该注册商标；其他单位或者个人可以请求商标评审委员会裁定撤销该注册商标。”

“除前款规定的情形外，对已经注册的商标有争议的，可以自该商标经核准注册之日起一年内，向商标评审委员会申请裁定。”

六、第二十九条修改为：“商标评审委员会做出维持或者撤销注册商标的终局裁定后，应当书面通知有关当事人。”

七、第三十八条增加一项作为第（2）项：“销售明知是假冒注册商标的商品的”。

第三十八条第（2）项修改为第（3）项：“伪造、擅自制造他人注册商标标识或者销售伪造、擅自制造的注册商标标识的”。

第三十八条第（3）项相应的作为第（4）项。

八、第三十九条第一款修改为：“有本法第三十八条所列侵犯注册商标专用权行为之一的，被侵权人可以向县级以上工商行政管理部门要求处理。有关工商行政管理部门有权责令侵权人立即停止侵权行为，赔偿被侵权人的损失，赔偿额为侵权人在侵权期间因侵权所获得的利润或者被侵权人在被侵权期间因被侵权所受到的损失。侵犯注册商标专用权，未构成犯罪的，工商行政管理部门可以处以罚款。当事人对工商行政管理部门责令停止侵权行为、罚款的处理决定不服的，可以在收到通知十五天内，向人民法院起诉；期满不起诉又不履行的，由有关工商行政管理部门申请人民法院强制执行。”

九、第四十条修改为三款：

“假冒他人注册商标，构成犯罪的，除赔偿被侵权人的损失外，依法追究刑事责任。”

“伪造、擅自制造他人注册商标标识或者销售伪造、擅自制造的注册商标标识，构成犯罪的，除赔偿被侵权人的损失外，依法追究刑事责任。”

“销售明知是假冒注册商标的商品，构成犯罪的，除赔偿被侵权人的损失外，依法追究刑事责任。”

本决定自1993年7月1日起施行。

《中华人民共和国商标法》根据本决定作相应的修正，重新公布。

附二：

全国人民代表大会常务委员会关于修改《中华人民共和国商标法》的决定

（2001年10月27日第九届全国人民代表大会常务委员会第二十四次会议通过　2001年10月27日中华人民共和国主席令第59号公布　自2001年12月1日起施行）

第九届全国人民代表大会常务委员会第二十四次会议决定对《中华人民共和国商标法》作如下修改：

一、第一条修改为：“为了加强商标管理，保护商标专用权，促使生产、经营者保证商品和服务质量，维护商标信誉，以保障消费者和生产、经营者的利益，促进社会主义市场经济的发展，特制定本法。”

二、第二十条改为第二条第二款：“国务院工商行政管理部门设立商标评审委员会，负责处理商标争议事宜。”

三、第三条修改为：“经商标局核准注册的商标为注册商标，包括商品商标、服务商标和集体商标、证明商标；商标注册人享有商标专用权，受法律保护。

“本法所称集体商标，是指以团体、协会或者其他组织名义注册，供该组织成员在商事活动中使用，以表明使用者在该组织中的成员资格的标志。

“本法所称证明商标，是指由对某种商品或者服务具有监督能力的组织所控制，而由该组织以外的单位或者个人使用于其商品或者服务，用以证明该商品或者服务的原产地、原料、制造方法、质量或者其他特定品质的标志。

“集体商标、证明商标注册和管理的特殊事项，由国务院工商行政管理部门规定。”

四、第四条第一款、第二款修改为：“自然人、法人或者其他组织对其生产、制造、加工、拣选或者经销的商品，需要取得商标专用权的，应当向商标局申请商品商标注册。

“自然人、法人或者其他组织对其提供的服务项目，需要取得商标专用权的，应当向商标局申请服务商标注册。”

五、增加一条，作为第五条：“两个以上的自然人、法人或者其他组织可以共同向商标局申请注册同一商标，共同享有和行使该商标专用权。”

六、第六条改为第七条，修改为：“商标使用人应当对其使用商标的商品质量负责。各级工商行政管理部门应当通过商标管理，制止欺骗消费者的行为。”

七、第七条改为第八条，修改为：“任何能够将自然人、法人或者其他组织的商品与他人的商品区别开的可视性标志，包括文字、图形、字母、数字、三维标志和颜色组合，以及上述要素的组合，均可以作为商标申请注册。”

八、增加一条，作为第九条："申请注册的商标，应当有显著特征，便于识别，并不得与他人在先取得的合法权利相冲突。

"商标注册人有权标明'注册商标'或者注册标记。"

九、第八条改为第十条，修改为："下列标志不得作为商标使用：

"（一）同中华人民共和国的国家名称、国旗、国徽、军旗、勋章相同或者近似的，以及同中央国家机关所在地特定地点的名称或者标志性建筑物的名称、图形相同的；

"（二）同外国的国家名称、国旗、国徽、军旗相同或者近似的，但该国政府同意的除外；

"（三）同政府间国际组织的名称、旗帜、徽记相同或者近似的，但经该组织同意或者不易误导公众的除外；

"（四）与表明实施控制、予以保证的官方标志、检验印记相同或者近似的，但经授权的除外；

"（五）同'红十字'、'红新月'的名称、标志相同或者近似的；

"（六）带有民族歧视性的；

"（七）夸大宣传并带有欺骗性的；

"（八）有害于社会主义道德风尚或者有其他不良影响的。

"县级以上行政区划的地名或者公众知晓的外国地名，不得作为商标。但是，地名具有其他含义或者作为集体商标、证明商标组成部分的除外；已经注册的使用地名的商标继续有效。"

十、增加一条，作为第十一条："下列标志不得作为商标注册：

"（一）仅有本商品的通用名称、图形、型号的；

“(二）仅仅直接表示商品的质量、主要原料、功能、用途、重量、数量及其他特点的；

“（三）缺乏显著特征的。

“前款所列标志经过使用取得显著特征，并便于识别的，可以作为商标注册。”

十一、增加一条，作为第十二条：“以三维标志申请注册商标的，仅由商品自身的性质产生的形状、为获得技术效果而需有的商品形状或者使商品具有实质性价值的形状，不得注册。”

十二、增加一条，作为第十三条：“就相同或者类似商品申请注册的商标是复制、摹仿或者翻译他人未在中国注册的驰名商标，容易导致混淆的，不予注册并禁止使用。

“就不相同或者不相类似商品申请注册的商标是复制、摹仿或者翻译他人已经在中国注册的驰名商标，误导公众，致使该驰名商标注册人的利益可能受到损害的，不予注册并禁止使用。”

十三、增加一条，作为第十四条：“认定驰名商标应当考虑下列因素：

“（一）相关公众对该商标的知晓程度；

“（二）该商标使用的持续时间；

“(三）该商标的任何宣传工作的持续时间、程度和地理范围；

“（四）该商标作为驰名商标受保护的记录；

“（五）该商标驰名的其他因素。”

十四、增加一条，作为第十五条：“未经授权，代理人或者代表人以自己的名义将被代理人或者被代表人的商标进行注册，被代理人或者被代表人提出异议的，不予注册并禁止使用。”

十五、增加一条，作为第十六条："商标中有商品的地理标志，而该商品并非来源于该标志所标示的地区，误导公众的，不予注册并禁止使用；但是，已经善意取得注册的继续有效。

"前款所称地理标志，是指标示某商品来源于某地区，该商品的特定质量、信誉或者其他特征，主要由该地区的自然因素或者人文因素所决定的标志。"

十六、第十条改为第十八条，修改为："外国人或者外国企业在中国申请商标注册和办理其他商标事宜的，应当委托国家认可的具有商标代理资格的组织代理。"

十七、第十二条改为第二十条，修改为："商标注册申请人在不同类别的商品上申请注册同一商标的，应当按商品分类表提出注册申请。"

十八、第十四条改为第二十二条，修改为："注册商标需要改变其标志的，应当重新提出注册申请。"

十九、增加一条，作为第二十四条："商标注册申请人自其商标在外国第一次提出商标注册申请之日起六个月内，又在中国就相同商品以同一商标提出商标注册申请的，依照该外国同中国签订的协议或者共同参加的国际条约，或者按照相互承认优先权的原则，可以享有优先权。

"依照前款要求优先权的，应当在提出商标注册申请的时候提出书面声明，并且在三个月内提交第一次提出的商标注册申请文件的副本；未提出书面声明或者逾期未提交商标注册申请文件副本的，视为未要求优先权。"

二十、增加一条，作为第二十五条："商标在中国政府主办的或者承认的国际展览会展出的商品上首次使用的，自该商品展出之日起六个月内，该商标的注册申请人可以享有优先权。

“依照前款要求优先权的，应当在提出商标注册申请的时候提出书面声明，并且在三个月内提交展出其商品的展览会名称、在展出商品上使用该商标的证据、展出日期等证明文件；未提出书面声明或者逾期未提交证明文件的，视为未要求优先权。”

二十一、增加一条，作为第二十六条：“为申请商标注册所申报的事项和所提供的材料应当真实、准确、完整。”

二十二、第十八条改为第二十九条，修改为：“两个或者两个以上的商标注册申请人，在同一种商品或者类似商品上，以相同或者近似的商标申请注册的，初步审定并公告申请在先的商标；同一天申请的，初步审定并公告使用在先的商标，驳回其他人的申请，不予公告。”

二十三、第十九条改为第三十条，修改为：“对初步审定的商标，自公告之日起三个月内，任何人均可以提出异议。公告期满无异议的，予以核准注册，发给商标注册证，并予公告。”

二十四、增加一条，作为第三十一条：“申请商标注册不得损害他人现有的在先权利，也不得以不正当手段抢先注册他人已经使用并有一定影响的商标。”

二十五、第二十一条改为第三十二条，修改为：“对驳回申请、不予公告的商标，商标局应当书面通知商标注册申请人。商标注册申请人不服的，可以自收到通知之日起十五日内向商标评审委员会申请复审，由商标评审委员会做出决定，并书面通知申请人。

“当事人对商标评审委员会的决定不服的，可以自收到通知之日起三十日内向人民法院起诉。”

二十六、第二十二条改为第三十三条，修改为：“对初步审定、予以公告的商标提出异议的，商标局应当听取异议人和被异议人陈述事实和理由，经调查核实后，做出裁定。当事人不服的，可以自收到通知之日起十五日内向商标评审委员会申请复审，由商标评审委员会做出裁定，并书面通知异议人和被异议人。

“当事人对商标评审委员会的裁定不服的，可以自收到通知之日起三十日内向人民法院起诉。人民法院应当通知商标复审程序的对方当事人作为第三人参加诉讼。”

二十七、增加一条，作为第三十四条：“当事人在法定期限内对商标局做出的裁定不申请复审或者对商标评审委员会做出的裁定不向人民法院起诉的，裁定生效。

“经裁定异议不能成立的，予以核准注册，发给商标注册证，并予公告；经裁定异议成立的，不予核准注册。

“经裁定异议不能成立而核准注册的，商标注册申请人取得商标专用权的时间自初审公告三个月期满之日起计算。”

二十八、增加一条，作为第三十五条：“对商标注册申请和商标复审申请应当及时进行审查。”

二十九、增加一条，作为第三十六条：“商标注册申请人或者注册人发现商标申请文件或者注册文件有明显错误的，可以申请更正。商标局依法在其职权范围内作出更正，并通知当事人。

“前款所称更正错误不涉及商标申请文件或者注册文件的实质性内容。”

三十、第二十五条改为第三十九条，修改为：“转让注册商标的，转让人和受让人应当签订转让协议，并共同向商标局提出申请。受让人应当保证使用该注册商标的商品质量。

“转让注册商标经核准后，予以公告。受让人自公告之日起享有商标专用权。”

三十一、第二十七条改为第四十一条，第一款修改为："已经注册的商标，违反本法第十条、第十一条、第十二条规定的，或者是以欺骗手段或者其他不正当手段取得注册的，由商标局撤销该注册商标；其他单位或者个人可以请求商标评审委员会裁定撤销该注册商标。"增加一款作为第二款："已经注册的商标，违反本法第十三条、第十五条、第十六条、第三十一条规定的，自商标注册之日起五年内，商标所有人或者利害关系人可以请求商标评审委员会裁定撤销该注册商标。对恶意注册的，驰名商标所有人不受五年的时间限制。"第二款改为第三款，修改为："除前两款规定的情形外，对已经注册的商标有争议的，可以自该商标经核准注册之日起五年内，向商标评审委员会申请裁定。"

三十二、第二十九条改为第四十三条，修改为："商标评审委员会做出维持或者撤销注册商标的裁定后，应当书面通知有关当事人。

"当事人对商标评审委员会的裁定不服的，可以自收到通知之日起三十日内向人民法院起诉。人民法院应当通知商标裁定程序的对方当事人作为第三人参加诉讼。"

三十三、第三十条改为第四十四条，第（一）项修改为："（一）自行改变注册商标的"。

三十四、第三十五条改为第四十九条，修改为："对商标局撤销注册商标的决定，当事人不服的，可以自收到通知之日起十五日内向商标评审委员会申请复审，由商标评审委员会做出决定，并书面通知申请人。

"当事人对商标评审委员会的决定不服的，可以自收到通知之日起三十日内向人民法院起诉。"

三十五、第三十六条改为第五十条，修改为："对工商行政管理部门根据本法第四十五条、第四十七条、第四十八条的规定做出的罚款决定，当事人不服的，可以自收到通知之日起十五日内，向人民法院起诉；期满不起诉又不履行的，由有关工商行政管理部门申请人民法院强制执行。”

三十六、第三十八条改为第五十二条，第（一）项修改为：“（一）未经商标注册人的许可，在同一种商品或者类似商品上使用与其注册商标相同或者近似的商标的”；第（二）项修改为：“（二）销售侵犯注册商标专用权的商品的”；增加一项作为第（四）项：“未经商标注册人同意，更换其注册商标并将该更换商标的商品又投入市场的”。

三十七、第三十九条改为第五十三条，修改为：“有本法第五十二条所列侵犯注册商标专用权行为之一，引起纠纷的，由当事人协商解决；不愿协商或者协商不成的，商标注册人或者利害关系人可以向人民法院起诉，也可以请求工商行政管理部门处理。工商行政管理部门处理时，认定侵权行为成立的，责令立即停止侵权行为，没收、销毁侵权商品和专门用于制造侵权商品、伪造注册商标标识的工具，并可处以罚款。当事人对处理决定不服的，可以自收到处理通知之日起十五日内依照《中华人民共和国行政诉讼法》向人民法院起诉；侵权人期满不起诉又不履行的，工商行政管理部门可以申请人民法院强制执行。进行处理的工商行政管理部门根据当事人的请求，可以就侵犯商标专用权的赔偿数额进行调解；调解不成的，当事人可以依照《中华人民共和国民事诉讼法》向人民法院起诉。”

三十八、增加一条，作为第五十四条：“对侵犯注册商标专用权的行为，工商行政管理部门有权依法查处；涉嫌犯罪的，应当及时移送司法机关依法处理。”

三十九、增加一条，作为第五十五条：“县级以上工商行政管理部门根据已经取得的违法嫌疑证据或者举报，对涉嫌侵犯他人注册商标专用权的行为进行查处时，可以行使下列职权：

“（一）询问有关当事人，调查与侵犯他人注册商标专用权有关的情况；

“（二）查阅、复制当事人与侵权活动有关的合同、发票、账簿以及其他有关资料；

“（三）对当事人涉嫌从事侵犯他人注册商标专用权活动的场所实施现场检查；

“（四）检查与侵权活动有关的物品；对有证据证明是侵犯他人注册商标专用权的物品，可以查封或者扣押。

“工商行政管理部门依法行使前款规定的职权时，当事人应当予以协助、配合，不得拒绝、阻挠。”

四十、增加一条，作为第五十六条：“侵犯商标专用权的赔偿数额，为侵权人在侵权期间因侵权所获得的利益，或者被侵权人在被侵权期间因被侵权所受到的损失，包括被侵权人为制止侵权行为所支付的合理开支。

“前款所称侵权人因侵权所得利益，或者被侵权人因被侵权所受损失难以确定的，由人民法院根据侵权行为的情节判决给予五十万元以下的赔偿。

“销售不知道是侵犯注册商标专用权的商品，能证明该商品是自己合法取得的并说明提供者的，不承担赔偿责任。”

四十一、增加一条，作为第五十七条：“商标注册人或者利害关系人有证据证明他人正在实施或者即将实施侵犯其注册商标专用权的行为，如不及时制止，将会使其合法权益受到难以弥补的损害的，可以在起诉前向人民法院申请采取责令停止有关行为和财产保全的措施。

“人民法院处理前款申请，适用《中华人民共和国民事诉讼法》第九十三条至第九十六条和第九十九条的规定。”

四十二、增加一条，作为第五十八条："为制止侵权行为，在证据可能灭失或者以后难以取得的情况下，商标注册人或者利害关系人可以在起诉前向人民法院申请保全证据。

"人民法院接受申请后，必须在四十八小时内做出裁定；裁定采取保全措施的，应当立即开始执行。

"人民法院可以责令申请人提供担保，申请人不提供担保的，驳回申请。

"申请人在人民法院采取保全措施后十五日内不起诉的，人民法院应当解除保全措施。"

四十三、第四十条改为第五十九条，第一款修改为："未经商标注册人许可，在同一种商品上使用与其注册商标相同的商标，构成犯罪的，除赔偿被侵权人的损失外，依法追究刑事责任。"

四十四、增加一条，作为第六十条："从事商标注册、管理和复审工作的国家机关工作人员必须秉公执法，廉洁自律，忠于职守，文明服务。

"商标局、商标评审委员会以及从事商标注册、管理和复审工作的国家机关工作人员不得从事商标代理业务和商品生产经营活动。"

四十五、增加一条，作为第六十一条："工商行政管理部门应当建立健全内部监督制度，对负责商标注册、管理和复审工作的国家机关工作人员执行法律、行政法规和遵守纪律的情况，进行监督检查。"

四十六、增加一条，作为第六十二条："从事商标注册、管理和复审工作的国家机关工作人员玩忽职守、滥用职权、徇私舞弊，违法办理商标注册、管理和复审事项，收受当事人财物、牟取不正当利益，构成犯罪的，依法追究刑事责任；尚不构成犯罪的，依法给予行政处分。"

四十七、删去第四十二条。

此外，根据本决定对部分条文的文字作相应修改并对条文顺序作相应调整。

本决定自2001年12月1日起施行。

《中华人民共和国商标法》根据本决定作相应的修改，重新公布。

关于《中华人民共和国商标法修正案（草案）》的说明

——2000年12月22日在第九届全国人民代表大会常务委员会第十九次会议上

国家工商行政管理局局长　王众孚

委员长、各位副委员长、秘书长、各位委员：

我受国务院的委托，现就《中华人民共和国商标法修正案（草案）》作如下说明。

《中华人民共和国商标法》（以下简称现行商标法）是1982年8月23日由五届全国人大常委会第二十四次会议通过的（1983年3月1日施行）。1993年2月22日七届全国人大常委会第三十次会议对部分条文作了修改。这部法律的制定和实施，对于保护商标专用权，促使商标的所有权人保证商品或者服务质量和维护商标信誉，保障消费者的利益，促进经济发展，发挥了重要的作用。但是，随着社会主义市场经济的发展，我国现行商标保护制度还需要进一步完善，一些方面与世界贸易组织规则主要是《与贸易有关的知识产权协议》(以下简称知识产权协议)，也存在一定的差距。我国已对外承诺在正式加入世界贸易组织时全面实施知识产权协议。为了完善我国商标保护制度，进一步加强对商标专用权的保护，促进经济的发展与繁荣并适应我国加入世界贸易组织进程，在总结实践经验的基础上，对现行商标法作适当的修改是迫切需要的。

国务院法制办公室、国家工商行政管理局在总结现行商标法实施多年来实践经验的基础上，经过认真研究，并征求全国人大常委会法制工作委员会、国务院有关部门及有关专家、学者的意见，拟订了《中华人民共和国商标法修正案(草案)》(以下简称草案)。草案已经国务院第 33 次常务会议通过。这次修改现行商标法，从完善现行商标保护制度考虑，主要是按照我国对外承诺，对现行商标法与世界贸易组织有关知识产权保护规则存在差距的条款作修改。

现就草案主要内容说明如下：

一、关于集体商标、证明商标和地理标志的保护

巴黎公约第七条之二要求对集体商标给予保护；知识产权协议第二部分第三节专门规定了对地理标志的保护。现行商标法对此未作规定。商标法实施细则和 1994 年 12 月 30 日国家工商行政管理局根据实施细则发布的《集体商标、证明商标注册和管理办法》对集体商标和证明商标的保护作了规定。经过几年实践，对集体商标、证明商标的保护已经有了比较成熟的经验，有必要在现行商标法中作出明确规定。因此，草案规定："经商标局核准注册的商标包括商品商标、服务商标和集体商标、证明商标，为注册商标，商标注册人享有商标专用权，受法律保护。"并对集体商标、证明商标的含义作了具体规定（第二条)。同时，根据知识产权协议第二十二条的规定，为避免误导公众，草案明确规定：对商标中含有地理标志，而该商品并不是来源于该标志所标示的地区，误导公众的，不予注册并禁止使用；但是，已经注册的继续有效；并对地理标志的含义作了具体规定（第八条）。

二、关于商标构成要素

现行商标法第七条将商标构成要素限定于文字、图形或者其组合。根据知识产权协议第十五条的规定，任何能够将一个企业的商品或者服务与其他企业的商品或者服务区分开的标记或者标记组合，尤其是文字、图形、字母、数字、颜色的组合，以及上述要素的任何组合，均可作为商标获得注册。因此，草案将现行商标法第七条修改为："任何能够将公民、法人或者其他组织的商品与他人的商品区别开的可视性标志，包括文字、图形、字母、数字、三维标志和颜色组合，以及上述要素的组合，均可以作为商标申请注册。"（第四条第一款）

三、禁止以官方标志、检验印记作为注册商标

巴黎公约第六条之三要求成员国禁止将其他成员的官方标志、检验印记作为商标注册。现行商标法对此未作规定。根据巴黎公约上述规定要求，草案在现行商标法第八条第一款关于商标禁用标志的规定中增加一项，作为第（四）项："（四）与表明实施控制、予以保证的官方标志、检验印记相同或者近似的，但经授权的除外"；并在第（一）项中增加"以及同中央国家机关所在地特定地点的名称或者标志性建筑物的名称、图形相同的"（第五条）。

四、关于驰名商标保护

知识产权协议第十六条、巴黎公约第六条之二规定了对驰名商标的保护。现行商标法对此未作规定。商标法实施细则第二十五条只是规定了对"公众熟知的商标"的保护。国家工商行政管理局于1996年发布了《驰名商标认定和管理暂行规定》并于1998年修订后重新发布。实践中，我国已经按照巴黎公约的要求对驰名商标进行保护。为了切实保护驰名商标权利人的利益，根据知识产权协议的规定和我国的实际做法，草案增加规定："就相同或者类似商品申请注册的商标是复制、摹仿或者翻译他人未在中国注册的驰名商标，容易导致混淆的，不予注册并禁止使用。""就不相同或者不相类似商品申请注册的商标是复制、摹仿或者翻译他人已经在中国注册的驰名商标，误导公众，致使该驰名商标所有人的利益可能受到损害的，不予注册并禁止使用。"（第六条）

五、禁止代理人或者代表人恶意注册商标

巴黎公约第六条之七要求禁止商标所有人的代理人或者代表人未经商标所有人授权，以自己的名义注册该商标，并禁止使用。据此，并考虑到我国恶意注册他人商标现象日益增多的实际情况，草案增加规定："未经授权，代理人或者代表人以自己的名义将被代理人或者被代表人的商标进行注册，被代理人或者被代表人提出异议的，不予注册并禁止使用。"（第七条）

六、关于优先权

巴黎公约第四条规定了注册商标申请的优先权，时间为六个月；第十一条要求成员国对在所有成员国内主办或者承认的国际展览会上展出的商品或者服务的商标予以临时保护，这些商标所有人可以要求优先权，时间也为六个月。现行商标法没有关于优先权的规定。国家工商行政管理局1985年发布的《关于申请商标注册要求优先权的暂行规定》及1988年修改后的商标法实施细则第十五条，对优先权作了规定，但是没有涉及展览会临时保护的规定。为了进一步完善关于优先权的现行规定，草案增加规定：（1）"商标注册申请人自其商标在外国第一次提出商标注册申请之日起六个月内，又在中国就相同商品以同一商标提出商标注册申请的，依照该外国同中国签订的协议或者共同参加的国际条约，或者按照相互承认优先权的原则，可以享有优先权。”“依照前款要求优先权的，应当在提出商标注册申请的时候提出书面声明，并且在三个月内提交第一次提出的商标注册申请文件的副本；未提出书面声明或者逾期未提交商标注册申请文件副本的，视为未要求优先权。”（第十一条）（2）“商标在中国政府主办的或者承认的国际展览会展出的商品上首次使用的，自该商品展出之日起六个月内，该商标的注册申请人可以享有优先权。”“依照前款要求优先权的，应当在提出商标注册申请的时候提出书面声明，并且在三个月内提交展出其商品的展览会名称、在展出商品上使用该商标的证据、展出日期等证明文件；未提出书面声明或者逾期未提交证明文件的，视为未要求优先权。”（第十二条）

七、关于司法审查

现行商标法第二十一条规定，对于商标局驳回申请、不予公告的决定不服向商标评审委员会申请复审，由商标评审委员作出终局的决定；第二十二条规定，对商标局对商标异议作出的裁定不服向商标评审委员会申请复审，由商标评审委员会作出终局的决定；第二十九条规定，商标评审委员会作出的维持或者撤销注册商标的裁定为终局裁定；第三十五条规定，商标评审委员会对商标局撤销注册商标的决定进行复审，作出的决定为终局决定。按照知识产权协议第六十二条的规定，有关获得和维持知识产权的程序中作出的终局行政决定，均应接受司法或者准司法当局的审查。据此，并参照修改后的专利法关于司法审查的规定，草案删去了现行商标法第二十一条、第二十二条、第二十九条、第三十五条关于商标评审委员会的决定、裁定为终局的规定，增加当事人可以向人民法院提起诉讼的规定（第十三条、第十四条、第十六条、第十八条）。

八、关于商标行政管理

现行商标法第三十九条规定了工商行政管理部门对侵犯商标专用权的处理，包括责令停止侵权行为、罚款。按照知识产权协议第四十六条的规定，为了对侵权活动造成有效威慑，司法当局有权在不进行任何补偿的情况下，将已经发现正处于侵权状态的商品排除出商业渠道、予以销毁。据此，并参照修改后的专利法的有关规定，草案将现行商标法第三十九条作为第四十四条，修改为："有本法第四十三条所列侵犯注册商标专用权行为之一，引起纠纷的，由当事人协商解决；不愿协商或者协商不成的，商标专用权人或者利害关系人可以向人民法院起诉，也可以请求工商行政管理部门处理。工商行政管理部门处理时，认定侵权行为成立的，责令立即停止侵权行为，没收、销毁侵权商品，并可处以罚款。当事人对处理决定不服的，可以自收到处理通知之日起十五日内依照《中华人民共和国行政诉讼法》向人民法院起诉；侵权人期满不起诉又不履行的，工商行政管理部门可以申请人民法院强制执行。进行处理的工商行政管理部门应当事人的请求，可以就侵犯商标专用权的赔偿数额进行调解；调解不成的，当事人可以依照《中华人民共和国民事诉讼法》向人民法院起诉。""对侵犯注册商标专用权的行为，工商行政管理部门有权查处。"（第二十一条）

九、关于商标侵权赔偿数额

现行商标法第三十九条规定，商标侵权的赔偿数额为侵权人在侵权期间因侵权所获得的利润或者被侵权人在被侵权期间因被侵权所受到的损失。按照知识产权协议第四十五条的规定，损害赔偿费应当足以弥补因侵犯知识产权给权利持有人造成的损失，司法当局有权责令侵权人向权利持有人支付其开支。考虑到商标专用权是一种无形财产，商标权人在侵权纠纷中调查取证比较困难，需要支付必要的开支；现实生活中，很多商标权人因为处理商标侵权纠纷费时费钱，打赢了官司赔了钱，得不偿失。因此，草案增加规定："侵犯商标专用权的赔偿数额，为侵权人在侵权期间因侵权所获得的利益或者被侵权人在被侵权期间因被侵权所受到的损失，包括被侵权人为制止侵权行为所支付的合理开支。"（第二十二条）

十、关于临时措施

知识产权协议第五十条规定，司法当局有权采取有效的临时措施，防止任何延误给权利人造成不可弥补的损害或者证据灭失。现行商标法对此未作规定。据此，并参照修改后的专利法有关规定，草案增加规定："商标专用权人或者利害关系人有证据证明他人正在实施或者即将实施侵犯其注册商标专用权的行为，如不及时制止，将会使其合法权益受到难以弥补的损害的，可以在起诉前向人民法院申请采取责令停止有关行为和财产保全的措施。""人民法院处理前款申请，适用《中华人民共和国民事诉讼法》第九十三条至第九十六条和第九十九条的规定。"（第二十三条）

此外，草案还对现行商标法第四条作了修改，将商标注册主体扩大到公民（第三条）；并将现行商标法第二十七条中注册商标争议申请裁定的期限由一年改为三年（第十五条）。

《中华人民共和国商标法修正案（草案）》和以上说明是否妥当，请审议。

全国人大法律委员会

关于《中华人民共和国商标法修正案（草案）》修改情况的汇报

（2001 年 4 月 18 日）

全国人民代表大会常务委员会：

九届全国人大常委会第十九次会议对商标法修正案（草案）进行了初步审议。许多常委委员认为，为了适应我国加入世界贸易组织的进程，进一步加强对商标专用权的保护，对商标法进行适当修改是必要的。同时也提出一些修改意见。会后，法制工作委员会将草案印发各省、自治区、直辖市、中央有关部门和部分企事业单位、高等院校、研究机构征求意见。法律委员会、财政经济委员会、法制工作委员会联合召开中央有关部门和有关专家座谈会，进一步征求意见。法律委员会于 4 月 11 日召开会议，根据常委委员的审议意见及其他各有关方面的意见，对草案进行了逐条审议。财政经济委员会和国务院有关部门的负责同志列席了会议。4 月 18 日，法律委员会再次进行了审议。法律委员会认为，为了进一步完善我国商标保护制度，适应我国加入世界贸易组织的进程，促进我国经济发展，对商标法作出修改是必要的。同时提出以下主要修改意见：

一、修正案草案第一条规定："为了加强商标管理，保护商标专用权，促使生产者保证商品质量和维护商标信誉，以保障消费者的利益，促进社会主义市场经济的发展，特制定本法”。有的常委委员、地方和部门提出，我国商标法既保护商品商标，也保护服务商标，因此，不仅应当促进生产者保证商品质量，维护商标信誉，而且提供服务的经营者也应当保证服务质量，维护商标信誉。因此，法律委员会建议将修正案草案第一条修改为：“为了加强商标管理，保护商标专用权，促使生产、经营者保证商品和服务质量，维护商标信誉，以保障消费者的利益，促进社会主义市场经济的发展，特制定本法”。（修正案草案二次审议稿第一条）

二、有的常委委员、地方和部门提出，将申请商标注册的主体范围规定为公民、法人或者其他组织，包括不了外国自然人，而按照国际通行的作法，在我国是允许外国自然人申请商标注册的。因此，法律委员会建议将修正案草案第三条第一款、第二款中的“公民”修改为‘自然人”（修正案草案二次审议稿第三条第一款、第二款）。并相应地将修正案草案第四条第一款中的“公民”修改为“自然人”。（修正案草案二次审议稿第四条）

三、有的常委委员、地方和部门提出，申请注册的商标，应不得与他人在先取得的合法权利相冲突。因此，法律委员会建议将修正案草案第四条第二款修改为：“申请注册的商标，应当有显著特征，便于识别，并不得与他人在先取得的合法权利相冲突”。并与第四条第三款合并作为另一条。（修正案草案二次审议稿第五条）

四、有的常委委员、部门提出，修正案草案第四条第一款规定三维标志可以作为商标申请注册。对这种商标还应当进行必要的限制，以防止不适当的注册。因此，法律委员会建议增加一条规定：“以三维标志申请注册商标的，仅由商品自身的性质产生的形状、为获得技术效果而需有的商品形状或者使商品具有实质性价值的形状，不得注册”。（修正案

草案二次审议稿第六条）

五、有的地方、部门提出，对商标注册申请人提供的申报事项和材料应当要求其是真实、准确的，不得有虚假行为。因此，法律委员会建议增加一条规定："为申请商标注册所申报的事项和所提供的材料应当真实、准确、完整"。（修正案草案二次审议稿第十五条）

六、有些常委委员、地方和部门提出，目前抢注他人已在先使用的未注册商标的情况比较多，违反诚实、信用原则，损害在先使用人的权益，应当对这种行为进行限制。因此，法律委员会建议增加一条规定："申请商标注册不应损害他人现有的在先权利，也不应影响他人在使用的基础上授予权利的可能性"。（修正案草案二次审议稿第十六条）

七、有些常委委员、地方和部门提出，商标局、商标评审委员会应当对商标注册申请、复审的请求及时进行审查，提高审查效率，以利于维护当事人的合法权益。因此，法律委员会建议增加一条规定："对商标注册申请和商标复审申请应当及时进行审查"。（修正案草案二次审议稿第十九条）

八、财政经济委员会和有些地方、部门、专家提出，修正案草案第二十一条第一款规定工商行政管理部门在处理商标侵权行为时，有权没收、销毁侵权商品，但对专门用于制造侵权商品、伪造注册商标标识的工具的处理未作规定，不利于有效打击侵犯注册商标专用权的行为。因此，法律委员会建议在修正案草案第二十一条第一款关于工商行政管理部门处理商标侵权行为时，"认定侵权行为成立的，责令立即停止侵权行为，没收、销毁侵权商品"的规定后面增加"和专门用于制造侵权商品、伪造注册商标标识的工具"。（修正案草案二次审议稿第二十六条）

九、财政经济委员会和有些地方、部门、专家提出，为了严厉打击侵犯注册商标专用权的犯罪行为，工商行政管理部门在处理商标侵权行为时，对涉嫌犯罪的，应当及时移送司法机关处理。因此，法律委员会建议将修正案草案第二十一条第二款作为一条，修改为："对侵犯注册商标专用权的行为，工商行政管理部门有权依法查处；涉嫌犯罪的，应当及时移送司法机关依法处理"。（修正案草案二次审议稿第二十七条）

十、一些地方、部门和专家提出，在一些商标侵权案件中，被侵权人所受到的损失或者侵权人所获得的利益难以确定。为了有效保护商标专用权人的合法权益，应当增加法定赔偿额的规定。因此，法律委员会建议在修正案草案第二十二条中增加一款作为第二款，规定："前款所称侵权人因侵权所得利益，或者被侵权人因被侵权所受损失难以确定的，由人民法院根据侵权行为的情节判决给予五十万元以下的赔偿"。（修正案草案二次审议稿第二十八条第二款）

十一、财政经济委员会和有的地方、部门、专家提出，对从事商标注册、管理和复审工作的国家工作人员的读职行为应当规定法律责任。因此，法律委员会建议增加一条规定："从事商标注册、管理和复审工作的国家机关工作人员玩忽职守、滥用职权、徇私舞弊，构成犯罪的，依法追究刑事责任；尚不构成犯罪的，依法给予行政处分"。（修正案草案二次审议稿第三十一条）

此外，还对修正案草案作了一些文字修改。

修正案草案二次审议稿已按上述意见作了修改，法律委员会建议全国人大常委会再次审议。

修正案草案二次审议稿和以上意见是否妥当，请审议。

全国人大法律委员会
关于《中华人民共和国商标法修正案(草案)》审议结果的报告

(2001年10月17日)

全国人民代表大会常务委员会:

九届全国人大常委会第二十一次会议对商标法修正案(草案二次审议稿)进行了审议。许多委员认为,草案二次审议稿修改得比较好,内容基本可行。同时提出一些修改意见。法制工作委员会的有关负责同志就审议中提出的主要问题,到上海进行调查研究,征求有关部门、专家和企业的意见。法律委员会、法制工作委员会和国务院有关部门的负责同志还就有关问题进行了协商、讨论。法律委员会于10月12日召开会议,根据常委会的审议意见和各有关方面的意见,对草案修改稿进行了审议。财政经济委员会和国务院有关部门的负责同志列席了会议。10月16日法律委员会再次进行了审议。法律委员会认为,商标法修正案(草案)经过常委会两次审议和修改,主要规范是可行的,能适应我国完善商标保护制度和加入世界贸易组织的需要。同时提出以下主要修改意见:

一、有的常委委员、部门、专家提出,在证明商标中可以将商品的原产地列为一项内容,作为知识产权加以保护,对此在草案中应当有明确表述。因此,法律委员会建议将草案二次审议稿第二条第三款修改为:"本法所称证明商标,是指由对某种商品或者服务具有监督能力的组织所控制，而由该组织以外的单位或者个人使用于其商品或者服务，用以证明该商品或者服务的原产地、原料、制造方法、质量或者其他特定品质的标志。”（修改决定草案第三条第三款）

二、有的部门、专家提出，在我国现实生活中，有些企业或个人需要共同申请注册同一商标，并共同享有同一商标专用权，草案中应当对此作出规定。因此，法律委员会建议增加一条规定：“两个以上的自然人、法人或者其他组织可以共同申请注册同一商标。”（修改决定草案第五条）

三、有的常委委员、财政经济委员会和有的部门提出，商标管理的作用主要在于防止假冒，制止欺骗消费者的行为，通过商标管理来直接监督商品质量比较难以操作。因此，法律委员会建议将现行商标法第六条修改为：“商标使用人应当对其使用商标的商品质量负责。各级工商行政管理部门应当通过商标管理，制止欺骗消费者的行为。”（修改决定草案第六条）

四、有的部门、专家提出，我国实行商标自愿注册原则，因而对商标标志使用的管理应当区分注册商标和未注册商标两种情况，分别规定普遍适用的禁止性事项和只对注册商标适用的特定要求，以使有关规定更为准确和利于操作。因此，法律委员会建议将草案二次审议稿第七条第（六）项、第（七）项单列为一条，修改为：“下列标志不得作为商标注册：（一）仅有本商品的通用名称、图形、型号；（二）仅仅直接表示商品的质量、主要原料、功能、用途、重量、数量及其他特点的；（三）缺乏显著特征的。”“前款所列标志经过使用取得显著特征，并便于识别的，可以作为商标注册。”（修改决定草案第十一条）

五、一些常委委员、部门、专家提出，保护驰名商标是有必要的，但是应在法律中明确规定认定驰名商标的基本标准。因此，法律委员会建议增加一条规定：“认定驰名商标应当考虑下列因素：（一）相关公众对该商标的知晓程度；（二）该商标使用的持续时间；（三）该商标的任何宣传工作的持续时间、程度和地理范围；（四）该商标作为驰名商标受保护的记录；（五）该商标驰名的其他因素。”（修改决定草案第十三条）

六、有的常委委员、部门、专家提出，在这次修改商标法时，对商标注册中的一些异议事项由商标评审委员会作终局裁定改为可以进行诉讼，有关程序的规定需要作出相应调整并补充一些相关内容。因此，法律委员会建议对有关条款作出如下修改：

（一）将现行商标法第十九条修改为：“对初步审定的商标，自公告之日起三个月内，任何人均可以提出异议。公告期满无异议的，予以核准注册，发给商标注册证，并予公告。”（修改决定草案第二十三条）

（二）增加一条规定：“当事人在法定期限内对商标局做出的裁定不申请复审或者对商标评审委员会做出的裁定不向人民法院起诉的，裁定生效。”“经裁定异议不能成立的，予以核准注册，发给商标注册证，并予公告；经裁定异议成立的，不予核准注册。”“经裁定异议不能成立而核准注册的，商标注册申请人取得商标专用权的时间自初审公告三个月期满之日起计算。”（修改决定草案第二十七条）

七、有的常委委员、部门、专家提出，对于草案二次审议稿第十六条中有关申请商标注册的规定，应进一步明确为不能以不正当手段抢注他人已经使用并有一定影响的商标，以保护商标使用人的正当权益。因此，法律委员会建议将草案二次审议稿第十六条修改为：“申请商标注册不应损

害他人现有的在先权利，也不应以不正当手段抢先注册他人已经使用并有一定影响的商标。”（修改决定草案第二十四条）

八、有的部门提出，商标申请人、注册人发现其申请文件或注册文件中有比较明显的又是非实质性的文字或打印等方面的错误时，应当允许其申请作出更正。因此，法律委员会建议增加一条规定：“商标注册申请人或者注册人发现商标申请文件或者注册文件有明显错误的，可以申请更正。商标局依法在其职权范围内作出更正，并通知当事人。”“前款所称更正错误不涉及商标申请文件或者注册文件的实质性内容。”（修改决定草案第二十九条）

九、有的部门、专家提出，转让注册商标的应当由双方当事人签订转让协议，并在转让事项经商标局核准在公告后，进一步明确商标专用权的转让从公告之日起生效。因此，法律委员会建议将现行商标法第二十五条修改为：“转让注册商标的，转让人和受让人应当签订转让协议，并共同向商标局提出申请。受让人应当保证使用该注册商标的商品质量。”“转让注册商标经核准后，予以公告。受让人自公告之日起享有商标专用权。”（修改决定草案第三十条）

十、有的常委委员、部门、专家提出，为更好地保护商标注册相关利害人的正当权益，将注册商标专用权归属争议申请裁定的期限规定为五年较为适宜。因此，法律委员会建议将草案二次审议稿第二十条第三款中规定的对注册商标争议申请裁定的期限由“三年”改为“五年”。（修改决定草案第三十一条）

十一、有的常委委员、地方、部门提出，对于侵犯他人商标专用权，假冒商标的行为，应当加大打击力度，强化执法手段。因此，法律委员会建议增加一条规定：“县级以上工商行政管理部门根据已经取得的违法嫌疑证据或者举报，对涉嫌侵犯他人注册商标专用权的行为进行查处时，可以行使下列职权：（一）询问有关当事人，调查与侵犯他人注册商标专用权有关的情况；（二）查阅、复制当事人与侵权活动有关的合同、发票、帐簿以及其他有关资料；（三）对当事人涉嫌从事侵犯他人注册商标专用权活动的场所实施现场检查；（四）检查与侵权活动有关的物品；对有根据认为是侵犯他人注册商标专用权的物品，可以查封或者扣押。”“工商行政管理部门依法行使前款规定的职权时，当事人应当予以协助、配合，不得拒绝、阻挠。”（修改决定草案第三十九条）

十二、有的常委委员、部门提出，草案二次审议稿第二十五条所规定的销售不知道是侵犯商标专用权商品的行为，销售者如果能证明自己是通过合法途径取得商品的并能够说明提供者的，则不应承担赔偿责任。因此，法律委员会建议在草案二次审议稿第二十八条增加一款规定：“销售不知道是侵犯注册商标专用权的商品，能证明该商品是自己合法取得的并说明提供者的，不承担赔偿责任”（修改决定草案第四十条第三款）。同时删去草案二次审议稿第二十五条中的相关规定。

十三、有的常委委员、部门、专家提出，为有利于打击假冒商标的行为，应赋予商标注册人或利害关系人向人民法院申请诉前证据保全的权利，并对诉前证据保全作出相应的程序规定。因此，法律委员会建议增加一条规定：“在证据可能灭失或者以后难以取得的情况下，商标注册人或者利害关系人可以在起诉前向人民法院申请保全证据。”“人民法院接受申请后，必须在四十八小时内作出裁定；裁定采取证据保全措施的，应当立即开始执行。”“人民法院可以责令申请人提供担保，申请人不提供担保的，驳回申请。”“申请人在人民法院责令停止侵害行为或者采取保全措施后十五日内不起诉的，人民法院应当解除证据保全。”（修改决定草案第四十一条）

十四、有的常委委员提出，对负责商标注册、管理、复审的工作人员违法办理商标注册、管理、复审事项，收受当事人财物，利用职权谋取不正当利益的，应当追究法律责任。因此，法律委员会建议将草案二次审议稿第三十一条修改为：“从事商标注册、管理和复审工作的国家机关工作人员玩忽职守、滥用职权、徇私舞弊，违法办理商标注册、管理和复审事项，收受当事人财物，牟取不正当利益，构成犯罪的，依法追究刑事责任；尚不构成犯罪的，依法给予行政处分。”（修改决定草案第四十四条）

此外，还对修正案草案二次审议稿作了一些文字修改。

法律委员会已按照上述意见提出关于修改商标法的决定（草案），建议经本次常委会会议审议通过。

修改决定草案和以上意见是否妥当，请审议。

关于修改著作权法的决定等五个法律草案修改意见的报告（节选）

（2001 年 10 月 27 日）

全国人大法律委员会主任委员　王维澄

本次会议于 2001 年 10 月 22 日下午、23 日上午、23 日下午、24 日上午对关于修改著作权法的决定（草案）、关于修改商标法的决定（草案）、职业病防治法（草案三次审议稿）、海域使用管理法（草案三次审议稿）、关于修改工会法的决定（草案）分组进行了审议。大家认为，上述五个法律草案吸收了常委会组成人员和地方、部门、专家的意见，已经比较成熟，建议本次常委会会议通过。同时，也提出了一些修改意见。法律委员会于 10 月 23 日下午、24 日上午、24 日下午、25 日上午、25 日下午召开会议，教育科学文化卫生委员会、环境与资源保护委员会、内务司法委员会的负责同志和财政经济委员会的有关同志分别列席了会议，逐条研究了委员们的意见，提出了进一步修改意见。

二、关于修改商标法的决定（草案）

（一）有的常委委员提出，加强商标管理不仅为保障消费者的利益，也包括了保障生产经营者的合法权益，在本法立法目的中应体现这一内容。因此，法律委员会建议将草案第一条修改为："为了加强商标管理，保护商标专用权，促使生产、经营者保证商品和服务质量，维护商标信誉，以保障消费者和生产、经营者的利益，促进社会主义市场经济的发展，特制定本法。"（建议表决稿第一条）

（二）有的常委委员提出，对两个以上的申请人共同注册同一商标的，应进一步明确规定由注册人共同享有和行使该商标专用权。因此，法律委员会建议将草案第五条修改为："两个以上的自然人、法人或者其他组织可以共同向商标局申请注册同一商标，共同享有和行使该商标专用权。"（建议表决稿第五条）

（三）有的常委委员提出，商标中有误导公众的地理标志的应当禁止使用，但是在本法施行前善意注册的此类商标，应当承认其继续有效。因此，法律委员会建议将草案第十五条第一款修改为："商标中有商品的地理标志，而该商品并非来源于该标志所标示的地区，误导公众的，不予注册并禁止使用；但是，在本法施行前善意注册的继续有效。"（建议表决稿第十五条第一款）

（四）有的常委委员、专家提出，现在有的企业未经商标注册人同意，擅自将他人在商品上使用的注册商标去掉，换上自己的商标后投入市场销售，这种行为妨碍了他人的商品创名牌，应当加以限制。因此，法律委员会建议在草案第三十六条列举的侵犯注册商标专用权的行为中增加一项内容："未经商标注册人同意，更换其注册商标并将该更换商标的商品又投入市场的。"《建议表决稿第三十六条）

（五）有的常委委员提出，草案第三十九条赋予工商行政管理部门查封、扣押权，对行使这项权力的条件应当更为明确地规定是有证据证明的侵权行为。因此，法律委员会建议将草案第三十九条第（四）项修改为："检查与侵权活动有关的物品；对有证据证明是侵犯他人注册商标专用权的物品，可以查封或者扣押。"（建议表决稿第三十九条第（四）项）

（六）有些常委委员提出，对商标管理部门及其工作人员的执法活动和管理活动应该确立严格的行为规范，并应加强监督。因此，法律委员会建议增加两条规定：

1．"从事商标注册、管理和复审工作的国家机关工作人员必须秉公执法，廉洁自律，忠于职守，文明服务。""商标局、商标评审委员会以及从事商标注册、管理和复审工作的国家机关工作人员不得从事商标代理业务和商品生产经营活动。"（建议表决稿第四十四条）

2．"工商行政管理部门应当建立健全内部监督制度，对负责商标注册、管理和复审工作的国家机关工作人员执行法

律、行政法规和遵守纪律的情况，进行监督检查。”（建议表决稿第四十五条）

（七）草案第四十一条规定，在证据可能灭失或者以后难以取得的情况下，商标注册人或者利害关系人可以在起诉前向人民法院申请保全证据。最高人民法院提出，本条规定的申请证据保全措施的范围过宽，应当有所限制。因此，法律委员会建议将草案第四十一条第一款修改为：“为制止侵权行为，在证据可能灭失或者以后难以取得的情况下，商标注册人或者利害关系人可以在起诉前向人民法院申请保全证据。”（建议表决稿第四十二条第一款）

最高人民法院
关于人民法院对注册商标权进行财产保全的解释

法释〔2001〕1号

（2000年11月22日最高人民法院审判委员会第1144次会议通过　自2001年1月21日起实施）

为了正确实施对注册商标权的财产保全措施，避免重复保全，现就人民法院对注册商标权进行财产保全有关问题解释如下：

第一条　人民法院根据民事诉讼法有关规定采取财产保全措施时，需要对注册商标权进行保全的，应当向国家工商行政管理局商标局（以下简称商标局）发出协助执行通知书，载明要求商标局协助保全的注册商标的名称、注册人、注册证号码、保全期限以及协助执行保全的内容，包括禁止转让、注销注册商标、变更注册事项和办理商标权质押登记等事项。

第二条 对注册商标权保全的期限一次不得超过六个月，自商标局收到协助执行通知书之日起计算。如果仍然需要对该注册商标权继续采取保全措施的，人民法院应当在保全期限届满前向商标局重新发出协助执行通知书，要求继续保全。否则，视为自动解除对该注册商标权的财产保全。

第三条 人民法院对已经进行保全的注册商标权，不得重复进行保全。

中华人民共和国海关关于知识产权保护的实施办法

（中华人民共和国海关总署令第54号发布
自1995年10月1日起实施）

第一章 总 则

第一条 为了有效地实施知识产权海关保护，根据《中华人民共和国知识产权海关保护条例》（以下简称《海关保护条例》）的有关规定，制订本办法。

第二条 在本办法中，知识产权权利人（以下简称权利人）系指《中华人民共和国著作权法》第九条所称的著作权人及著作权专有使用许可的被许可人、《中华人民共和国商标法》第三条所称的商标注册人和《中华人民共和国专利法》第六条所称的专利权人。

第三条 海关认为必要时，可要求收发货人在办理进出口货物的海关手续时就货物的知识产权状况进行补充申报。

收发货人应根据海关的要求如实申报进出口货物的知识产权状况并附交有关拥有或合法使用有关知识产权的证明文件。

海关认为必要时，可根据《中华人民共和国海关法》的有关规定查验进出口货物并提取样品。

第四条 海关实施知识产权保护，应保守有关当事人的商业秘密。有关当事人应在向海关提交的书面文件中注明请求海关予以保守的商业秘密的内容。

第二章 备　案

第五条 知识产权海关保护备案的申请应由权利人或其代理人向海关总署提出。权利人在中国境内未设有营业场所或办事机构的，应委托其在境内的代理人提出备案申请。

第六条 共有知识产权的权利人中任何一个权利人已向海关总署提出备案申请后，其他权利人无须再提出申请。

第七条 申请知识产权海关保护备案的权利人或其代理人应根据其申请备案的知识产权的性质和商品类别的情况分别向海关总署提交相应的备案申请书，并随附《海关保护条例》第八条规定应交验的文件。

除规定项目外，权利人或其代理人应用中文填写备案申请书并应保证交验的申请文件真实、有效。交验的外文文件应附中文译本。权利人或其代理人还应根据海关总署的要求提供载有申请备案的知识产权的实物照片或样本。

代理人受权利人委托提出备案申请的，还应交验权利人出具的授权委托书。

第八条　权利人申请备案应根据备案的知识产权及商品类别情况缴纳备案费。有关备案费的收取办法和收取标准由海关总署会同国家有关部门另行制定。

第九条　海关总署批准备案申请的，应向权利人颁发《知识产权海关保护备案证书》（以下简称《备案证书》）。

海关总署可根据未提出备案申请的其他共有知识产权的权利人的书面要求，向其颁发《备案证书》的副本。在权利人提出采取保护措施的申请时，《备案证书》的副本与正本具有同等法律效力。

对不接受备案申请的，海关总署应书面通知权利人并申明理由。

第十条　备案应自海关总署签发《备案证书》之日起生效。备案的有效期为七年。凡自备案生效之日起知识产权的法律保护期不足七年的，备案的有效期以知识产权的法律保护期为准。

第十一条　备案申请已经海关总署批准后，权利人或其代理人因备案有效期期满要求续展备案的，应在期满前6个月内向海关总署申请续展备案。

权利人或其代理人申请续展备案应提交书面申请。

第十二条　海关总署应在收到续展申请之日起15日内作出是否批准备案续展的决定。对不予续展的，海关总署应予书面通知并申明理由。

经海关总署批准续展的备案应自上届备案期满之次日起生效。

续展备案的有效期为七年。凡自备案续展生效之日起知识产权的法律保护期不足七年的，续展备案的有效期以知识产权的法律保护期为准。

第十三条　有下列情况之一的，权利人或其代理人应向海关总署办理知识产权备案的变更手续：

（一）权利人的名称或注册地址发生变更的；

（二）知识产权使用许可情况发生变更的；

（三）载有知识产权的产品情况发生变更的；

（四）代理人的情况发生变更的；

（五）需要变更备案的其他情况。

权利人或其代理人申请办理知识产权备案的变更手续，应提交备案变更申请书、《备案证书》和有关知识产权变更的证明文件。凡知识产权变更须按规定经国家有关主管部门批准的，备案权利人还应交验有关主管部门签发的批准变更的文件。

第十四条　有下列情况之一的，海关总署可予注销备案：

（一）知识产权的法律保护被宣布失效的；

（二）权利人转让其知识产权的；

（三）备案权利人放弃其知识产权海关保护备案的；

（四）因权利人或其代理人备案有误，或未能在规定期限内办理备案变更手续致使海关保护出现重大失误的；

（五）权利人或其代理人未能按照规定缴纳、支付规定的费用的；

（六）应予注销备案的其他情况。

知识产权被转让后，其受让人要求海关对其受让的知识产权继续予以保护的，可按本办法第十三条的规定办理备案变更手续。

第三章　海关保护措施的申请

第十五条　权利人或其代理人请求海关就即将进出境的侵权嫌疑货物采取保护措施的，应根据《海关保护条例》第十三条的规定向货物的进出境地海关提交书面申请，并按照海关的要求附交有关侵权嫌疑货物的实物、图片或其他证据。

请求海关采取保护措施的申请应用中文书写。提交的其他文件如系外文，应附交中文译本。

权利人或其代理人应在请求海关采取的措施中明确提出请求海关扣留侵权嫌疑货物的要求。

权利人或其代理人提出申请时，应出示《备案证书》和身份证明。代理人代为提出申请的，还应向海关提交权利人出具的授权委托书。

第十六条 权利人或其代理人请求海关扣留侵权嫌疑货物时，应按照《海关保护条例》第十四条的规定提交与进口货物到岸价格或出口货物离岸价格等值的担保金；对未能确定到岸价格或离岸价格的，应根据海关估定的金额提交。

第十七条 事先未在海关总署备案的知识产权的权利人或其代理人向海关申请采取保护措施的申请，应根据《海关保护条例》第十五条的规定向海关总署同时提交备案申请文件和采取保护措施的申请文件。

第十八条 权利人或其代理人提出的采取保护措施的申请不符合本章上述规定的，进出境地海关不予接受。

第十九条 备案权利人要求撤回其采取保护措施申请的，应在海关作出扣留侵权嫌疑货物的决定前向海关提交书面申请。

第四章　调查和处理

第二十条 海关根据《海关保护条例》第十七条和十八条的规定扣留侵权嫌疑货物，应向收发货人制发扣留凭单并同时书面通知权利人或其代理人。

第二十一条 对海关根据《海关保护条例》第十八条的规定扣留侵权嫌疑货物的，权利人或其代理人应自收到海关书面通知之日起3日内选择下列方式予以书面回复：

（一）按照本办法第三章的规定向海关提出请求采取保护措施的申请并按本办法第十六条的规定提交担保金；

（二）向海关书面声明放弃请求海关采取保护措施的权利并阐明理由；

（三）向海关书面声明扣留的货物未构成侵权。

对权利人或其代理人未能在规定期限内按照以上方式予以回复的，海关可根据《海关保护条例》第二十二条的规定将被扣留的货物放行。

第二十二条 收发货人认为海关扣留的货物不构成侵权的，应自收到海关发出扣留凭单之日起7日内向出具扣留凭单的海关提出书面异议。

海关收到收发货人的书面异议后，应向权利人或其代理人发送关于侵权争议的书面通知。

第二十三条 权利人或其代理人按照《海关保护条例》第十七条的规定将侵权争议提请知识产权主管部门处理或者向人民法院提起诉讼的，应在海关发出的关于侵权争议的书面通知送达之日起15日内书面通知海关并随附有关文件的复印件。逾期，海关可根据《海关保护条例》第二十二条的规定将被扣留的货物放行。

第二十四条 收发货人根据《海关保护条例》第十九条的规定请求海关放行有关货物的，应向海关提交书面申请并事先提交相当于进口货物到岸价格或者出口货物离岸价格二倍的担保金。

海关在放行货物前，应将其提取的一份样品予以加封并由海关和收发货人在封志上签章或以其他方式予以确认。

第二十五条　有下列情况之一的，海关不接受收发货人提出的放行侵权嫌疑货物的申请：

（一）收发货人未按规定对海关扣留货物提出异议的；

（二）收发货人未按规定提交担保金的；

（三）海关扣留的货物同时具有其他违法性质的；

（四）人民法院已作出财产保全的裁定的；

（五）不符合其他海关放行的条件的。

第二十六条　海关扣留侵权嫌疑货物后应根据《海关保护条例》第二十条的规定，在自扣留之日起15日内开始对侵权嫌疑货物及有关情况进行调查。有下列情况之一的，海关应终止调查：

（一）有关当事人已将侵权争议提请知识产权主管部门处理或者向人民法院提起诉讼的；

（二）海关认为有犯罪嫌疑，应移交有关机关进行调查的。

在调查过程中，权利人或其代理人应根据海关的要求予以必要的协助。

第二十七条　海关根据《海关保护条例》第二十二条的规定放行货物的，应向权利人或其代理人发出书面通知并在扣除货物在被扣留期间的仓储、保管费用以及由于申请不当给其他当事人造成损失的赔偿费用后向权利人退还已提交的担保金。

对上述货物此前已由海关根据《海关保护条例》第十九条的规定予以放行的，海关应向收发货人退还已提交的担保金。

第二十八条　被扣留的侵权嫌疑货物经海关、知识产权主管部门或者人民法院确定为侵权货物的，应由海关根据《海关保护条例》第二十三条的规定予以没收。

对已由海关根据《海关保护条例》第十九条的规定放行的侵权货物，海关应予以追缴没收；无法追缴没收的，海关应向收发货人追缴与进口货物的到岸价格或出口货物的离岸价格等值的价款。

海关没收侵权货物或追缴等值价款，应向收发货人制发处罚通知书。

第二十九条 海关没收侵权货物后，对收发货人按照《海关保护条例》第十九条的规定已提交的担保金，应在扣除追缴侵权货物的价款、货物在被扣留期间的仓储和保管费用以及侵权货物的处置费用等款项后予以退还。

海关没收侵权货物后，应书面通知权利人或其代理人。对权利人提交的担保金，除有关费用已由海关按照本条上款的规定从收发货人提交的担保金中扣除外，海关应在扣除货物在被扣留期间的仓储、保管和处置费用后予以退还。

第三十条 因权利人申请不当给有关当事人造成损失的赔偿费用的金额根据人民法院的裁定或者判决确定。

货物在被扣留期间的仓储、保管费用和侵权货物的处置费用按实际支付的金额确定。

收发货人和权利人提交的担保金不足以偿付货物的仓储、保管、处置费用和追缴侵权货物的等值价款的，海关有权予以追偿。

第五章 附 则

第三十一条 本办法由海关总署负责解释。

第三十二条 本办法自 1995 年 10 月 1 日起施行。

商 标 评 审 规 则

（1995 年 11 月 2 日国家工商行政管理局发布）

第一条 为保证正确、及时地处理商标评审事宜，保护当事人的合法权益，维护和监督国家工商行政管理局商标局（以下简称商标局）依法行使职权，根据《中华人民共和国商标法》（以下简称《商标法》）、《中华人民共和国商标法实施细则》（以下简称《商标法实施细则》），制定本规则。

第二条 国家工商行政管理局商标评审委员会（以下简称商标评审委员会）是国家工商行政管理局设定的负责商标确权评审的行政机构，依法对商标评审事宜行使终局裁决权。

第三条 商标评审委员会依法对商标评审事宜独立行使裁决权。

第四条 商标评审委员会以事实为根据、以法律为准绳处理商标评审事宜。

第五条 当事人在商标评审中的法律地位平等。

第六条 中华人民共和国缔结或者参加的国际条约同《商标法》、《商标法实施细则》有不同规定的，适用该国际条约的规定。中华人民共和国声明保留的条约款除外。

第七条 商标评审委员会处理商标评审事宜，采取委员投票表决制，遵循少数服从多数的原则。

第八条 商标评审委员会对商标评审事宜实行书面审理。

第九条 当事人申请或者参加商标评审，可以委托国家工商行政管理局认可的商标代理组织代理，也可以直接办理。

外国人或者外国企业申请或者参加商标评审，应当委托国家工商行政管理局指定的商标代理组织代理。

第十条 商标评审委员会受理就下列事宜提出的评审申请：

（一）对商标局驳回商标注册申请不服的；

（二）对商标局异议裁定不服的；

（三）对商标局驳回注册商标转让申请不服的；

（四）对商标局驳回注册商标续展申请不服的；

（五）对商标局撤销注册商标不服的；

（六）对注册商标提出争议的；

（七）对认为注册不当商标提出撤销的；

（八）法律、法规规定的其他商标确权评审事宜。

第十一条 商标评审委员会由主任委员、副主任委员、委员组成，其中委员为十五至十七人。

第十二条 商标评审委员会委员应当符合下列条件：

（一）熟悉商标法律；

（二）从事商标审查工作满三年或者从事其他法律事务工作满五年的；

（三）系国家工商行政管理局的公务员。

第十三条 商标评审委员会主任委员、副主任委员和委员由国家工商行政管理局任命。

第十四条 商标评审委员会主任委员行使下列职权：

（一）主持商标评审委员会的日常工作；

（二）决定商标评审委员会委员的回避；

（三）审核签发商标评审裁决书。

商标评审委员会主任委员可以委托副主任委员代行职权。

第十五条 商标评审委员会设立专家咨询小组，就商标评审事宜中的有关问题征求意见。

专家咨询小组由知识产权界法律专家若干人组成，其成员由商标评审委员会聘任。

第十六条 申请商标评审，应当符合下列条件：

（一）申请人须有合法的主体资格；

（二）在法定期限内提出；

（三）依法提交符合规定的申请书及有关书件；

（四）有具体的评审请求和事实根据；

（五）属于商标评审委员会的评审范围；

（六）依法缴纳评审费用。

第十七条 当事人委托商标代理组织申请或者参加商标评审事宜的，应当交送代理人委托书一份。代理人委托书应当载明代理内容及权限，外国人或者外国企业的代理人委托书还应当载明委托人的国籍。

外国人或者外国企业申请或者参加商标评审，应当使用中文。代理人委托书和有关证明的公证、认证手续，按照对等原则办理。外文书件应当附中文译本。

第十八条 当事人申请商标评审，因不可抗拒的事由或者其他正当理由，无法按照规定的期限办理的，可以在期满前申请延期三十日。是否准许，由商标评审委员会决定。

第十九条 当事人对注册核准前已经提出异议并经商标评审委员会裁定的商标，不得再以相同的事实和理由，就本规则第十条第（六）、（七）项所规定的事宜，向商标评审委员会申请评审。

第二十条 商标评审委员会自收到商标评审申请书之日

起三十日内，经审查认为符合法定条件的，应当受理，并书面通知当事人；认为不符合法定条件的，应当书面通知当事人不予受理，并说明理由。

商标评审委员会认为当事人的申请基本符合法定条件，但需要补正的，可以限当事人在规定的期限内补正；限期内未作补正的，不予受理，书面通知当事人，并退回全部申请书件。

第二十一条 对本规则第十条第（二）、（五）、（六）、（七）项所规定的事宜提出评审申请的，商标评审委员会应当自受理之日起十五日内，将申请书副本寄送被申请人，被申请人应当在商标评审委员会规定的期限内提交答辩书。

对被申请人提交的答辩书，商标评审委员会认为有必要的，可以将答辩书副本寄送申请人。被申请人不提交或者超过期限提交答辩书的，不影响商标评审委员会对案件的裁决。

经商标评审委员会许可，申请人、被申请人（含代理人）可以查阅本案材料，但涉及对方商业秘密的除外。

第二十二条 商标评审委员会对商标评审事宜未做出裁决前，当事人可以撤回评审申请。

第二十三条 商标评审委员会处理商标评审事宜，应当有三分之二以上的委员参加，并根据投票表决结果作出裁定。

第二十四条 商标评审委员会委员认为自己与本案有利害关系或者其他关系的，应当申请回避。

当事人认为商标评审委员会委员与本案有利害关系或者有其他关系可能影响公正处理的，在评审裁决作出前，有权申请商标评审委员会委员回避。

第二十五条 商标评审委员会有权要求当事人提供或者

补充证据。

第二十六条 商标评审事宜案情复杂、事实不清的，商标评审委员会可以进行调查，必要时可以召集双方当事人举行听证调查会。

第二十七条 商标评审委员会举行听证调查会，应当至少于会前一个月将开会日期通知双方当事人。当事人有正当理由的，可以在开会十日前请求延期，是否延期，由商标评审委员会决定。当事人无正当理由不到会或者未经许可中途退会的，视为放弃申辩的权利。

第二十八条 商标评审委员会举行听证调查会，应当制作笔录。当事人或者其他评审参加人认为对自己陈述的记录有遗漏或者差错的，有权申请补正。不予补正的，应当记录该申请。

笔录由到会的商标评审委员会委员、记录人员、当事人和其他评审参加人签名或者盖章。

第二十九条 裁决书应当写明评审请求、评审事实、评审理由、评审结果和裁决日期，加盖商标评审委员会印章。

第三十条 对裁决书中的文字错误或者商标评审委员会已经裁决但在裁决书中遗漏的内容，商标评审委员会应当补正；当事人在收到裁决书之日起三十日内，可以申请补正。

第三十一条 裁决书自签发之日起发生法律效力。

第三十二条 商标评审委员会作出的终局裁决，需要由商标局办理的，应当移交商标局办理。

第三十三条 评审裁决对于已经执行或者处理的涉及商标财产权益的事项，不具有追溯力。

第三十四条 当事人提出证据证明已经发生法律效力的裁决有下列情形之一的，可以向商标评审委员会重新提出申请，但不停止裁定的执行：

（一）裁决的事项不属于商标评审委员会的评审范围的；

（二）评审程序违反《商标法》及《商标法实施细则》的；

（三）裁决所根据的证据是当事人伪造的；

（四）对方当事人隐瞒了足以影响公正裁决的证据的。

当事人重新提出评审申请，应当在裁决发生法律效力后一年内提出。

第三十五条 商标评审委员会对当事人重新提出的评审申请，应当在三十日内就是否受理作出决定。符合受理条件的，应当受理，并书面通知申请人和有关当事人；不符合受理条件的，不予受理，书面通知申请人并说明理由。

申请事由经审核不成立的，商标评审委员会应当书面通知申请人。

申请事由经审核成立的，商标评审委员会应当撤销已经作出的裁决，并重新裁决。

第三十六条 本规则未尽事宜，依照有关法律、法规和规章的规定执行。

第三十七条 商标评审文书的内容和式样，由国家工商行政管理局制定并公布。

第三十八条 当事人应当按照规定交纳商标评审费用。具体标准和范围，由国家工商行政管理局与有关部门制定并公布。

第三十九条 本规则由国家工商行政管理局负责解释。

第四十条 本规则自发布之日起施行。

集体商标、证明商标注册和管理办法

（1994 年 12 月 30 日国家工商行政管理局令第 22 号公布
1998 年 12 月 3 日国家工商行政管理局令第 86 号修订）

第一条 根据《中华人民共和国商标法》和《中华人民共和国商标法实施细则》（以下分别简称《商标法》、《细则》），制定本办法。

第二条 集体商标是指由工商业团体、协会或其他集体组织的成员所使用的商品商标或服务商标，用以表明商品的经营者或者服务的提供者属于同一组织。

证明商标是指由对某种商品或者服务具有检测和监督能力的组织所控制，而由其以外的人使用在商品或服务上，用以证明该商品或服务的原产地、原料、制造方法、质量、精确度或其他特定品质的商品商标或服务商标。

第三条 商标局设立《集体商标注册簿》和《证明商标注册簿》登记集体商标和证明商标。符合《细则》第二条规定、具有法人资格的企业、事业单位，可以申请集体商标或者证明商标的注册。经商标局核准注册的集体商标、证明商标，受法律保护。

第四条 申请集体商标或者证明商标注册的，应当按照《细则》第九条的规定，向商标局交送《商标注册申请书》、商标图样及商标黑白墨稿，同时附送主体资格证明以及该商标的使用管理规则。

申请证明商标注册的，还应当提供由有关主管部门出具的说明申请人对某种商品或服务的特定品质具备检测和监督能力的证明文件。

第五条 集体商标的使用管理规则应当包括：

(1) 使用集体商标的宗旨；

(2) 使用该商标的集体成员；

(3) 使用集体商标的商品或者服务质量；

(4) 使用该商标的条件；

(5) 使用该商标的手续；

(6) 集体成员的权利、义务和违反该规则应当承担的责任。

证明商标的使用管理规则应当包括：

(1) 使用证明商标的宗旨；

(2) 该商标证明的商品或者服务的特定品质和特点；

(3) 使用该商标的条件；

(4) 使用该商标的手续；

(5) 使用证明商标的权利义务和违反该规则应当承担的责任。

第六条 商标局对受理的集体商标或者证明商标注册申请，依照《商标法》和《细则》及本办法的有关规定进行审查，对真实表示证明商标特定品质的文字、图形及其组合，应当予以核准。

集体商标、证明商标的初步审定公告的内容，应当包括该商标的使用管理规则的全文或者摘要。

第七条 凡集体商标注册人所属成员，均可使用该集体商标，但须按该集体商标的使用管理规则履行必要的手续。

集体商标不得许可非集体成员使用。

第八条 凡符合证明商标使用管理规则规定条件的，在履行注册人所规定的手续后，可以使用该证明商标。当事人提供的商品或者服务符合证明商标规定条件的，注册人不得拒绝其使用。

第九条 对集体商标、证明商标使用管理规则的任何修改，均应经商标局审查核准，并自公告之日起生效。

第十条 证明商标注册人应当在与他人办理该证明商标使用手续后一个月内，将使用人的名称、地址、使用商品或者服务等内容，报商标局备案，由商标局予以公告。

第十一条 证明商标的注册人不得在自己提供的商品或者服务上使用该证明商标。

第十二条 证明商标转让时，受让人应当提供本办法第四条所规定的证明文件，由商标局进行审查，经核准后予以公告，并自公告之日起生效。

集体商标不得转让。

第十三条 违反本办法第十条、第十一条、第十二条规定的，商标局可责令限期改正，视其情节予以警告，处以违法所得额三倍以下的罚款，但最高不超过三万元，没有违法所得的，处以一万元以下的罚款。

第十四条 证明商标的注册人不履行控制职责，致使证明商标使用人的商品或者服务达不到证明商标使用管理规则要求，对消费者造成损害的，由注册人承担赔偿责任。

集体商标、证明商标的注册人对其商标的使用失去控制的，商标局可责令限期改正，视其情节予以警告，处以违法所得额三倍以下的罚款，但最高不超过三万元，没有违法所得的，处以一万元以下的罚款。

第十五条 集体商标、证明商标被撤销或者期满不再续展的，自撤销或者期满之日两年内，商标局对于与该商标相同或者近似的商标，不予注册。

第十六条 集体商标、证明商标专用权被侵犯的，注册人可以根据《商标法》及《细则》的有关规定，请求工商行政管理机关处理，或者直接向人民法院起诉，经公告的使用人可以作为利害关系人参与上述请求。

第十七条 集体商标、证明商标的注册人准许他人使用其商标时发给《集体商标准用证》、《证明商标准用证》（附准用证书式），可收取一定的管理费，但不得以营利为目的。此项费用应专用于其商标的管理。

第十八条 国家法律、法规规定的官方标志或者检验印记，未经国家有关主管部门批准，不得作为集体商标或者证明商标注册。

第十九条 除本办法规定外，《商标法》及《细则》的有关规定同样适用于集体商标和证明商标。

第二十条 本办法自公布之日起施行，由国家工商行政管理局负责解释。

商标代理管理办法

（1999 年 12 月 2 日国家工商行政管理局令
第 91 号公布　自 2000 年 1 月 1 日起施行）

第一章　总　　则

第一条 为维护商标代理秩序，保障委托人及商标代理机构的合法权益，根据《中华人民共和国商标法》及其实施细则，制定本办法。

第二条 本办法所称商标代理是指商标代理机构接受委

托人的委托，以委托人的名义办理商标注册申请及其他有关商标事宜。

本办法所称商标代理机构是指接受委托人的委托，以委托人的名义办理商标注册申请或者其他商标事宜的法律服务机构。

本办法所称商标代理人是指取得《商标代理人执业证书》并从事商标代理业务的人员。

第三条 未经国家工商行政管理局批准，任何机构不得开展商标代理业务。

第二章 商标代理机构

第四条 具备下列条件的，可以向国家工商行政管理局申请开展商标代理业务：

（一）有三名以上专职商标代理人；

（二）负责人或者组建负责人已取得《商标代理人资格证书》。

第五条 申请开展商标代理业务，应当提交下列文件：

（一）负责人或者组建负责人签署的申请书；

（二）负责人或者组建负责人的姓名、简历、居民身份证复印件及《商标代理人资格证书》复印件；

（三）商标代理人的姓名、简历、居民身份证复印件及《商标代理人执业证书》复印件。

未领取《商标代理人执业证书》，但符合本办法第十九条规定的人员，应当提交《商标代理人资格证书》复印件及本办法第二十条规定的文件。

第六条 申请开展商标代理业务的，申请人应当将申请书件报送国家工商行政管理局，并报所在地省级工商行政管理局备案。

国家工商行政管理局对符合本办法第四条规定条件的申请予以批准，并抄送申请人所在地省级工商行政管理局备案。

第七条 申请人持国家工商行政管理局的批准文件向所在地工商行政管理机关申请登记，领取《企业法人营业执照》或者《营业执照》。

申请人已领取《企业法人营业执照》或者《营业执照》的，应当持国家工商行政管理局的批准文件向登记机关申请办理营业范围变更登记。

申请人办理企业登记手续或者变更登记手续后，报国家工商行政管理局领取《商标代理机构证书》。

第八条 商标代理机构自领取《商标代理机构证书》之日起依法开展商标代理业务。

第九条 符合下列条件的商标代理机构，经国家工商行政管理局审核批准后，可以设立分支机构：

(一) 成立时间满五年；

(二) 有十五名以上专职商标代理人。

第十条 分支机构应当具备三名以上的专职商标代理人，其负责人应当是所属商标代理机构派驻的专职商标代理人。

第十一条 商标代理机构设立分支机构，除应当提交本办法第五条规定的文件外，还应当提交商标代理机构向分支机构负责人出具的授权委托书。

第十二条 商标代理机构设立的分支机构应当持工商行政管理局的批准文件到其所在地工商行政管理机关登记，领取《营业执照》，并报所在地省级工商行政管理局备案。

第十三条 商标代理机构不得委托其他单位和个人从事商标代办活动。

商标代理机构不得接受没有商标代理资格的其他单位或者个人以该商标代理机构的名义从事商标代理活动，并不得为从事上述活动提供任何便利。

第十四条 商标代理机构可以接受委托人委托，指定商标代理人办理下列代理业务：

（一）代理商标注册申请、变更、续展、转让、异议、撤销、评审、侵权投诉等有关事项；

（二）提供商标法律咨询，担任商标法律顾问；

（三）代理其他有关商标法律事务。

商标代理人办理的商标注册申请书等文件，应当由商标代理人签字并加盖商标代理机构印章。

第十五条 商标代理机构变更名称、地址或者法定代表人（或者负责人）的，应当在办理变更登记后一个月内到国家工商行政管理局商标局（以下简称商标局）备案。

商标代理机构因情况变化不再符合本办法第四条规定条件的，由国家工商行政管理局暂停其商标代理业务；自暂停之日起六个月仍不符合条件的，由国家工商行政管理局取消该机构商标代理资格，收回《商标代理机构证书》。

第十六条 商标代理机构不得接受同一商标案件中双方当事人的委托。

第三章 商标代理人

第十七条 商标代理人应当遵守法律，恪守职业道德和执业纪律，依法开展商标代理业务，及时准确地为委托人提供良好的商标法律服务，认真维护委托人的合法权益。

第十八条 具有法学专科以上学历或者其他专业本科以上学历及具有同等学历的人员，参加商标代理人资格考试合格的，由商标局授予商标代理人资格，颁发《商标代理人资格证书》。

具有法学硕士以上学历、有一定商标法律工作经验，或者长期从事商标法律教学研究及商标行政管理工作的人员，申请从事商标代理工作的，经商标局考核批准，授予商标代理人资格，颁发《商标代理人资格证书》。

商标代理人考试办法及考核标准另行制定。

第十九条 符合下列条件的人员，可以申请领取《商标代理人执业证书》：

（一）具有商标代理人资格；

（二）在商标代理机构实习满一年，并继续从事商标代理工作。

第二十条 申请领取《商标代理人执业证书》的，应当提交下列文件：

（一）申请书；

（二）《商标代理人资格证书》复印件；

（三）申请人实习的商标代理机构出具的鉴定书；

（四）申请人所在的商标代理机构出具的聘任书；

（五）申请人的身份证复印件。

第二十一条 符合本办法第十九条规定的，商标局应当自收到申请之日起三十日内颁发《商标代理人执业证书》；不符合规定的，退回申请并说明理由。

第二十二条 未取得《商标代理人执业证书》的人员，不得代理或者变相代理商标事宜。

第二十三条 商标代理人转入另一商标代理机构执业的，应当自变更之日起一个月内持《商标代理人执业证书》到商标局办理变更登记。

商标代理人不再从事商标代理工作的，其《商标代理人执业证书》由原执业的商标代理机构负责收回，并于一个月内交回商标局；不能在规定时间内交回的，应当将有关情况以书面形式上报商标局，由商标局公告作废。

第二十四条 商标代理人不得同时在两个以上的商标代理机构执业。

第二十五条 商标代理人应当为委托人保守商业秘密，未经委托人同意，不得把未经公开的代理事项泄露给其他机构和个人。

第二十六条 在明知委托人的委托事宜出于恶意或者其行为违反国家法律或者具有欺诈性的情况下，商标代理人应当拒绝接受委托。

第四章 罚 则

第二十七条 商标代理机构有下列行为之一的，由其所在地省级工商行政管理局予以警告或者处以一万元以下罚款；有违法所得的，处以违法所得额三倍以下，但最高不超过三万元罚款：

（一）未取得《商标代理机构证书》即从事商标代理活动的，或者向国家工商行政管理局申请开办业务时，隐瞒真实情况，弄虚作假的；

（二）与第三方串通，损害委托人合法权益的；

（三）损害国家和社会公共利益或者其他代理机构合法权益的；

（四）未经国家工商行政管理局批准，私自设立分支机构的；

（五）违反本办法第十三条、第十五条第一款及第十六条规定的；

（六）从事其他非法活动的。

第二十八条 商标代理人有下列行为之一的，由其所在地省级工商行政管理局予以警告或者处以一万元以下罚款：

（一）私自接受委托，向委托人收取费用，收受委托人财物的；

（二）隐瞒事实，提供虚假证据，或者威胁、诱导他人隐瞒事实，提供虚假证据的；

（三）违反本办法第二十三条第一款、第二十四条、第二十五条、第二十六条规定的；

（四）有其他违法行为的。

商标代理人提供虚假证明材料取得执业资格的，由商标局取消其执业资格。

商标代理人受刑事处罚的，其《商标代理人执业证书》自动失效。

第二十九条　未经工商行政管理机关核准登记即从事商标代理活动或者用欺骗手段取得登记的机构，由所在地省级工商行政管理局依照有关企业登记管理的法律、法规处罚。

未取得《商标代理人执业证书》从事商标代理活动的人员，由所在地省级工商行政管理局责令其停止非法代理；有违法所得的，处以违法所得额三倍以下，但最高不超过一万元罚款。

第三十条　被处罚的商标代理机构及商标代理人对省级工商行政管理局或者国家工商行政管理局的行政处罚不服的，可以依照《行政复议法》的规定申请复议；也可以直接向人民法院提起诉讼。

第五章　附　　则

第三十一条　本办法由国家工商行政管理局负责解释。

第三十二条　本办法施行前已取得商标代理资格的机构，应当在本办法实施之日起一年内，依照本办法第四条及

第五条的规定向国家工商行政管理局申请复核，经复核符合本办法规定条件的，换发新的《商标代理机构证书》；逾期不申请复核或者经复核不符合条件的，原证书失效。

本办法施行前已设立分支机构的商标代理机构，应当自本办法实施之日起六个月内，依照本办法第九条、第十条、第十一条的规定向国家工商行政管理局申请核查，经核查符合本办法规定条件的，依照本办法第十二条规定的程序办理；逾期不申请核查或者经核查不符合条件的，原设立的分支机构应当撤销。

本办法施行前已取得《商标代理人资格证书》的人员，应当自本办法实施之日起一年内，向商标局申请换发新的《商标代理人资格证书》，并依照本办法第十九条、第二十条的规定向商标局申请领取《商标代理人执业证书》。

第三十三条 本办法自 2000 年 1 月 1 日起施行。1994 年 6 月 29 日发布的《商标代理组织管理暂行办法》同时废止。

驰名商标认定和管理暂行规定

（1996 年 8 月 14 日国家工商行政管理局令第 56 号公布
1998 年 12 月 3 日国家工商行政管理局令第 86 号修订）

第一条 为了切实保护驰名商标注册人的合法权益，维护社会经济秩序，促进经济发展，根据《中华人民共和国商标法》、《中华人民共和国商标法实施细则》（以下分别简称《商标法》、《商标法实施细则》）制定本规定。

第二条 本规定中的驰名商标是指在市场上享有较高声誉并为相关公众所熟知的注册商标。

第三条 国家工商行政管理局商标局负责驰名商标的认定与管理工作。

任何组织和个人不得认定或者采取其他变相方式认定驰名商标。

第四条 商标注册人请求保护其驰名商标权益的，应当向国家工商行政管理局商标局提出认定驰名商标的申请。

国家工商行政管理局商标局可以根据商标注册和管理工作的需要认定驰名商标。

经国家工商行政管理局商标局认定的驰名商标，认定时间未超过三年的，不需重新提出认定申请。

第五条 申请认定驰名商标的，应当提交下列证明文件：（一）使用该商标的商品在中国的销售量及销售区域；（二）使用该商标的商品近三年来的主要经济指标（年产量、销售额、利润、市场占有率等）及其在中国同行业中的排名；（三）使用该商标的商品在外国（地区）的销售量及销售区域；（四）该商标的广告发布情况；（五）该商标最早使用及连续使用的时间；（六）该商标在中国及其外国（地区）的注册情况；（七）该商标驰名的其他证明文件。

第六条 认定驰名商标应当遵循公开、公正的原则。认定时应当征询有关部门和专家的意见。

第七条 国家工商行政管理局商标局应当将认定结果通知有关部门及申请人，并予以公告。

第八条 将与他人驰名商标相同或者近似的商标在非类似商品上申请注册，且可能损害驰名商标注册人的权益，从而构成《商标法》第八条第（9）项所述不良影响的，由国家工商行政管理局商标局驳回其注册申请；申请人不服的，可以向国家工商行政管理局商标评审委员会申请复审；已经注册的，自注册之日起五年内，驰名商标注册人可以请求国家工商行政管理局商标评审委员会予以撤销，但恶意注册的不受时间限制。

第九条 将与他人驰名商标相同或者近似的商标使用在非类似的商品上，且会暗示该商品与驰名商标注册人存在某种联系，从而可能使驰名商标注册人的权益受到损害的，驰名商标注册人可以自知道或者应当知道之日起两年内，请求工商行政管理机关予以制止。

第十条 自驰名商标认定之日起，他人将与该驰名商标相同或者近似的文字作为企业名称一部分使用，且可能引起公众误认的，工商行政管理机关不予核准登记；已经登记的，驰名商标注册人可以自知道或者应当知道之日起两年内，请求工商行政管理机关予以撤销。

第十一条 判定本规定第八条、第九条、第十条所述行为是否可能对驰名商标注册人权益构成损害时，应当考虑该商标的独创性以及驰名程度。

第十二条 未经国家工商行政管理局商标局认定，伪称商标为驰名商标，欺骗公众的，由行为地工商行政管理机关视其情节予以警告，处以违法所得额三倍以下的罚款，但最高不超过三万元，没有违法所得的，处以一万元以下的罚款。

第十三条 违反本规定第九条规定的，由行为地工商行政管理机关比照《商标法实施细则》第四十三条的规定处理。

第十四条 本规定中有关商品商标的规定，适用于服务商标。

第十五条 本规定自公布之日起施行。

国家工商行政管理局商标局
关于申请认定驰名商标若干问题的通知

2000年4月28日　　　　商标〔2000〕19号

各省、自治区、直辖市及计划单列市工商行政管理局：

自《驰名商标认定和管理暂行规定》颁布并实施以来，我国驰名商标的认定和保护工作走上了法制化、规范化的轨道，驰名商标作为保护企业合法权益的有力法律武器在市场竞争中发挥了重要作用。但是，我局在受理企业申请认定驰名商标的过程中，也发现了一些问题，一些企业对申请认定驰名商标的法律诉求和申报程序不甚了解，有些商标代理机构以及不具有商标代理资格的机构或者个人利用企业急于认定驰名商标的心理，向企业收取高额费用，不仅使企业蒙受损失，而且损害了驰名商标认定工作的严肃性。为进一步规范驰名商标申报程序，避免上述问题继续发生，保证驰名商标认定工作正常有序地进行，现就申请认定驰名商标的有关问题通知如下：

一、企业需要申请认定驰名商标的，必须通过所在地省、自治区、直辖市工商行政管理局（以下简称省级工商局）报送有关材料。

对企业申请认定驰名商标的有关材料，各省级工商局应进行初审，并签署意见。各省级工商局应将经过其初审并签署意见的有关申请材料以邮寄方式及时报我局。

二、企业商标权受到以下损害时，可以申请认定驰名商标：

（一）他人将与申请人申请认定商标相同或者近似的标识在非类似商品或者服务上注册或者使用，可能损害申请人权益的；

（二）他人将与申请人申请商标相同或者近似的文字作为企业名称的一部分登记或者使用，可能引起公众误认的；

（三）申请人申请认定的商标在境外被他人恶意注册，可能对申请人在境外的业务发展造成损害的；

（四）申请人申请认定商标的权益受到其他损害而难以解决的。

三、企业在申请认定驰名商标时，应提交驰名商标认定申请报告，在报告中须提供其商标权益受到损害的证据。同时应如实填写《驰名商标认定申请表》（见附件），并提供相应的证明材料。

四、企业根据《驰名商标认定申请表》的要求应提供的证明材料主要包括：

1. 驰名商标认定申请人的营业执照副本复印件；

2. 驰名商标认定申请人委托商标代理机构代理的，应提供申请人签章的委托书，或者申请人与商标代理机构签订的委托协议（合同）；

3. 使用该商标的主要商品或服务近三年来主要经济指标（应提供加盖申请人财务专用章以及当地财政与税务部门专用章的各年度财务报表或其他报表复印件，行业证明材料应由国家级行业协会或者国家级行业行政主管部门出具）；

4. 使用该商标的主要商品或服务在国内外的销售或经营情况及区域（应提供相关的主要的销售发票或销售合同复印件）；

5. 该商标在国内外的注册情况（应将该商标在所有商

品或服务类别以及在所有国家或地区的注册情况列明，并提供相应的商标注册证复印件）；

6. 该商标近年来的广告发布情况（应提供相关的主要的广告合同与广告图片复印件）；

7. 该商标最早使用及连续使用时间（应提供使用该商标的商品或服务的最早销售发票或合同或该商标最早的广告或商标注册证复印件）；

8. 有关该商标驰名的其他证明文件（如省著名商标复印件等）。

五、企业申请认定驰名商标，可以自行准备申请材料，也可以委托国家工商行政管理局批准的商标代理机构代理。凡委托不具备商标代理资格的机构或个人提交的驰名商标认定申请材料，各省级工商局不予受理。

六、接受企业委托办理申请认定驰名商标有关事宜的商标代理机构，除收取适当的代理费用外，不得向委托人收取其他任何费用。

七、各级工商局应严格按照《驰名商标认定和管理暂行规定》及本通知精神，加强对本辖区内企业申请认定驰名商标工作的指导和管理，加大对驰名商标认定目的及作用的宣传力度；对企业申请认定驰名商标中的违法违纪行为，如提供虚假证明材料或者以其他不正当手段欺骗行政管理机关等行为，应依据有关法律、法规严肃查处。

国家工商行政管理局
关于保护服务商标若干问题的意见

（1999年3月30日）

为有效执行《商标法》，切实保护服务商标专用权，现就服务商标保护的若干问题明确如下意见：

一、服务商标是指提供服务的经营者，为将自己提供的服务与他人提供的服务相区别而使用的标志。

服务商标由文字、图形或者其组合构成。

二、《商标法》及《商标法实施细则》关于商品商标侵权行为的有关规定同样适用于服务商标；判断商品类似和商品商标近似的原则同样适用于服务和服务商标。

三、类似服务是指在服务的目的、方式、对象等方面相关，或者存在着特定联系的服务。

近似服务商标是指在文字的发音、字形、含义或者图形的构图及颜色或者文字与图形的整体结构上，与注册商标相比较，易使消费者对服务来源产生误认的服务商标。

四、服务行为与提供该服务所使用的商品之间存在特定联系的，该服务与为提供该服务所使用的商品视为类似。

五、下列行为，属于服务商标侵权行为：

（一）在相同或者类似服务上，擅自使用与他人服务商标相同或者近似的服务商标的；

（二）在相同或者类似服务上，擅自将与他人服务商标相同或者近似的文字作为服务名称使用，并足以造成误认的；

（三）伪造、擅自制造他人服务商标标识或者销售伪造、擅自制造的他人服务商标标识的；

上述行为主要是指伪造、擅自制造或者销售伪造、擅自制造的该服务行业所使用的、带有他人服务商标标识的物品（如餐饮业的餐具等）；

（四）利用广告、宣传媒介或者其他引导消费的手段，擅自使用与他人服务商标相同或者近似的服务商标，并足以造成误认的；

（五）故意为侵权人实施侵权行为提供场所、工具、辅助设备、服务人员、介绍客户（消费者）等便利条件的；或者为侵权人提供仓储、运输、邮寄、隐匿带有服务商标标识的物品等便利条件的。

六、《商标法》第 38 条（1）至（3）项以及《商标法实施细则》第 41 条未予明确的给他人商标专用权造成损害的行为，属于《商标法》第 38 条第（4）项所述的商标侵权行为。

给他人服务商标专用权造成的损害包括损害的可能性。

七、在下列情形中使用服务商标，视为服务商标的使用：

（一）服务场所；

（二）服务招牌；

（三）服务工具；

（四）带有服务商标的名片、明信片、赠品等服务用品；

（五）带有服务商标的账册、发票、合同等商业交易文书；

（六）广告及其他宣传用品；

（七）为提供服务所使用的其他物品。

他人正常使用服务行业惯用的标志，以及以正常方式使用商号（字号）、姓名、地名、服务场所名称，表示服务特点，对服务事项进行说明等，不构成侵犯服务商标专用权行为，但具有明显不正当竞争意图的除外。

八、侵犯他人具有一定知名度的服务商标的行为，以及两次以上侵犯他人服务商标专用权的行为，视为应予从重处理的情节。

九、服务商标侵权的非法经营额主要是指侵权人在侵权期间因侵权行为所产生的经营额。一般情况下，擅自使用与他人服务商标相同或者近似的商标从事服务行为所产生的金额均为非法经营额。

仅有广告行为，没有履行服务的，以广告费用计算非法经营额；仅有提供服务行为的票据而未发现相应已履行服务的证据的，以票据数额计算其非法经营额。

十、计算非法经营额的证据包括：

（一）合同；

（二）会计账簿；

（三）发票；

（四）广告宣传；

（五）其他证据。

国家工商行政管理局
关于解决商标与企业名称中若干问题的意见

1999年4月5日　　　　工商标字〔1999〕第81号

各省、自治区、直辖市及计划单列市工商行政管理局：

为有效执行《商标法》和企业名称登记管理的有关规定，切实保护商标专用权和企业名称权，维护公平竞争秩序和社会公共利益，现就解决商标与企业名称中的若干问题明确如下意见：

一、商标专用权和企业名称权均是经法定程序确认的权利，分别受商标法律、法规和企业名称登记管理法律、法规保护。

二、商标专用权和企业名称权的取得，应当遵循《民法通则》和《反不正当竞争法》中的诚实信用原则，不得利用他人商标或者企业名称的信誉进行不正当竞争。

三、商标是区别不同商品或者服务来源的标志，由文字、图形或者其组合构成；企业名称是区别不同市场主体的标志，由行政区划、字号、行业或者经营特点、组织形式构成，其中字号是区别不同企业的主要标志。

四、商标中的文字和企业名称中的字号相同或者近似，使他人对市场主体及其商品或者服务的来源产生混淆（包括混淆的可能性，下同），从而构成不正当竞争的，应当依法予以制止。

五、前条所指混淆主要包括：

（一）将与他人企业名称中的字号相同或者近似的文字注册为商标，引起相关公众对企业名称所有人与商标注册人的误认或者误解的；

（二）将与他人注册商标相同或者近似的文字登记为企业名称中的字号，引起相关公众对商标注册人与企业名称所有人的误认或者误解的。

六、处理商标与企业名称的混淆，应当适用维护公平竞争和保护在先合法权利人利益的原则。

七、处理商标与企业名称混淆的案件，应当符合下列条件：

（一）商标与企业名称产生混淆，损害在先权利人的合法权益；

（二）商标已注册和企业名称已登记；

（三）自商标注册之日或者企业名称登记之日起五年内提出请求（含已提出请求但尚未处理的），但恶意注册或者恶意登记的不受此限。

八、商标注册人或者企业名称所有人认为自己的权益受到损害的，可以书面形式向国家工商行政管理局或者省级工商行政管理局投诉，并附送其权益被损害的相关证据材料。

九、商标与企业名称混淆的案件，发生在同一省级行政区域内的，由省级工商行政管理局处理；跨省级行政区域的，由国家工商行政管理局处理。

对要求保护商标专用权的案件，由省级以上工商行政管理局的企业登记部门承办；对应当变更企业名称的，承办部门会同商标管理部门根据企业名称登记管理的有关规定作出处理后，交由该企业名称核准机关执行，并报国家工商行政管理局商标局和企业注册局备案。

对要求保护企业名称权的案件，由省级以上工商行政管理局的商标管理部门承办；对应当撤销注册商标的，由承办部门提出意见后报请国家工商行政管理局商标局决定，国家工商行政管理局商标局会同企业注册局根据《商标法》及《商标法实施细则》的有关规定予以处理。

十、违反商标管理和企业名称登记有关规定使用商标或者企业名称产生混淆的，由有管辖权的工商行政管理机关依法予以查处。

国家工商行政管理局
关于商标行政执法中若干问题的意见

1999 年 12 月 29 日　工商标字〔1999〕第 331 号

各省、自治区、直辖市及计划单列市工商行政管理局：

为加大商标行政执法力度，强化商标管理工作，提高商标办案质量，更好地执行《商标法》及有关法律、法规和规章，现就商标行政执法中的若干问题提出如下意见：

一、工商行政管理机关商标管理部门查处的商标违法案件主要包括：

（一）商标侵权及假冒案件；

（二）商标违法使用案件；

（三）非法印制或者买卖商标标识案件；

（四）商标使用许可违法案件；

（五）其他违反商标法律、法规及规章的案件。

二、商标侵权案件中的侵权行为地是指侵权行为实施过程中涉及的地域，包括侵权物品生产地、运输地、销售地及仓储地等。两个以上地方的工商行政管理机关对同一商标侵权案件均有管辖权的，由先立案的工商行政管理机关管辖。

三、下列三种商标侵权行为，属于《商标法》、《反不正当竞争法》规定的假冒注册商标行为：

（一）未经商标所有人许可，在同一种商品上使用与其注册商标相同的商标；

（二）销售明知是假冒注册商标的商品；

（三）伪造、擅自制造他人注册商标标识或者销售伪造、擅自制造的注册商标标识。

四、1997年10月1日施行的《中华人民共和国刑法》中共有三种涉及商标犯罪的违法行为。根据最高人民法院《关于执行〈中华人民共和国刑法〉确定罪名的规定》，商标犯罪违法行为的罪名为：假冒注册商标罪，销售假冒注册商标的商品罪，非法制造、销售非法制造的注册商标标识罪。

其中假冒注册商标罪仅为商标犯罪行为的一种。

工商行政管理机关查处的商标侵权行为，涉嫌商标犯罪的，应当依法移送公安机关立案侦查。在公安机关尚未制定有关商标犯罪的立案标准之前，参照最高人民检察院《关于假冒注册商标犯罪立案标准的规定》（高检发研字〔1993〕12号）执行。

五、相同商标是指两商标相比较，文字、图形或者文字与图形的组合相同或者在视觉上无差别。

近似商标是指两商标相比较，文字的字形、读音、含义，或者图形的构图及颜色，或者文字与图形的整体结构相似，易使消费者对商品或者服务的来源产生混淆。

六、商标相同或者近似的判断：

（一）以核准注册的商标为准，而不以商标注册人实际使用的商标为准；

（二）以普通消费者的一般注意力作为评判的主观标准，采取整体比较与商标显著部分比较相结合的方法，进行综合判断。

七、类似商品是指在功能、用途、消费对象、销售渠道等方面相关，或者存在着特定联系的商品。

类似服务是指在服务的目的、方式、对象等方面相关，或者存在着特定联系的服务。

商品和服务使用相同或者近似的商标，易使消费者对商品和服务的来源产生混淆的，该商品与服务应当认定为类似。

八、商品或者服务类似的判断：

（一）以普通消费者对商品或者服务的客观认识进行综合判断；

（二）《商标注册用商品和服务国际分类表》、《类似商品和服务区分表》可以作为认定类似商品或者服务的参考，但不是惟一的依据。

九、下列使用与注册商标相同或者近似的文字、图形的行为，不属于商标侵权行为：

（一）善意地使用自己的名称或者地址；

（二）善意地说明商品或者服务的特征或者属性，尤其是说明商品或者服务的质量、用途、地理来源、种类、价值及提供日期。

十、《商标法实施细则》第 41 条规定的商标侵权行为，属于《商标法》第 38 条第（4）项所指的行为。其他损害注册商标专用权的行为，也属于《商标法》第 38 条第（4）项所述的商标侵权行为。

十一、在非类似商品或者服务上使用与知名度较高且显著性较强的商标相同或者近似的商标，从而不公平地利用或者损害该商标的显著性或者声誉的行为，可以适用《商标法》第38条第（4）项的规定个案处理，但应当按照《工商行政管理机关查处商标违法案件监控规定》执行。

十二、在注册商标的宽展期内，商标注册人提出续展申请且被核准的，商标专用权连续存在，他人在此期间内使用与该商标相同或者近似商标的，属于商标侵权行为；商标注册人未提出续展申请，或者提出续展申请但未被核准的，该商标专用权自有效期满后不受法律保护。

请求保护处于宽展期的商标的，投诉人应当提供续展申请证明，否则，工商行政管理机关不予立案；已经立案的，应当中止，待续展核准情况确定后再行处理。

十三、应委托方要求印制的商标标识侵犯他人注册商标专用权的，委托方也应当承担侵权责任。

十四、商标被许可人使用许可人注册商标的，视为注册人对该注册商标的使用。

十五、在定牌加工中，加工方生产并销售带有委托方注册商标的商品的，双方应当签定商标使用许可合同。

十六、商标使用许可合同应当报商标局备案。未备案的，其当事人应当承担相应的行政法律责任，但不影响许可合同的效力。许可合同中明确约定备案为合同生效条件的，未备案的合同不生效。

十七、注册商标的转让不影响转让前已生效的商标使用许可合同的效力，但许可合同中另有约定的除外。

十八、商标独占使用许可是指商标注册人在其商标专用权范围内，仅将该商标许可一个被许可人使用，自己也放弃商标使用权的商标使用许可。独占使用许可的被许可人在许可合同有效期内可以作为商标权利人以自己的名义向工商行政管理机关投诉。

十九、商标被许可人违反许可合同约定，超出被许可使用的商品或者服务的范围、使用期限或者商品数量的行为且构成商标侵权的，工商行政管理机关可以应许可人的请求依法查处。

许可人和被许可人对商标使用许可合同内容有争议且可能影响案件处理的，工商行政管理机关可以中止案件处理，待合同争议解决后再行处理。

二十、对经销明知或者应知是冒充注册商标或者违反《商标法》第八条有关规定的商品的商标违法行为，工商行政管理机关应当予以制止，限期改正。

二十一、查处商标侵权案件时，工商行政管理机关可以责令封存与侵权活动有关的物品。被封存的物品可以由侵权嫌疑人自己保管，也可以由工商行政管理机关自己或者委托他人保管。侵权嫌疑人自己保管的，应当出具保证书。

二十二、工商行政管理机关应投诉人的请求，对证据采取先行登记保存或者封存措施的，可以根据实际情况要求投诉人依据有关法律规定提供相应的担保。

二十三、根据《工商行政管理暂行规定》第 43 条的规定，工商行政管理机关在调查取证时，对拒不执行有关暂停销售，听候检查，不得转移、隐匿、销毁有关财物等命令的，可以根据情节，处以非法所得额 3 倍以下的罚款，但最高不超过 3 万元；没有非法所得的，可处以 1 万元以下的罚款。

二十四、对工商行政管理机关已经立案但尚未作出行政处理决定的商标侵权案件，投诉人申请撤诉的，工商行政管理机关不作出责令赔偿决定，但可以根据实际情况依法追究侵权人的行政法律责任。

二十五、工商行政管理机关对商标侵权行为作出罚款处罚的，应当以《商标法》及其《实施细则》的有关规定为依据。对假冒注册商标行为，罚款额不得低于非法经营额的30%或者侵权所获利润的3倍；对情节严重的其他商标侵权行为，罚款额不得低于非法经营额的20%或者侵权所获利润的2倍。

二十六、工商行政管理机关依职权主动查处的商标侵权案件，在尚未作出行政处理决定前，可以应商标权利人的请求作出责令赔偿决定。

二十七、根据《商标法》第39条规定，被侵权人请求工商行政管理机关责令赔偿时，可以选择以侵权人在侵权期间因侵权所获得的利润或者被侵权人在被侵权期间因被侵权所受到的损失计算赔偿额。

侵权人在侵权期间因侵权所获得的利润，一般是指销售收入减去成本及应缴纳的税金。销售收入的计算只涉及侵权人的实际收入，即已销出商品部分的收入，不包括库存商品。

被侵权人在被侵权期间所受到的损失是指实际损失，包括直接损失和间接损失。直接损失为被侵权人在被侵权期间所减少的利润或者侵权人的销售额乘以被侵权人销售正常商品的平均利润率的积。间接损失为被侵权人承担的因调查侵权人的侵权行为所支付的代理费、调查费等合理费用。

国家工商行政管理局

关于印发《马德里商标国际注册实施办法》的通知

1996 年 5 月 24 日　　　工商标字〔1996〕第 138 号

各省、自治区、直辖市及计划单列市工商行政管理局：

我国已于 1989 年 10 月 4 日成为《商标国际注册马德里协定》（以下简称《协定》）成员国，1995 年 12 月 1 日成为《商标国际注册马德里协定有关议定书》（以下简称《议定书》）成员国。由于《议定书》与《协定》共存，今年 1 月 18 日，世界知识产权组织在日内瓦召开了第二十七次马德里联盟大会，通过了《商标国际注册马德里协定及其议定书的共同实施细则》（以下简称《细则》），并定于今年 4 月 1 日开始实施。

该《细则》既适用于《协定》成员国，又适用于《议定书》缔约方，也适用于同属《协定》和《议定书》的缔约方，它在申请条件、审查周期、工作语言、申请方式以及收费标准和收费方式等方面，对原《商标国际注册马德里协定实施细则》都作了较大的修改和补充。因此，我们针对这些新内容，制定了《马德里商标国际注册实施办法》。现印发给你们，请转发至县级工商行政管理局、外贸单位及大中型企业，并做好宣传工作。

附：

马德里商标国际注册实施办法

中国于1989年10月4日成为《商标国际注册马德里协定》（以下简称协定）成员国，于1995年12月1日成为《商标国际注册马德里协定有关议定书》（以下简称议定书）成员国。根据协议、议定书、《商标国际注册马德里协定及其议定书的共同实施细则》和《中华人民共和国商标法》、《中华人民共和国商标法实施细则》，制定本实施办法。

第一条 申请人资格

凡根据协定、议定书确定中国为原属国的法人或者自然人申请商标国际注册的，应通过国家工商行政管理局商标局（以下简称商标局）办理，并首先在中国取得商标注册、初步审定或者申请已被受理，且符合下列条件之一：

（一）在中国设有真实有效的工商营业场所。

（二）在中国有住所。

（三）拥有中国国籍。

第二条 申请方式

（一）申请商标国际注册，可以委托国家工商行政管理局指定的商标代理组织办理，也可以直接到商标局办理或者邮寄办理。

（二）申请商标国际注册后期指定、转让、删减、放弃、注销、注册人名称或地址变更、代理人名称或地址变更、续展、指定代理人等有关事宜的，申请人可以委托国家工商行政管理局指定的商标代理组织办理或者直接到商标局办理；也可以委托代理人办理或者直接向世界知识产权组织国际局（以下简称国际局）办理。

申请办理与协定成员国有关的商标国际注册的后期指定、转让、删减、放弃、注销事宜的，必须通过商标局办理。

第三条 申请书的填写及注意事项

申请商标国际注册及办理有关事宜的，可以使用并按照国际局提供的英文或者法文书式用打字机填写，也可以使用商标局制定的中文《商标国际注册申请书》（见附件二）和《商标国际注册后期指定、转让、删减、放弃、注销、注册人名称或地址变更、代理人名称或地址变更、续展、指定代理人申请书》（见附件三）书式填写，但需缴纳翻译费（见附件五）。

（一）《商标国际注册申请书》的填写及注意事项

1. 申请人名称：申请人是自然人的，应写明姓氏和名字；申请人是法人的，应写明中文全称及拼音（用外文译名代替拼音的，直接注明该译名）。

2. 申请人详细地址，包括通信地址、门牌号码、邮政编码、电话、传真。

3. 委托代理人的，写明代理人的中文全称及拼音（用外文译名代替拼音的，直接注明该译名）和详细地址。

4. 商标申请日期、申请号，商标注册日期、注册号。

5. 申请人在申请书中指定有英国的，即视为其声明在英国有使用该商标意图。

6. 注意事项：

(1) 商标国际注册申请是指依照协定或/和议定书向国

际局申请商标国际注册并应至少指定一个缔约方（见附件一），但不得指定中国。

（2）以商标注册或者已初步审定为基础申请国际注册的，可以指定任一协定和议定书缔约方。

（3）以国内受理的商标申请为基础申请商标国际注册的，只能指定纯议定书缔约方。

（4）商标国际注册申请人必须与国内商标注册人名称一致。

（5）申请国际注册的商标图样必须与国内申请注册的商标图样完全相同。尺寸不大于 80mm×80mm，不小于 20mm×20mm。如商标为彩色的，应用文字指出该商标的颜色及其组合。

（6）申请书中填报的商品不得超过国内申请注册的商品范围，并应按《商标注册用商品和服务国际分类》的类别顺序排列。

（7）一份国际注册申请书可以包括多个类别，但超过三个类别的，需缴纳附加注册费（见附件四）。

（8）商标或其一部分由非拉丁字母、非阿拉伯数字或非罗马数字构成的，应注明其音译，音译应符合申请书所用语言的发音规则，并注明相应的译文。

（9）申请人在指定至少一个纯议定书缔约方时，可以选择法语或英语作为今后的收文语言，否则只能用法语。

7. 应附有关附件：

（1）提供商标注册证复印件一份，或初步审定公告复印件一份，或商标局出具的商标申请受理证明一份。

（2）要求优先权的，应附优先权证明。

（3）委托代理人的，应附代理人委托书。

（4）商标图样 2 份，不大于 80mm×80mm，不小于

20mm×20mm。

(5) 在中国无真实有效的工商营业场所或无住所的中国侨民，应附经公证的中国国籍证明一份。

(二)《商标国际注册后期指定、转让、删减、放弃、注销、注册人名称或地址变更、代理人名称或地址变更、续展、指定代理人申请书》的填写及注意事项

1. 注册人名称：应与国际注册簿登记的一致。

2. 注册人地址：应与国际注册簿登记的一致。

3. 代理人名称：可与国际注册簿登记的一致，也可变更代理人名称。

4. 代理人地址：可与国际注册簿登记的一致，也可变更代理人地址。

5. 申请人在后期指定中指定有英国的，即视为其声明在英国有使用该商标的意图。

6. 商标名称、国际注册号、基础注册号。

7. 注意事项：

(1) 每份申请书只能涉及一种申请种类（见附件三），所有种类的申请均应填写申请书中基本情况一栏。

(2) 每份后期指定、续展和仅涉及部分商品或/和服务的转让申请，只能填写一个国际注册号。

(3) 涉及全部商品或/和服务的转让、同一内容的删减、放弃、注销、注册人或代理人名称或地址变更、指定代理人申请书，可填写多个国际注册号，条件是申请涉及各个注册中全部或相同的国家。

(4) 放弃申请不能涉及全部国家。

(5) 注销申请必须涉及全部国家。

(6) 续展可放弃在部分国家的保护，也可在虽有驳回或无效且未有终局决定的缔约方进行，但须在申请书中作特别

声明。

第四条 齐备手续

商标国际注册的申请日期，以商标局收到申请书件的日期为准。申请手续齐备并按照规定填写申请书件的，编定申请号，商标局在三十天内将申请书件（英文或法文）寄国际局；申请手续不齐备或者未按照规定填写申请书件的，予以退回，申请日期不予保留。

申请手续基本齐备或者申请书件基本符合规定，但需要补正的，商标局通知申请人予以补正，限其在收到通知之日起十五天内，按指定内容补正并交回商标局。限期内补正并交回商标局的，保留申请日期；未作补正或者超过期限补正的，予以退回，申请日期不予保留。

第五条 费用

申请人申请商标国际注册时，应向国际局缴纳基础注册费、附加注册费（如需要时）、补充注册费及其他（见附件四）或单独规费（见附件四）并向商标局缴纳办理商标国际注册申请的手续费（见附件五）。

商标局收到手续齐备的申请件后，将以当月第一天的银行外汇汇率折算费用，并向申请人或代理人寄送《收费通知单》。申请人或代理人按该通知单的要求，可以用人民币通过商标局向国际局转交规费；也可以直接用瑞士法郎向国际局交费（见附件四、五），但必须同时向商标局缴纳手续费。

第六条 商标公告、注册证、续展证及其他通知

申请国际注册的商标，一经在国际注册簿上登记后，即由国际局负责刊登、出版在《世界知识产权组织国际商标公告》（Gazette OMPI des marques internationales）上，每二周公告一次，任何人均可订购；商标注册证、续展证及其他有关通知，由国际局直接寄送申请人、注册人或其代理人。

第七条 申诉方式

商标国际注册申请时指定的各保护国家，将根据各自的国家法律决定是否予以保护。若指定被驳回，申请人可以根据该驳回国的国家法，直接或委托代理人进行申诉。

第八条 查询商标国际注册信息

申请人或注册人需查询有关商标国际注册的信息，可在商标驳回期限届满后，通过国际局并缴纳费用获得附有国际注册情况分析的国家注册簿详细摘要。

第九条 代替在先国家注册、许可备案

以国际注册代替在中国相同的在先国家注册及要求许可使用合同备案的，注册人应通过国家工商行政管理局指定的涉外商标代理组织到商标局办理并向商标局交费（见附件五）。

第十条 异议期限

国际局将国际注册簿上登记的商标刊登在《世界知识产权组织国际商标公告》上。从该公告出版次月一日起的三个月内，任何人可对延伸至中国要求保护的国际注册商标向商标局提出异议。

第十一条 争议期限

对延伸至中国要求保护的国际注册商标的争议期限，从国际注册商标在中国的驳回期限届满之日起计算；对被驳回或被异议的国际注册商标的争议期限，从该商标终局核准注册决定在《世界知识产权组织国际商标公告》上刊登之日起计算。

第十二条 生效

本办法自1996年6月1日起施行。1989年9月22日国家工商行政管理局发布的《关于申请马德里商标国际注册办法》同时废止。

国　务　院
关于我国加入《商标国际注册马德里协定》的决定

（自 1989 年 5 月 25 日起实施）

国务院决定：我国加入《商标国际注册马德里协定》（1967 年修订并于 1979 年修改的斯德哥尔摩文本），同时作如下声明：

一、关于第三条之二：通知国际注册取得的保护，只有经商标所有人专门申请时，才能扩大到中国；

二、关于第十四条第二第四项；本议定书仅适用于中国加入生效之后注册的商标。但以前的中国已经取得与前述商标相同且仍有效的国内注册，经有关当事人请求即可承认为国际商标的，不在此例。

我国加入该协定后，国家工商行政管理局要做好实施该协定的国内衔接工作，注意我国已在国外注册的出口商品的商标取得该协定规定的国际保护。加入该协定的通知手续由外交部办理。

商标国际注册马德里协定

（1891年4月14日签订　1900年11月14日修订于布鲁塞尔
1911年6月2日修订于华盛顿　1925年11月6日修订于海牙
1934年6月2日修订于伦敦　1957年6月15日修订于尼斯
1967年7月14日修订及1979年10月2日修改于斯德哥尔摩）

第一条　成立特别联盟；向国际局申请商标注册；原属国的定义

（一）适用本协定的国家组成商标国际注册特别联盟。

（二）各缔约国的国民，可通过其原属国主管机关，向成立世界知识产权组织（以下称“本组织”）公约所指的知识产权国际局（以下称“国际局”）申请商标注册，以在其他一切本协定成员国取得对其已在原属国注册用于商品或服务的商标的保护。

（三）原属国是指申请人设有真实有效的工商营业所的特别联盟国家；在特别联盟国家中没有此类营业所的，系指其住所所在的特别联盟国家；在特别联盟境内没有住所，但为特别联盟国家国民的，则指其国籍所在的国家。

第二条　关于巴黎公约第三条（给予某类人以本联盟国民的同等待遇）

未加入本协定的国家的国民，在依照本协定组成的特别联盟领土内，符合保护工业产权巴黎公约第三条规定条件的，与缔约国国民同等对待。

第三条　国际注册申请的内容

（一）国际注册申请应当按细则所规定的格式提出；商标原属国的主管机关应证明该申请的内容与国家注册簿中的内容相符，并注明该商标在原属国的申请和注册的日期和号码以及国际注册的申请日期。

（二）申请人应指明申请保护的商标所使用的商品或服务，如果可能，还应根据商标注册用商品和服务国际分类尼斯协定制定的分类表，指明相应的类别。申请人未指明类别的，国际局应将有关商品或服务划分到该分类的相应类别。申请人指定的类别须经国际局会同该国家主管机关审查。国家主管机关和国际局意见有分歧的，以国际局的意见为准。

（三）申请人要求将颜色作为其商标显著成分保护的，应当：

1. 声明要求该项保护，并在申请书中注明请求保护和颜色和颜色组合；

2. 在申请中附送该商标的彩色图样，该图样应附在国际局发出的通知中。图样的份数由细则规定。

（四）国际局应立即注册按第一条规定申请注册的商标。国际局于申请人在原属国提出国际申请之日后两个月内收到该申请的，在原属国申请国际注册的日期为注册日期；国际局在此期限内未收到申请的，以其收文日期为注册日期。国际局应立即将该项注册通知有关主管机关。注册商标应按注册申请的内容在国际局出版的刊物上的公告。对于含有图形要素和特殊字体的商标，由细则规定申请人是否应提供底片一份。

（五）为了在所有的缔约国公告注册商标，根据保护工业产权巴黎公约第十六条第（四）款第1项规定的单位数和细则规定的条件，每个主管机关应从国际局按比例收到一定数量的赠阅本及减价本刊物。所有缔约国应认为该公告完全有效，并且申请人不得要求其他任何公告。

第三条之二 “领土限制”

（一）各缔约国可随时书面通知本组织总干事（以下称“总干事”），通过国际注册取得的保护，只有在商标所有人专门申请时，才能扩大到该国。

（二）该通知于总干事通告其他缔约国之日起6个月后生效。

第三条之三 “领土延伸”申请

（一）通过国际注册取得的保护，如果申请延伸至某个享有第三条之二规定的权利的国家，应在第三条第（一）款所述的申请中特别注明。

（二）在国际注册后申请领土延伸的，应按细则规定的格式，通过原属国主管机关提出。国际局应立即注册领土延伸申请，随即将该注册通知有关主管机关，并在国际局出版的定期刊物上公告。领土延伸于国际注册簿登记之日起生效，于有关商标国际注册期满时失效。

第四条 国际注册的效力

（一）自按照第三条及第三条之三的规定国际局注册之日起，商标在各有关缔约国的保护，应如同此商标在该国直接注册。第三条规定的商品和服务类别，不得在确定商标保护范围方面约束缔约国。

（二）每个申请国际注册的商标，享有保护工业产权巴黎公约第四条规定的优先权，不需履行该条第（四）款规定的各项手续。

第四条之二 以国际注册代替在先国家注册

（一）已在一个或多个缔约国申请注册的商标，尔后又以同一所有人或其权利继承人的名义由国际局注册，该国际注册应视为代替在先的国家注册，通过在先的国家注册取得的权利不受国际注册的影响。

（二）国家主管机关应依请求在其注册簿中登记该国际注册。

第五条 国家主管机关的驳回

（一）国际局在通知某项商标注册或根据第三条之三提出延伸保护申请的国家主管机关后，在法律允许的国家内，有关主管机关有权声明在其领土上不能给予该商标以保护。根据保护工业产权巴黎公约的规定，只能以适用于申请国家注册商标的条件提出此类驳回。但不得仅以国家法只准予在一定的类别或者一定的商品或服务上注册为唯一理由，驳回甚至部分驳回保护。

（二）欲行使这项权利的主管机关，应在其国家法规定的期限内，并最迟于商标国际注册或根据第三条之三提出延伸保护申请之日起一年之内，将其驳回通知国际局，同时说明全部理由。

（三）国际局应立即将收到的驳回声明抄件转给原属国主管机关和商标所有人各一份，如该主管机关已向国际局指明商标所有人代理人的，则转给其代理人。如同当事人向驳回保护的国家直接申请商标注册那样，他应享有同样的申诉权利。

（四）国际局应依任何有关当事人的请求，通知其驳回商标的全部理由。

（五）在上述一年最宽期限内，主管机关未将关于商标注册或延伸保护申请的任何临时或最终驳回决定通知国际局的，即丧失上述商标享有本条第（一）款规定的权利。

（六）未能使商标所有人及时维护其权利，主管机关不得宣布国际商标无效。无效应通知国际局。

第五条之二 商标使用某些成份的合法性证明文件

各缔约国主管机关可要求就商标某些成份的使用，如纹章、徽章、肖像、勋章、头衔、厂商名称或非申请人姓氏或者类似铭文，提供合法性证明文件。此类文件仅需原属国主管机关认证或证明，其他应一概免除。

第五条之三 国际注册簿登记事项的副本；预先查询；国际注册簿摘录

（一）国际局应依任何人请示并征收细则规定的费用，向其提供某商标在注册簿登记事项的副本。

（二）国际局亦可收费办理国际商标的预先查询。

（三）某缔约国因复制而索要的国际注册簿摘录应免除一切认证。

第六条 国际注册的有效期；国际注册的独立性；原属国保护的中止

（一）在国际局注册的商标的有效期为 20 年，并可根据第七条规定的条件续展。

（二）自国际注册之日起满 5 年时，该注册即与原属国在先注册的国家商标相独立，下款的规定除外。

（三）自国际注册之日起 5 年内，根据第一条在先注册的国家商标在原属国已全部或部分不再享受法律保护的，那么，无论国际注册是否已经转让，不得再全部或部分取得该保护。在 5 年期限届满前，因提起诉讼而中止法律保护的，本规定亦同样适用。

（四）自愿注销或行政注销的，原属国主管机关向国际局申请注销商标，国际局应予注销商标。遇法律诉讼时，上述主管机关应自行或经原告请求，将起诉书或其他证明起诉的文件副本以及终审判决寄交国际局，国际局将此在国际注册簿上登记。

第七条 国际注册的续展

（一）注册可自上一期届满起以 20 年为一期续展，续展仅需缴纳基本注册费，必要时缴纳第八条第（二）款规定的附加注册费和补充注册费。

（二）续展不得对上一期注册的最终状况有任何变动。

（三）根据 1957 年 6 月 15 日尼斯议定书或本议定书规定，首次续展应指明与注册有关的国际分类类别。

（四）保护期满前 6 个月，国际局应寄送非正式通知书，提醒商标注册人和其代理人确切的届满日期。

（五）已缴纳细则规定的附加费的，应给予国际注册续展以 6 个月宽展期。

第八条 国家规费；国际注册费；收入盈余、附加注册费和补充注册费的分配

（一）原属国主管机关有权自行规定并向申请国际注册或续展的商标所有人收取国家规费。

（二）在国际局注册商标应预交国际注册费，包括：

1. 基本注册费；

2. 使用商标的商品或服务所属类别超过国际分类三类的，每超过一类的附加注册费；

3. 根据第三条之三申请延伸保护的补充注册费。

（三）但是，商品或服务类别数目是经国际局确定的或争议的，并且亦不影响注册日期的，应于细则规定的期限内缴纳第（二）款第 2 项规定的附加注册费。在上述期限届满时，申请人尚未缴纳附加注册费或尚未删减商品或服务的，则国际注册申请视同放弃。

（四）国际注册各项收费的年收入，除第（二）款第 2 项和第 3 项规定的以外，经扣除执行本议定书所需要的各项费用开支后，由国际局在本议定书参加国间平分。在本议定书生效时尚未批准或加入的国家，在批准或加入之前，有权

分得按其适用的先前议定书计算的一份收入盈余。

（五）第（二）款第2项规定的附加注册费所得款额，根据每年在各国申请保护的商标数目，于年终按比例分给本议定书参加国或1957年6月15日尼斯议定书参加国；对进行预先审查的国家，该数目要乘以细则规定的系数。在本议定书生效时尚未批准或加入的国家，在其批准或加入之前，有权分得按尼斯议定书计算的份额。

（六）第（二）款第3项规定的补充注册费的收入，应根据第五款的条件，在行使第三条之二规定权利的国家间进行分配。本议定书生效时，尚未批准或加入的国家，在其批准或加入之前，有权分得按尼斯议定书计算的份额。

第八条之二 在一国或多国放弃保护

国际注册所有人，可经本国主管机关向国际局递交一份声明，随时放弃在一个或多个缔约国的保护。国际局将该声明通知放弃保护涉及的国家。放弃保护不得收取任何费用。

第九条 影响国际注册的国家注册簿变更；删减、增加、替换国际注册簿中在录的商品和服务

（一）变更影响国际注册的，商标所有人本国主管机关亦应将在本国注册簿中所作的关于各种商标注销、撤销、放弃、转让和其他变更事项通知国际局。

（二）国际局应将这些变更事项在国际注册簿中登记，通知各缔约国主管机关，并在其刊物上公告。

（三）国际注册所有人申请删减该项注册适用的商品或服务的，应采用同样的程序。

（四）办理此类事宜应缴纳细则规定的费用。

（五）注册后增加商品或服务的，应按第三条的规定重新申请。

（六）以一项商品或服务替换另一项的，视同增加一项。

第九条之二　国际商标转让引起的所有人国家变更

（一）国际注册簿上登记的商标转让给国际注册所有人本国以外的缔约国国民的，转让方国家主管机关应将该转让通知国际局。国际局应将该转让登记，通知其他主管机关，并在刊物上公告。转让在国际注册起五年内进行的，国际局应征得所有人所属国主管机关同意，如可能，并应公告该商标在所有人所属国家的注册日期和注册号。

（二）将国际注册簿上登记的商标转让给无权申请国际商标的人的，不予登记。

（三）由于所有人所属国拒绝同意，或因转让给一个无权申请国际注册的人，因而不能在国际注册簿上登记转让的，原所有人本国主管机关有权要求国际局在其注册簿上注销该商标。

第九条之三　仅就部分注册商品或服务或仅就部分缔约国转让国际商标；关于巴黎公约第六条之四（商标的转让）

（一）国际局收到仅就部分注册商品或服务转让国际商标的通知时，应在注册簿中予以登记。所转让的商品或服务部分与转让人保留部分的商品和服务相类似的，各缔约国均有权拒绝承认该转让的效力。

（二）只就一个或多个缔约国转让国际商标的，国际局亦应登记该转让。

（三）在上述情况下，所有人国家变更，并于自国际注册起 5 年内转让国际商标的，新所有人所属国的主管机关应根据第九条之二承认该转让。

（四）上述各款的适用应依从保护工业产权巴黎公约第六条之四执行。

第九条之四　几个缔约国的共同主管机关；几个缔约国要求按一个国家对待

（一）本特别联盟的几个国家同意统一其国家商标法的，可以通知总干事。

1. 以共同的主管机关代替其中每个国家的主管机关。

2. 在完全或部分执行本条以前各条款方面，上述各国视为一个国家。

（二）此项通知于总干事通知其他缔约国之日起6个月后生效。

第十条 本特别联盟大会

（一）1. 本特别联盟设立由批准或加入本议定书国家所组成的大会。

2. 各国政府应有一名代表，可由若干副代表、顾问及专家协助其工作。

3. 代表团的费用，除各成员国一位代表的旅费及生活津贴由特别联盟负担外，均由派遣政府负担。

（二）大会的职责是：

1. 处理有关维持和发展本特别联盟以及实施本协定的一切事宜；

2. 在适当考虑未批准或未加入本议定书的本特别联盟成员国的意见后，就修订会议的筹备工作向国际局提出指示；

3. 修改细则和确定第八条第（二）款提到的注册费以及国际注册其他规费的数额；

4. 审查和批准总干事关于本特别联盟的报告和活动，并就本特别联盟管辖范围事宜向总干事提出各种必要的指示；

5. 决定本特别联盟的计划，通过两年一次的预算，并批准其决算；

6. 通过本特别联盟的财务规则；

7. 为了实现本特别联盟的宗旨，成立大会认为必要的专家委员会和工作小组；

8. 决定接纳哪些非本特别联盟成员的国家以及政府间组织和非政府间国际组织，作为观察员参加会议；

9. 通过对第十条至第十三条的修改；

10. 为实现本特别联盟的宗旨，进行其他任何适当的活动；

11. 履行本协定规定的其他职责。

对于有关本组织所辖其他联盟的事宜，大会应在听取本组织协调委员会建议后作出决定。

（三）1. 大会各成员国均有一票表决权。

2. 大会成员国的半数构成法定人数。

3. 除第2项规定外，在任何一次会议上，出席会议的国家数目不及大会成员国一半，但达到或超过三分之一时，大会可以作出决定。除有关其自身程序的决定外，大会的决议只有在符合下列条件时才能生效。国际局应将上述决议通知未出席的大会成员国，请他们于自通知之日起3个月内以书面形式投票或弃权。在期满时，此类投票或弃权国家的数目至少应达到会议自身法定人数差额，并同时达到必要的多数，此类决议才能生效。

4. 除第十三条第（二）款的规定外，大会决议需要三分之二的票数才能作出。

5. 弃权不得视为投票。

6. 一位代表只能代表一个国家并只能以该国的名义投票。

7. 本特别联盟成员国中的非大会成员国应作为观察员出席大会的会议。

（四）1. 大会每两年举行一次例会，会议由总干事召集，与本组织大会同期、同地举行，但特殊情况除外。

2. 经大会四分之一成员国请求，由总干事召集大会特别会议。

3. 每次会议的日程由总干事制定。

（五）大会通过自己的内部规则。

第十一条 国际局

（一）1. 国际局办理国际注册并处理本特别联盟担负的其他行政工作。

2. 尤其是国际局应筹备大会的会议，并为大会以及可能成立的专家委员会和工作小组提供秘书处。

3. 总干事是特别联盟的最高官员，代表本特别联盟。

（二）总干事及其指定的任何工作人员应参加大会及大会设立的专家委员会和工作组的所有会议，但没有表决权，总干事或由他所指定的工作人员为这些机构的当然秘书。

（三）1. 国际局应按照大会的指示，筹备修订本协定除第十至第十三条以外其他条款的会议。

2. 国际局可就修订会议的筹备工作与政府间组织和非政府间国际组织进行协商。

3. 总干事及其指定的人员应参加这些会议的讨论，但没有表决权。

（四）国际局应执行分配给他的任何任务。

第十二条 财务

（一）1. 本特别联盟应有预算。

2. 本特别联盟的预算包括本特别联盟本身的收入和开支，在各联盟共同开支预算中负担的份额以及必要时用作本组织成员国会议预算的款项。

3. 同时拨给本特别联盟和本组织所辖一个或多个其他联盟的开支，视为各联盟的共同开支。本特别联盟在该共同开支中负担的份额，与该项开支给其带来的收益成比例。

（二）根据协调与本组织所辖其它联盟预算的需要，制定本特别联盟的预算。

（三）本特别联盟预算的资金来源如下：

1. 国际注册费和其他规费以及国际局以本特别联盟的名义提供其他服务所得的规费和款项；

2. 与本特别联盟有关的国际局出版物或其版税收入；

3. 捐款、遗赠和补助金；

4. 租金、利息和其他收入。

（四）1. 第八条第（二）款所指的注册费及其他有关国际注册的规费数额经总干事提议，由大会确定。

2. 除第八条第（二）款第2项、3项所指的附加注册费和补充注册费之外，确定的规费数额应至少能使本特别联盟注册费、规费和其他收费的总收入与国际局有关本特别联盟的开支平衡。

3. 预算未能在新的财政年度开始通过的，应按财务规则规定的方式继续执行上年度预算。

（五）国际局为本特别联盟提供其他服务应收规费和款项的数额，除第四款第1项规定的以外，由总干事确定并报告大会。

（六）1. 本特别联盟设有周转基金，由本特别联盟各国一次付款组成。基金不足时，大会应决定增加基金。

2. 各国对上述基金首次付款或其在基金增加时的份额，应与该国作为保护工业产权巴黎联盟成员国于设立基金或决定增加基金的当年向巴黎联盟支付的份额成比例。

3. 付款的比例和条件由大会根据总干事的提议并听取本组织协调委员会的意见后决定。

4. 只要大会批准使用本特别联盟的储备金作为周转基

金，大会就可以暂缓执行第1、2、3项的规定。

（七）1. 在与本组织所在地国家达成的总部协议中，应规定当周转基金不足时，该国家应提供预付。这些预付的金额与条件由该国和本组织间酌情分别签署协议。

2. 前项所指的国家及本组织有权以书面通知废止提供预付的协议。该废止应于通知之年终算起3年后生效。

（八）按照财务规则规定，账目的审核应由本特别联盟一国或多国，或者由外部的审计师进行，审计师由大会指定，并应事先征得本人同意。

第十三条 对第十条至第十三条的修改

（一）第十条、第十一条、第十二条及本条的修改，应经大会的任何成员国或总干事的提议进行。该提议应至少于大会审议6个月前由总干事通知大会成员国。

（二）第（一）款所指各条文的任何修改，须经大会通过。通过需要四分之三票数。但对第十条及本款的修改，则需五分之四的票数。

（三）第（一）款所指各条文的任何修改，应于总干事收到书面接受通知后一个月起生效。接受通知应由通过该修改之时的四分之三的大会成员国根据各自宪法规定提出。上述条文的修改，对于所有其生效时的成员国或以后加入的成员国均有约束力。

第十四条 批准和加入；生效；加入在先议定书；关于巴黎公约第二十四条（领土）

（一）本特别联盟成员国已签署本议定书的，可批准本议定书，尚未签署的，可加入本议定书。

（二）1. 非本特别联盟的国家，若为保护工业产权巴黎公约成员的，均可加入本议定书，成为本特别联盟的成员。

2. 国际局一旦接到这类国家已加入本议定书的通知，

应根据第三条向该国主管机关寄送当时享受国际保护的商标的汇总通知。

3. 该通知应保护这些商标在所属国家的领土内享受上述规定的利益，并注明一年期限的开始日期，在这一年中，有关主管机关可以提出第五条所规定的声明。

4. 然而，上述国家加入本议定书时，均可声明，本议定书仅适用于该国加入生效之后注册的商标，但以前在该国已经取得与前述商标相同且仍有效的国家注册，经有关当事人请求即可承认为国际商标的，不在此例。

5. 在新国家加入之日起一年内，国际局仅就其收到的请求适用第四项中例外规定并附有必要说明的商标发出通知。

6. 对在加入本议定书时声明请求适用第三条之二所规定权利的国家，国际局不发汇总通知。此类国家亦可同时声明，本议定书仅适用于自其加入生效之日起注册的商标；但这种限制不得影响已在此类国家取得与国家注册相同的国际商标，并也不得影响根据第三条之三、第八条第（二）款第3项已提出和通知领土延伸申请的国际商标。

7. 本款规定的通知中的商标注册，应视为代替在新缔约国加入生效日之前在该国的直接注册。

（三）批准书和加入书应送交总干事保存。

（四）1. 对于前5个递交批准书或加入书的国家，本议定书自第五份文件交存起3个月后生效。

2. 对于其他任何国家，本议定书自总干事就该国的批准书或加入书发出通知之日起3个月后生效，在批准书或加入书中规定较迟日期的除外。对于后一种情况，本议定书对该国自其规定的生效之日起生效。

（五）批准或加入，即当然接受议定书的所有条款并享受本议定书的所有利益。

（六）本议定书生效后，一个国家只有同时批准或加入本议定书，才可以参加1957年6月15日的尼斯议定书。即使是同时批准或加入本议定书，也不允许加入尼斯议定书以前的议定书。

（七）保护工业产权巴黎公约第二十四条的规定适用于本协定。

第十五条 退约

（一）本协定无期限有效。

（二）任何国家可以通知总干事声明退出本议定书，这种退约亦指退出所有在先的议定书，并仅对退约国有效，协定对本特别联盟的其他国家继续有效和适用。

（三）退约自总干事接到通知之日起一年后生效。

（四）成为本特别联盟成员尚不满五年的国家，不得行使本条所规定的退约权。

（五）截至退约生效之日为止所注册的国际商标，如在第五条所规定的一年期限内未被驳回，应在国际保护期内视同该退约国直接注册的商标，继续享有同等的保护。

第十六条 先前议定书的适用

（一）1. 在已经批准或加入本议定书特别联盟成员国家间，本议定书自对之生效之日起，即代替1891年马德里协定在本议定书之前的其他文本。

2. 但已批准或加入本议定书的特别联盟各国，如未根据1957年6月15日尼斯议定书第十二条第（四）款的规定退出先前文本，在它与未批准或加入本议定书国家的关系中，应继续适用先前文本。

（二）非本特别联盟成员国加入本议定书的，通过未加入本议定书的任一本特别联盟成员国的国家主管机关向国际局办理国际注册的，应适用本议定书，该注册并应符合本议定书规定的条件。通过已加入本议定书的非本特别联盟成员国的国家主管机关向国际局办理国际注册的，这些国家应同意上述国家可要求该申请符合其加入的最新议定书规定的条件。

第十七条 签字、语言；保存人职责

（一）1. 本议定书用法文签署一份文本，交存于瑞典政府。

2. 大会所指定其他语种的正式文本，由总干事经与有关政府协商后确定。

（二）本议定书至1968年1月13日止在斯德哥尔摩开放签字。

（三）总干事应将经瑞典政府证明的本议定书签字正本的副本两份较交本特别联盟所有国家的政府，并应转交提出请求的任何国家的政府。

（四）总干事应将本议定书在联合国秘书处登记。

（五）总干事应将下述情况通知本特别联盟的所有国家：签字、批准书或加入书及其声明的交存、本议定书各条款的生效、退约通知、以及按照第三条之二、第九条之四、第十三条、第十四条第（七）款、第十五条第（二）款所作的通知。

第十八条 过渡条款

（一）在第一任总干事就职以前，本议定书所指本组织国际局或总干事应分别视为保护工业产权巴黎公约所成立的联盟局或其干事。

（二）在成立本组织的公约生效后五年内，未批准或加入本议定书的本特别联盟成员国，如果愿意行使第十至十三条所规定的权利的，视同他们已接受这些条款的约束。任何

国家希望行使这种权利的，应就此书面通知总干事。该通知于其接到之日起生效。直到所述期限届满为止，这类国家被视为大会成员国。

保护工业产权巴黎公约

（1883年3月20日）

（1900年12月14日在布鲁塞尔修订　1911年6月2日在华盛顿修订　1925年11月6日在海牙修订　1934年6月2日在伦敦修订　1958年10月31日在里斯本修订　1967年7月14日在斯德哥尔摩修订）

目　　录①

① 本公约的签字本中无此目录，这是为方便读者而增加的。

第五条 A. 专利：物品的输入；不实施或不充分实施；强制许可 B. 外观设计：不实施；物品的输入 C. 商标：不使用；不同形式；共有人的使用 D. 专利、实用新型、商标、外观设计：标记

第五条之二 一切工业产权：缴纳权利维持费的宽限期 专利：恢复

第五条之三 专利：构成船舶、飞机或陆上车辆一部分的专利器件

第五条之四 专利：利用输入国的专利方法制造产品的进口

第五条之五 外观设计

第六条 商标：注册条件；同一商标在不同国家所受保护的独立性

第六条之二 商标：驰名商标

第六条之三 商标：关于国徽、官方检验印章和政府间组织标志的禁例

第六条之四 商标：商标的转让

第六条之五 商标：在本联盟一个国家注册的商标在本联盟其他国家所受的保护

第六条之六 商标：服务标记

第六条之七 商标：未经所有人授权而以代理人或代表人的名义注册

第七条 商标：使用商标的商品的性质

第七条之二 商标：集体商标

第八条 厂商名称

第九条 商标、厂商名称：对非法标有商标或厂商名称的商品在输入时予以扣押

第十条 虚伪标记：对标有虚伪的原产地或生产者标记

第　一　条

〔本联盟的建立：工业产权的范围〕①

(1)适用本公约的国家组成联盟，以保护工业产权。

(2) 工业产权的保护对象有专利、实用新型、外观设计、商标、服务标记、厂商名称、货源标记或原产地名称，和制止不正当竞争。

(3) 对工业产权应作最广义的理解，不仅应适用于工业和商业本身，而且也应同样适用于农业和采掘业，适用于一切制成品或天然产品，例如：酒类、谷物、烟叶、水果、牲畜、矿产品、矿泉水、啤酒、花卉和谷类的粉。

(4) 专利应包括本联盟国家的法律所承认的各种工业专利，如输入专利、改进专利、增补专利和增补证书等。

第　二　条

〔本联盟各国国民的国民待遇〕

(1) 本联盟任何国家的国民，在保护工业产权方面，在本联盟所有其他国家内应享有各该国法律现在授予或今后可能授予各该国国民的各种利益；一切都不应损害本公约特别规定的权利。因此，他们应和各该国国民享有同样的保护，对侵犯他们的权利享有同样的法律上的救济手段，但是以他们遵守对各该国国民规定的条件和手续为限。

(2) 但是，对于本联盟国家的国民不得规定在其要求保护的国家须有住所或营业所才能享有工业产权。

(3) 本联盟每一国家法律中关于司法和行政程序、管辖

---

① 为了便于识别各条的内容，特增加了标题。(法语) 签订本中无此标题。

权、以及指定送达地址或委派代理人的规定，工业产权法中可能有要求的，均明确地予以保留。

第　三　条

〔某类人与本联盟国家的国民同样待遇〕

本联盟以外各国的国民，在本联盟一个国家的领土内设有住所或有真实和有效的工商业营业所的，应享有与本联盟国家国民同样的待遇。

第　四　条

〔A. 至 I. 专利、实用新型、外观设计、商标、发明人证书：优先权　G. 专利：申请的分案〕

A.（1）已经在本联盟的一个国家正式提出专利、实用新型注册、外观设计注册或商标注册的申请的任何人，或其权利继受人，为了在其他国家提出申请，在以下规定的期间内应享有优先权。

（2）依照本联盟任何国家的本国立法，或依照本联盟各国之间缔结的双边或多边条约，与正规的国家申请相当的任何申请，应认为产生优先权。

（3）正规的国家申请是指足以确定在有关国家中提出申请日期的任何申请，而不问该申请以后的结局如何。

B. 因此，在上述期间届满前在本联盟的任何其他国家后来提出的任何申请，不应由于在这期间完成的任何行为，特别是另外一项申请的提出、发明的公布或利用、外观设计复制品的出售、或商标的使用而成为无效，而且这些行为不能产生任何第三人的权利或个人占有的任何权利。第三人在作为优先权根据的第一次申请的日期以前所取得的权利，依照本联盟每一国家的国内法予以保留。

C.（1）上述优先权的期间，对于专利和实用新型应为十二个月，对于外观设计和商标应为六个月。

（2）这些期间应自第一次申请的申请日起算，申请日不应计入期间之内。

（3）如果期间的最后一日是请求保护地国家的法定假日或者是主管机关不接受申请的日子，期间应延至其后的第一个工作日。

（4）在本联盟同一国家内就第（2）项所称的以前第一次申请同样的主题所提出的后一申请，如果在提出该申请时前一申请已被撤回、放弃或驳回，没有提供公众阅览，也没有遗留任何权利，而且如果前一申请还没有成为要求优先权的根据，应认为是第一次申请，其申请日应为优先权期间的起算日。在这以后，前一申请不得作为要求优先权的根据。

D.（1）任何人希望利用以前提出的一项申请的优先权的，需要作出声明，说明提出该申请的日期和受理该申请的国家。每一国家应确定必须作出该项声明的最后日期。

（2）这些事项应在主管机关的出版物中，特别是应在有关的专利证书和说明书中予以载明。

（3）本联盟国家可以要求作出优先权声明的任何人提交以前提出的申请（说明书、附图等）的副本。该副本经原受理申请的机关证实无误后，不应要求任何认证，并且无论如何可以在提出后一申请后三个月内随时提交，不需缴纳费用。本联盟国家可以要求该副本附有上述机关出具的载明申请日的证明书和译文。

（4）对提出申请时要求优先权的声明不得规定其他的手续。本联盟每一国家应确定不遵守本条规定的手续的后果，但这种后果决不能超过优先权的丧失。

（5）以后，可以要求提供进一步的证明。

任何人利用以前提出的一项申请的优先权的，必须写明该申请的号码；该号码应依照上述第（2）项的规定予以公布。

E.（1）在依靠以实用新型申请为根据的优先权而在一个国家提出外观设计申请的情况，优先权的期间应与对外观设计规定的优先权期间一样。

（2）而且，依靠以专利申请为根据的优先权而在一个国家提出新实用型的申请是许可的，反之亦一样。

F. 本联盟的任何国家不得由于申请人要求多项优先权（即使这些优先权产生于不同的国家），或者由于要求一项或几项优先权的申请中有一个或几个因素没有包括在作为优先权基础的申请中，而拒绝给予优先权或拒绝专利申请，但以在上述两种情况都有该国法律所规定的发明单一性为限。

关于作为优先权根据的申请中所没有包括的因素，以后提出的申请应该按照通常条件产生优先权。

G.（1）如果审查发现一项专利申请包含一个以上的发明，申请人可以将该申请分成若干分案申请，保留第一次申请的日期为各该分案申请的日期，如果有优先权，并保有优先权的利益。

（2）申请人也可以主动将一项专利申请分案，保留第一次申请的日期为各该分案申请的日期，如果有优先权，并保有优先权的利益。本联盟各国有权决定允许这种分案的条件。

H. 不得以作为优先权根据的发明中的某些因素没有包含在原属国申请列举的请求权项中为理由，而拒绝给予优先权，但以申请文件从全体看来已经明确地写明这些因素为限。

Ⅰ.（1）在申请人有权自行选择申请专利证书或发明人

证书的国家提出发明人证书的申请，应产生本条规定的优先权，其条件和效力与专利证书的申请一样。

（2）在申请人有权自行选择申请专利证书或发明人证书的国家，发明人证书的申请人，根据本条关于申请专利证书的规定，应享有以专利、实用新型或发明人证书的申请为根据的优先权。

第四条之二

〔专利：就同一发明在不同国家取得的专利是互相独立的〕

（1）本联盟国家的国民向本联盟各国申请的专利，与在其他国家，不论是否本联盟的成员国，就同一发明所取得的专利是互相独立的。

（2）上述规定，应从不受限制的意义来理解，特别是指在优先权期间内申请的各项专利，就其无效和丧失权利的理由以及其正常的期间而言，是互相独立的。

（3）本规定应适用于在其开始生效时已经存在的一切专利。

（4）在有新国家加入的情况下，本规定应同样适用于加入时各方面已经存在的专利。

（5）在本联盟各国，因享有优先权的利益而取得的专利的有效期间，与假设没有优先权的利益而申请或授予的专利的有效期间相同。

第四条之三

〔专利：在专利证书上记载发明人〕

发明人有权要求在专利证书上记载自己是发明人。

第四条之四

〔专利：在法律限制销售的情况下取得专利的条件〕

不得以专利产品的销售或依专利方法制造的产品销售受到本国法律的限制或限定为理由，而拒绝授予专利或使专利无效。

第 五 条

〔A. 专利：物品的输入；不实施或不充分实施；强制许可 B. 外观设计：不实施；物品的输入 C. 商标：不使用；不同的形式；共有人的使用 D. 专利、实用新型、商标、外观设计：标记〕

A. (1) 专利权人将在本联盟任何国家内制造的物品输入到对该物品授予专利的国家的，不应导致该项专利的取消。

(2) 本联盟各国都有权采取立法措施规定授予强制许可，以防止由于行使专利所赋予的专有权而可能产生的滥用，例如：不实施。

(3) 除强制许可的授予不足以防止上述滥用外，不应规定专利的取消。自授予第一个强制许可之日起两年届满前不得提起取消或撤销专利的诉讼。

(4) 自提出专利申请之日起四年届满以前，或自授予专利之日起三年届满以前，以后满期的期间为准，不得以不实施或不充分实施为理由申请强制许可；如果专利权人的不作为有正当理由，应拒绝强制许可。这种强制许可不是独占性的，而且除与利用该许可的部分企业或商誉一起转让外，不得转让，包括授予分许可证的形式在内。

(5) 上述各项规定准用于实用新型。

B. 对外观设计的保护，在任何情况下，都不得以不实施或以输入物品与受保护的外观设计相同为理由而予以取消。

C.（1）如果在任何国家，注册商标的使用是强制的，只有经过适当的期间，而且只有有关人员不能证明其不使用有正当理由，才可以取消注册。

（2）商标所有人使用的商标，在形式上与其在本联盟国家之一所注册的商标的形式只有细节的不同，而并未改变其显著性的，不应导致注册无效，也不应减少对商标所给予的保护。

（3）根据请求保护地国家的本国法认为商标共同所有人的几个工商企业，在相同或类似商品上共同使用同一商标，不应妨碍在本联盟任何国家内注册，也不应以任何方式减少对该商标所给予的保护，但以这种使用并未导致公众产生误解，而且不违反公共利益为限。

D. 不应要求在商品上表示或载明专利、实用新型、商标注册或外观设计保存，作为承认取得保护权利的一个条件。

第五条之二

〔一切工业产权：缴纳权利维持费的宽限期　专利：恢复〕

（1）关于规定的工业产权维持费的缴纳，应给予不少于六个月的宽限期，但是如果本国法律有规定，应缴纳附加费。

（2）本联盟各国对因未缴费而终止的专利有权规定予以恢复。

第五条之三

〔专利：构成船舶、飞机或陆上车辆一部分的专利器件〕

在本联盟任何国家内，下列情况不应认为是侵犯专利权人的权利：

1. 本联盟其他国家的船舶暂时或偶然地进入上述国家的领水时，在该船的船身、机器、滑车装置、传动装置及其他附件上使用构成专利主题的装置设备，但以专为该船的需要而使用这些装置设备为限；

2. 本联盟其他国家的飞机或陆上车辆暂时或偶然地进入上述国家时，在该飞机或陆地上车辆的构造或操纵中，或者在该飞机或陆上车辆附件的构造或操纵中使用构成专利主题的装置设备。

第五条之四

〔专利：利用输入国的专利方法制造产品的输入〕

一种产品输入到对该产品的制造方法有专利保护的本联盟国家时，专利权人对该输入产品应享有输入国法律，根据方法专利对在该国制造的产品所授予的一切权利。

第五条之五

〔外观设计〕

外观设计在本联盟所有国家均应受到保护。

第　六　条

〔商标：注册条件；同一商标在不同国家所受保护的独立性〕

（1）商标的申请和注册条件，在本联盟各国由其本国法律决定。

（2）但对本联盟国家的国民在本联盟任何国家提出的商标注册申请，不得以未在原属国申请、注册或续展为理由而予以拒绝，也不得使注册无效。

（3）在本联盟一个国家正式注册的商标，与在联盟其他国家注册的商标，包括在原属国注册的商标在内，应认为是互相独立的。

第六条之二
〔商标：驰名商标〕

（1）本联盟各国承诺，如本国法律允许，应依职权，或依有关当事人的请求，对商标注册国或使用国主管机关认为在该国已经属于有权享受本公约利益的人所有而驰名、并且用于相同或类似商品的商标构成复制、仿制或翻译，易于产生混淆的商标，拒绝或取消注册，并禁止使用。这些规定，在商标的主要部分构成对上述驰名商标的复制或仿制，易于产生混淆时，也应适用。

（2）自注册之日起至少五年的期间内，应允许提出取消这种商标的请求。本联盟各国可以规定一个期间，在这期间内必须提出禁止使用的请求。

（3）对于依恶意取得注册或使用的商标提出取消注册或禁止使用的请求，不应规定时间限制。

第六条之三
〔商标：关于国徽、官方检验印章和政府间组织徽记的禁例〕

（1）（a）本联盟各国同意，对未经主管机关许可，而将本联盟国家的国徽、国旗和其他的国家徽记、各该国用以表明监督和保证的官方符号和检验印章以及从徽章学的观点看来的任何仿制用作商标或商标的组成部分，拒绝注册或使其注册无效，并采取适当措施禁止使用。

(b) 上述 (a) 项规定应同样适用于本联盟一个或一个以上国家参加的政府间国际组织的徽章、旗帜、其他徽记、缩写和名称，但已成为现行国际协定规定予以保护的徽章、旗帜、其他徽记、缩写和名称除外。

(c) 本联盟任何国家无须适用上述 (b) 项规定，以免损害本公约在该国生效前善意取得的权利的所有人。在上述 (a) 项所指的商标的使用或注册性质上不会使公众理解为有关组织与这种徽章、旗帜、徽记 、缩写和名称有联系时，或者如果这种使用或注册性质上大概不会使公众误解为使用人与该组织有联系时，本联盟国家无须适用该项规定。

(2) 关于禁止使用表明监督、保证的官方符号和检验印章的规定，应该只适用于在相同或类似商品上使用包含该符号或印章的商标的情况。

(3) (a) 为了实施这些规定，本联盟国家同意，将它们希望或今后可能希望、完全或在一定限度内受本条保护的国家徽记与表明监督保证的官方符号和检验印章的清单，以及以后对该项清单的一切修改，经由国际局相互通知。本联盟各国应在适当的时候使公众可以得到用这样方法通知的清单。

但是，就国旗而言，这种相互通知并不是强制性的。

(b) 本条第 (1) 款 (b) 项的规定，仅适用于政府间国际组织经由国际局通知本联盟国家的徽章、旗帜、其他徽记、缩写和名称。

(4) 本联盟任何国家如有异议，可以在收到通知后十二个月内经由国际局向有关国家或政府间国际组织提出。

(5) 至于国旗，上述第 (1) 款规定的措施仅适用于 1925 年 11 月 6 日以后注册的商标。

(6) 至于本联盟国家国旗以外的国家徽记、官方符号和检验印章，以及政府间国际组织的徽章、旗帜、其他徽记、缩写和名称，这些规定仅适用于接到上面第（3）款规定的通知超过两个月后所注册的商标。

(7) 在有恶意的情况下，各国有权取消即使是在 1925 年 11 月 6 日以前注册的含有国家徽记、符号和检验印章的商标。

(8) 任何国家的国民经批准使用其本国的国家徽记、符号和检验印章者，即使与其他国家的国家徽记、符号和检验印章相类似，仍可使用。

(9) 本联盟各国承诺，如未经批准而在商业中使用本联盟其他国家的国徽，具有使人对商品的原产地产生误解的性质时，应禁止其使用。

(10) 上述各项规定不应妨碍各国行使第六条之五 B 款第（3）项所规定的权利，即对未经批准而含有本联盟国家所采用的国徽、国旗、其他国家徽记，或官方符号和检验印章，以及上述第（1）款所述的政府间国际组织特有符号的商标，拒绝予以注册或使其注册无效。

第六条之四

〔商标：商标的转让〕

(1) 根据本联盟国家的法律，商标的转让只有在与其所属商行或商誉同时转让方为有效时，如该商行或商誉座落在该国的部分，连同在该国制造或销售标有被转让商标的商品的专有权一起转让予受让人，即足以承认其转让为有效。

(2) 如果受让人使用受让的商标事实上会具有使公众对使用该商标的商品的原产地、性质或重要品质发生误解的性质，上述规定并不使本联盟国家负有承认该项商标转让为有效的义务。

第六条之五

〔商标：在本联盟一个国家注册的商标在本联盟其他国家所受的保护〕

A.（1）在原属国正式注册的每一商标，除应受本条规定的保留条件的约束外，本联盟其他国家也应和在原属国注册那样接受申请和给予保护。各该国家在正式注册前可以要求提供原属国主管机关发给的注册证书。该项注册证书无需认证。

（2）原属国系指申请人设有真实、有效的工商业营业所的本联盟国家；或者如果申请人在本联盟内没有这样的营业所，则指他设有住所的本联盟国家；或者如果申请人在本联盟内没有住所，但是他是本联盟国家的国民，则指他有国籍的国家。

B. 除下列情况外，对本条所适用的商标既不得拒绝注册也不得使注册无效：

1. 商标具有侵犯第三人在被请求给予保护的国家的既得权利的性质的；

2. 商标缺乏显著特征，或者完全是由商业中用以表示商品的种类、质量、数量、用途、价值、原产地或生产时间的符号或标记所组成，或者在被请求给予保护的国家的现代语言中或在善意和公认的商务实践中已经成为惯用的；

3. 商标违反道德或公共秩序，尤其是具有欺骗公众的性质。这一点应理解为不得仅仅因为商标不符合商标立法的规定即认为该商标违反公共秩序，除非该规定本身同公共秩序有关。

但本规定以适用第十条之二为条件，方可适用。

C.（1）决定一个商标是否适合于受保护，必须考虑到一切实际情况，特别是商标已使用期间的长短。

（2）商标中有的构成部分与在原属国受保护的商标有所不同，但并未改变其显著特征，亦不影响其与原属国注册的商标形式上的同一性的，本联盟其他国家不得仅仅以此为理由而予以拒绝。

D. 任何人要求保护的商标，如果未在原属国注册，不得享受本条各规定的利益。

E. 但商标注册在原属国续展，在任何情况下决不包含在该商标已经注册的本联盟其他国家续展注册的义务。

F. 在第四条规定的期间内提出商标注册的申请，即使原属国在该期间届满后才进行注册，其优先权利益也不受影响。

第六条之六

〔商标：服务标记〕

本联盟各国承诺保护服务标记。不应要求它们对该项标记的注册作出规定。

第六条之七

〔商标：未经所有人授权而以代理人或代表人名义注册〕

（1）如果本联盟一个国家的商标所有人的代理人或代表人，未经该所有人授权而以自己的名义向本联盟一个或一个以上的国家申请该商标的注册，该所有人有权反对所申请的注册或要求取消注册，或者，如该国法律允许，该所有人可以要求将该项注册转让给自己，除非该代理人或代表人能证明其行为是正当的。

（2）商标所有人如未授权使用，以适用上述第（1）款的规定为条件，有权反对其代理人或代表人使用其商标。

(3) 各国立法可以规定商标所有人行使本条规定的权利的合理期限。

第七条

〔商标：使用商标的商品的性质〕

使用商标的商品的性质决不应成为该商标注册的障碍。

第七条之二

〔商标：集体商标〕

(1) 如果社团的存在不违反其原属国的法律，即使该社团没有工商业营业所，本联盟各国也承诺受理申请，并保护属于该社团的集体商标。

(2) 各国应自行审定关于保护集体商标的特别条件，如果商标违反公共利益，可以拒绝给予保护。

(3) 如果社团的存在不违反原属国的法律，不得以该社团未在被请求给予保护国家设有营业所，或不是根据该国的法律所组成为理由，拒绝对该社团的这些商标给予保护。

第八条

〔厂商名称〕

厂商名称应在本联盟一切国家内受到保护，没有申请或注册的义务，也不论其是否为商标的一部分。

第九条

〔商标、厂商名称：对非法标有商标或厂商名称的商品在输入时予以扣押〕

(1) 一切非法标有商标或厂商名称的商品，在输入到该项商标或厂商名称有权受到法律保护的本联盟国家时，应予以扣押。

（2）在发生非法粘附上述标记的国家或在该商品已输入进去的国家，扣押应同样予以执行。

（3）扣押应依检察官或其他主管机关或有关当事人（无论为自然人或法人）的请求，按照各国本国法的规定进行。

（4）各机关对于过境商品没有执行扣押的义务。

（5）如果一国法律不准许在输入时扣押，应代之以禁止输入或在国内扣押。

（6）如果一国法律既不准许在输入时扣押，也不准许禁止输入或在国内扣押，则在法律作出相应修改以前，应代之以该国国民在此种情况下按该国法律可以采取的诉讼和救济手段。

第十条

〔虚假标记：对标有虚假的货源或生产者标记的商品在输入时予以扣押〕

（1）前条各款规定应适用于直接或间接使用虚假的货源标记、生产者、制造者或商人标记的情况。

（2）凡从事此项商品的生产、制造或销售的生产者，制造者或商人，无论为自然人或法人，其营业所设在被虚假标为货源的地方、该地所在的地区，或在虚假标为货源的国家、或在使用该虚假货源标记的国家者，无论如何均应视为有关当事人。

第十条之二

〔不正当竞争〕

(1)本联盟国家有义务对各该国国民保证给予制止不正

当竞争的有效保护。

(2) 凡在工商业事务中违反诚实的习惯做法的竞争行为构成不正当竞争的行为。

(3) 下列各项特别应予以禁止：

1. 具有不择手段地对竞争者的营业所、商品或工商业活动造成混乱性质的一切行为；

2. 在经营商业中，具有损害竞争者的营业所、商品或工商业活动商誉性质的虚伪说明；

3. 在经营商业中使用会使公众对商品的性质、制造方法、特点、用途或数量易于产生误解的表示或说法。

第十条之三
〔商标、厂商名称、虚假标记、不正当竞争：救济手段、起诉权〕

(1) 本联盟国家承诺保证本联盟其他国家的国民获得有效地制止第九条、第十条和第十条之二所述一切行为的适当的法律上救济手段。

(2) 本联盟国家并承诺规定措施，准许不违反其本国法律而存在的联合会和社团，代表有利害关系的工业家、生产者或商人，在被请求给予保护的国家法律允许该国的联合会和社团提出控诉的范围内，为了制止第九条、第十条和第十条之二所述的行为，向法院或行政机关提出控诉。

第 十 一 条
〔发明、实用新型、外观设计、商标：在某些国际展览会中的临时保护〕

(1) 本联盟国家应按其本国法律对在本联盟任何国家领土内举办的官方的或经官方承认的国际展览会展出的商品

中可以取得专利的发明、实用新型、外观设计和商标，给予临时保护。

（2）该项临时保护不应延展第四条规定的期间。如以后要求优先权，任何国家的主管机关可以规定其期间应自该商品在展览会展出之日起算。

（3）每一个国家认为必要时可以要求提供证明文件，证实展出的物品及其在展览会展出的日期。

第十二条

〔国家工业产权专门机构〕

（1）本联盟各国承诺设立工业产权专门机构和向公众传递专利、实用新型、外观设计和商标的中央机构。

（2）该专门机构定期出版公报，按时公布：

（a）被授予专利的人的姓名和取得专利的发明的概要；

（b）注册商标的复制。

第十三条

〔本联盟大会〕

（1）（a）本联盟设大会，由本联盟中受第十三条至第十七条约束的国家组成。

（b）每一国政府应有一名代表，该代表可以由若干副代表、顾问和专家辅助。

（c）各代表团的费用由委派该代表团的政府负担。

（2）（a）大会的职权如下：

（Ⅰ）处理有关维持和发展本联盟及执行本公约的一切事项；

（Ⅱ）对建立世界知识产权组织（以下简称“本组织”）公约中所述的知识产权国际局（以下简称“国际局”）作关

于筹备修订会议的指示，但应适当考虑本联盟国家中不受第十三条至第十七条约束的国家所提的意见；

（Ⅲ）审查和批准本组织总干事有关本联盟的报告和活动，并就本联盟权限内的事项对总干事作一切必要的指示；

（Ⅳ）选举大会执行委员会的委员；

（Ⅴ）审查和批准执行委员会的报告和活动，并对该委员会作指示；

（Ⅵ）决定本联盟计划和通过三年预算，并批准决算；

（Ⅶ）通过本联盟的财务规则；

（Ⅷ）为实现本联盟的目的，成立适当的专家委员会和工作组；

（Ⅸ）决定接受哪些非本联盟成员国的国家以及哪些政府间组织和非政府间国际组织以观察员身份参加本联盟会议；

（Ⅹ）通过第十三条至第十七条的修改；

（Ⅺ）采取旨在促进实现本联盟目标的任何其他的适当行动；

（Ⅻ）履行按照本公约是适当的其他职责；

（XIII）行使建立本组织公约中授予并经本联盟接受的权利。

(b) 关于与本组织管理的其他联盟共同有关的事项，大会应在听取本组织协调委员会的意见后作出决议。

(3) (a) 除 (b) 项另有规定应适用该规定外，一名代表仅能代表一个国家。

(b) 本联盟一些国家根据一项专门协定的条款组成一个共同机构，对各该国家具有第十二条所述的国家工业产权专门机构性质者，在讨论时，可以由这些国家中的一国作为共同代表。

(4)(a)大会每一成员国应有一票表决权。

(b)大会成员国的半数构成开会的法定人数。

(c)尽管有(b)项的规定，如任何一次会议出席的国家不足大会成员国的半数，但达到三分之一或三分之一以上时，大会可以作出决议，但是，除有关其本身的议事程序的决议外，所有其他决议只有符合下述条件才能生效。国际局应将这些决议通知未出席的大会成员国，请其在通知之日起三个月的期间内以书面表示是否赞成或弃权。如该期间届满时，这些表示是否赞成或弃权的国家数目，达到会议本身开会的法定人数所缺少的国家数目，只要同时也取得了规定的多数票，这些决议即可生效。

(d)除第十七条第(2)款另有规定应适用该规定外，大会决议需有所投票数的三分之二票。

(e)弃权不应认为是投票。

(5)(a)除(b)项另有规定应适用该规定外，一名代表只能以一国名义投票。

(b)第(3)款(b)项所指的本联盟国家，一般应尽量派遣本国的代表团出席大会。然而，如其中任何国家由于特殊原因不能派出本国代表团时，可以授权上述国家中其他国家代表团以其名义投票，但每一代表团只能为一个国家代理投票。代理投票的权限应由国家元首或主管部长签署的文件授予。

(6)非大会成员国的本联盟国家应被允许作为观察员出席大会的会议。

(7)(a)大会通常会议每三历年召开一次，由总干事召集，如无特殊情况，和本组织的大会同时间同地点召开。

(b)大会临时会议由总干事应执行委员会或占四分之一的大会成员国的要求召开。

(8) 大会应通过其本身的议事规程。

第十四条
〔执行委员会〕

(1) 大会设执行委员会。

(2) (a) 执行委员会由大会从大会成员国中选出的国家组成。此外，本组织总部所在地国家，除第十六条第 (7) 款 (b) 项另有规定应适用该规定外，在该委员会中应有当然的席位。

(b) 执行委员会各成员国政府应各有一名代表，该代表可以由若干副代表、顾问和专家辅助。

(c) 各代表团的费用应由委派该代表团的政府负担。

(3) 执行委员会成员国的数目应相当于大会成员国的四分之一。在确定席位数目时，用四除后余数不计。

(4) 选举执行委员会委员时，大会应适当注意公平的地理分配，以及组成执行委员会的国家中有与本联盟有关系的专门协定的缔约国的必要性。

(5) (a) 执行委员会委员的任期，应自选出委员会的大会会议闭幕开始，直到下届通常会议闭幕为止。

(b) 执行委员会委员可以连选连任，但其数目最多不得超过委员的三分之二。

(c) 大会应制定有关执行委员会委员选举和可能连选的详细规则。

(6) (a) 执行委员会的职权如下：

(Ⅰ) 拟定大会议事日程草案；

(Ⅱ) 就总干事拟订的本联盟计划草案和三年预算向大会提出建议；

(Ⅲ) 在计划和三年预算范围内，批准总干事拟定的年度预算和计划；

（Ⅳ）将总干事的定期报告和年度财务决算报告，附具适当的意见，提交大会；

（Ⅴ）根据大会决议，并考虑到大会两届通常会议中间发生的情况，采取一切必要措施保证总干事执行本联盟的计划；

（Ⅵ）执行本公约所规定的其他职责。

（b）关于与本组织管理的其他联盟共同有关的事项，执行委员会应在听取本组织协调委员会的意见后作出决议。

（7）（a）执行委员会每年举行一次通常会议，由总干事召集，最好和本组织协调委员会同时间同地点召开。

（b）执行委员会临时会议应由总干事依其本人倡议或应委员会主席或四分之一委员的要求而召开。

（8）（a）执行委员会每一成员国应有一票表决权。

（b）执行委员会委员的半数构成开会的法定人数。

（c）决议需有所投票数的简单多数。

（d）弃权不应认为是投票。

（e）一名代表仅能代表一个国家，并以一个国家名义投票。

（9）非执行委员会委员的本联盟国家可以派观察员出席执行委员会的会议。

（10）执行委员会应通过其本身的议事规程。

第十五条

〔国际局〕

（1）（a）有关本联盟的行政工作应由国际局执行。国际局是由本联盟的局和保护文学艺术作品国际公约所建立的联盟的局合并而成。

(b) 国际局特别应设置本联盟各机构的秘书处。

(c) 本组织总干事为本联盟最高行政官员，并代表本联盟。

(2) 国际局汇集有关工业产权的情报并予以公布。本联盟各成员国应迅速将一切有关保护工业产权的新法律和正式文本送交国际局；此外，还应向国际局提供其工业产权机构发表的保护工业产权直接有关并对国际局工作有用的出版物。

(3) 国际局应出版月刊。

(4) 国际局应依请求向本联盟任何国家提供有关保护工业产权问题的情报。

(5) 国际局应进行研究，并提供服务，以促进对工业产权的保护。

(6) 总干事及其指定的职员应参加大会、执行委员会以及任何其他专家委员会或工作组的一切会议，但无表决权。总干事或其指定的职员为这些机构的当然秘书。

(7) (a) 国际局应按照大会的指示，与执行委员会合作，筹备对本公约第十三条至第十七条以外的其他条款的修订会议。

(b) 国际局可以就修订会议的筹备工作与政府间组织和非政府间国际组织协商。

(c) 总干事及其指定的人员应参加这些会议的讨论，但无表决权。

(8) 国际局应执行指定的任何其他任务。

第十六条
〔财　务〕

(1) (a) 本联盟应制定预算。

(b) 本联盟的预算应包括本联盟本身的收入和支出，对各联盟共同开支预算的摊款，以及需要时对本组织成员国会议预算提供的款项。

(c) 不是专属于本联盟、而且也属于本组织所管理的其他一个或一个以上联盟的支出，应认为各联盟的共同支出。本联盟在该项共同支出中的摊款应与本联盟在其中所享的利益成比例。

(2) 本联盟预算的制定应适当考虑到与本组织管理的其他联盟预算相协调的需要。

(3) 本联盟预算的财政来源如下：

(Ⅰ) 本联盟国家的会费；

(Ⅱ) 国际局提供有关联盟的服务所收的费用或款项；

(Ⅲ) 国际局有关本联盟出版物的售款或版税；

(Ⅳ) 赠款、遗赠和补助金；

(Ⅴ) 租金、利息和其他杂项收入。

(4) (a) 为了确定对预算应缴的会费，本联盟每一个国家应属于下列的一个等级，并以所属等级的单位数为基础缴纳年度会费：

等级Ⅰ …………………………… 二十五

等级Ⅱ …………………………… 二十

等级Ⅲ …………………………… 十五

等级Ⅳ …………………………… 十

等级Ⅴ …………………………… 五

等级Ⅵ …………………………… 三

等级Ⅶ …………………………… 一

(b) 除已经指定等级外，每一国家应在交存批准书或加入书的同时，表明自己原属哪一等级。任何国家都可以改变其等级。如果选择较低的等级，必须在大会的一届通常会议上声明。这种改变应在该届会议的下一历年开始时生效。

(c) 每一国家的年度会费的数额在所有国家向本联盟预算缴纳的会费总额中所占的比例，应与该国的单位数额在所有缴纳会费国家的单位总额中所占的比例相同。

(d) 会费应于每年一月一日缴纳。

(e) 一个国家欠缴的会费数额等于或超过其前两个整年的会费数额的，不得在本联盟的任何机构（该国为其成员）内行使表决权。但是如果本联盟的任何机构证实该国延迟缴费系由于特殊的和不可避免的情况，则在这期间内可以允许该国在该机构继续行使其表决权。

(f) 如预算在新的财政年度开始前尚未通过，按财务规则的规定，预算应与上一年度预算的水平相同。

(5) 国际局提供有关本联盟的服务应收的费用或款项的数额由总干事确定，并报告大会和执行委员会。

(6) (a) 本联盟应设工作基金，由本联盟每一国家一次缴纳的款项组成，如基金不足，大会应决定予以增加。

(b) 每一国家向上述基金初次缴纳的数额或在基金增加时缴纳的数额，应与建立基金或决定增加基金的一年该国缴纳的会费成比例。

(c) 缴款的比例和条件应由大会根据总干事的建议，并听取本组织协调委员会的意见后规定。

(7) (a) 在本组织与其总部所在地国家缔结的总部协定中应规定，工作基金不足时该国应给予贷款。每次贷款的数额和条件应由本组织和该国签订单独的协定。该国在承担贷款义务期间，应在执行委员会中有当然席位。

(b) (a) 项所指的国家和本组织都各自有权以书面通知废除贷款的义务。废除应于发出通知当年年底起三年后生效。

（8）帐目审查工作应按财务规则的规定，由本联盟一个或一个以上国家或外界审计师进行。审计师应由大会在征得其同意后指定。

第十七条
〔对第十三条至第十七条的修正〕

（1）修正第十三、十四、十五、十六条和本条的提案，可以由大会成员国、执行委员会或总干事提出。这类提案应由总干事至少在提交大会审议六个月前通知大会成员国。

（2）对第（1）款所述各条的修正案须由大会通过。通过需要有所投票数的四分之三票，但第十三条和本款的修正案需要有所投票数的五分之四票。

（3）第（1）款所述各条的修正案，总干事在收到大会通过修正案时，四分之三的大会成员国依照各该国宪法程序，表示接受修正案的书面通知一个月后发生效力。各该条的修正案在经接受后，对修正案生效时大会成员国以及以后成为大会成员国的所有国家都有约束力，但有关增加本联盟国家的财政义务的修正案，仅对通知接受该修正案的国家有约束力。

第十八条
〔对第一条至第十二条和第十八条至第三十条的修订〕

（1）本公约应交付修订，以便采用一些旨在改善本联盟制度的修正案。

（2）为此目的，将陆续在本联盟国家之一举行各该国家代表的会议。

（3）对第十三条至第十七条的修正应按照第十七条的规定办理。

第十九条

〔专门协定〕

不言而喻，本联盟国家在与本公约的规定不相抵触的范围内，保留有相互间分别签订关于保护工业产权的专门协定的权利。

第二十条

〔本联盟国家的批准或加入；生效〕

(1)(a) 本联盟任何国家已在本议定书上签字者，可以批准本议定书，未签字者可以加入本议定书。批准书和加入书应递交总干事保存。

(b) 本联盟任何国家可以在其批准书或加入书中声明其批准或加入不适用于：

(Ⅰ) 第一条至第十二条，或

(Ⅱ) 第十三条至第十七条。

(c) 本联盟任何国家根据 (b) 项的规定声明其批准或加入的效力不适用于该项所述的两组条文之一者，可以随时声明将其批准或加入的效力扩大至该组条文。该项声明书应递交总干事保存。

(2)(a) 第一条至第十二条，对于最早递交批准书或加入书而未作上述第 (1) 款 (b) 项第 (Ⅰ) 目所允许的声明的本联盟十个国家，在递交第十份批准书或加入书三个月后，发生效力。

(b) 第十三条至第十七条，对于最早递交批准书或加入书而未作上述第 (1) 款 (b) 项第 (Ⅱ) 目所允许的声明的本联盟十个国家，在递交第十份批准书或加入书三个月后，发生效力。

(c) 以第(1)款(b)项第(Ⅰ)目所述的两组条文按照(a)项(b)项的规定每一组开始生效为条件，除第(1)款(b)项另有规定应适用该规定外，第一条至第十七条，对于(a)项和(b)项所述的递交批准书或加入书的国家以外的、或按第(1)款(c)项递交声明的任何国家以外的本联盟任何国家，在总干事就该项递交发出通知之日起三个月后，发生效力，除非所递交的批准书、加入书或声明已经指定以后的日期。在后一情况下，本议定书对该国应在其指定的日期发生效力。

(3) 第十八条至第三十条，对递交批准书或加入书的本联盟任何国家，应在第(1)款(b)项所述的两组条文中任何一组条文，按照第(2)款(a)、(b)或(c)项对该国生效的日期中比较早的那一日发生效力。

第二十一条

〔本联盟以外国家的加入：生效〕

(1) 本联盟以外的任何国家都可以加入本议定书，成为本联盟的成员国。加入书应递交总干事保存。

(2) (a) 本联盟以外的任何国家在本议定书的任何规定发生效力前一个月或一个月以上递交加入书的，本议定书应在该规定按照第二十条第(2)款(a)项或(b)项最先发生效力之日对该国发生效力，除非该加入书已经指定以后的日期；但应遵守下例条件：

(Ⅰ) 如第一条至第十二条在上述日期尚未发生效力，在这些规定发生效力以前该国应暂时代之以受里斯本议定书第一条至第十二条的约束；

(Ⅱ) 如第十三条至第十七条在上述日期尚未发生效力，在这些规定发生效力以前该国应暂时代之以受里斯本议定书

第十三条、第十四条第（3）款、第（4）款和第（5）款的约束。

如果该国在其加入书中指定了以后的日期，本议定书应在其指定的日期对该国发生效力。

(b) 本联盟以外的任何国家在本议定书的一组条文发生效力以后，或发生效力前一个月内，递交加入书的，除应受(a) 项但书的约束外，本议定书应在总干事发出该国已经加入的通知之日起三个月后对该国发生效力，除非该加入书已经指定以后的日期。在后一情况下，本议定书应在其指定的日期对该国发生效力。

(3) 本联盟以外的任何国家在本议定书全部发生效力后或发生效力前一个月内递交加入书的，本议定书应在总干事发出该国已经加入的通知之日起三个月后对该国发生效力，除非该加入书已经指定以后的日期。在后一情况下，本议定书应在其指定的日期对该国发生效力。

(c) d

第二十二条
〔批准或加入的后果〕

除适用第二十条第（1）款 (b) 项和第二十八条第（2）款的规定可能有例外，批准或加入应自动导致接受本议定书的全部条款并享受本议定书的全部利益。

第二十三条
〔加入以前的议定书〕

在本议定书全部发生效力以后，各国不得加入本公约前的议定书。

第二十四条

〔领　地〕

（1）任何国家可以在其批准书或加入书中声明，或在以后任何时候以书面通知总干事，本公约适用于该国的声明或通知中所指定的由该国负责其对外关系的全部或部发领地。

（2）任何国家已经作出上述声明或提出上述通知的，可以在任何时候通知总干部，本公约停止适用于上述的全部或部分领地。

（3）（a）根据（1）款提出的声明，应与包括该项声明的批准书或加入书同时发生效力；根据该款提出的通知应在总干事通知此事后三个月发生效力。

（b）根据第（2）款提出的通知，应在总干事收到此项通知十二个月后发生效力。

第二十五条

〔在国内执行本公约〕

（1）本公约的缔约国承诺，根据其宪法，采取保证本公约适用的必要措施。

（2）不言而喻，各国在递交其批准书或加入书时将能根据其本国法律实施本公约的规定。

第二十六条

〔退　出〕

（1）本公约无限期地有效。

（2）任何国家可以通知总干事退出本议定书。该项退出也构成退出本公约以前的一切议定书。退出仅对通知退出的国家发生效力，本公约对本联盟其他国家仍完全有效。

(3) 自总干事收到退出通知之日起一年后，退出发生效力。

(4) 任何国家在成为本联盟成员国之日起五年届满以前，不得行使本条所规定的退出权利。

第二十七条
〔以前议定书的适用〕

(1) 关于适用本议定书的国家之间的关系及其适用范围，本议定书取代 1883 年 3 月 20 日的巴黎公约和以后修订的议定书。

(2) (a) 关于不适用或不全部适用本议定书，但适用 1958 年 10 月 31 日的里斯本议定书的国家，里斯本议定书仍全部有效，或在按第 (1) 款的规定本议定书并未取代该议定书的范围内有效。

(b) 同样，关于既不适用本议定书或其一部分，也不适用里斯本议定书的国家，1934 年 6 月 2 日的伦敦议定书仍全部有效，或在按第 (1) 款的规定本议定书并未取代该议定书的范围内有效。

(c) 同样，关于既不适用本议定书或其一部分，也不适用里斯本议定书，也不适用伦敦议定书的国家，1925 年 11 月 6 日的海牙议定书仍全部有效，或在按第 (1) 款的规定本议定书并未取代该议定书的范围内有效。

(3) 本联盟以外的各国成为本议定书的缔约国的，对非本议定书的缔约国或者虽然是本议定书的缔约国但按照第二十条第 (1) 款 (b) 项第 (Ⅰ) 目提出声明的本联盟任何国家，应适用本议定书。各该国承认，上述本联盟国家在其与各该国的关系中，可以适用该联盟国家所参加的最近议定书的规定。

第二十八条

〔争　议〕

（1）本联盟两个或两个以上国家之间对本公约的解释或适用有争议不能依谈判解决时，有关国家之一可以按照国际法院规约将争议提交该法院，除非有关国家就某一其他解决办法达成协议。将争议提交该法院的国家应通知国际局；国际局应将此事提请本联盟其他国家注意。

（2）每一国家在本议定书上签字或递交批准书或加入书时，可以声明它认为自己不受第（1）款规定的约束。关于该国与本联盟任何其他国家之间的任何争议，上述第（1）款的规定概不适用。

（3）根据上述第（2）款提出声明的任何国家可以在任何时候通知总干事撤回其声明。

第二十九条

〔签字、语言、保存职责〕

（1）（a）本议定书的签字本为一份，用法语写成，由瑞典政府保存。

（b）总干事在与有关政府协商后，应制定英语、德语、意大利语、葡萄牙语、俄罗斯语、西班牙语以及大会指定的其他语言的正式文本。

（c）如对各种文本的解释有不同意见，应以法语本为准。

（2）本议定书在1968年1月13日以前在斯德哥尔摩开放签字。

（3）总干事应将经瑞典政府证明的本议定书签字文本二份分送本联盟所有国家政府，并根据请求，送给任何其他国家政府。

(4) 总干事应将本议定书交联合国秘书处登记。

(5) 总干事应将签字、批准书或加入书的交存和各该文件中包括的或按第二十条第 (1) 款 (c) 项提出的声明，本议定书任何规定的生效、退出的通知以及按照第二十四条提出的通知等，通知本联盟所有国家政府。

第三十条
〔过渡条款〕

(1) 直至第一任总干事就职为止，本议定书所指本组织国际局或总干事应分别视为指本联盟的局或其局长。

(2) 凡不受第十三条至第十七条约束本联盟国家直到建立本组织公约生效后五年为止，可以随其自愿行使本议定书第十三条至第十七条规定的权利，如同各该国受这些条文约束一样。希望行使该项权利的国家应以书面通知总干事；该通知自其收到之日起发生效力。直至该项期间届满为止，这些国家应视为大会的成员国。

(3) 只要本联盟所有国家没有完全成为本组织的成员国，本组织国际局也应行使本联盟的局的职责，总干事也应行使该局局长的职责。

(4) 本联盟所有国家一旦都成为本组织成员国以后，本联盟的局的权利、义务和财产均应移交给本组织国际局。

世界贸易组织协定中《与贸易有关的知识产权协议》

（1994 年）

全体成员，

期望着减少国际贸易中的扭曲与阻力，考虑到有必要促进对知识产权充分、有效的保护，保证知识产权执法的措施与程序不至于变成合法贸易的障碍；

认识到欲达此目的，有必要制定与下列内容有关的新规则与制裁措施：

(a) 1994 年"关税与贸易总协定"的基本原则及有关知识产权的国际协议或公约的基本原则的可适用程度；

(b) 涉及与贸易有关的知识产权的效力、范围及利用的适当标准与原则的规定；

(c) 涉及与贸易有关的知识产权执法的有效与恰当的措施规定，并顾及各国法律制度的差异；

(d) 以多边方式防止及解决政府间争端的有效及快速程序规定；

(e) 目的在于全面接受谈判结果的过渡安排。

承认为处理国际假冒商品贸易而在原则、规则、纪律上建立多边结构的必要性；

承认知识产权为私权；

承认保护知识产权的诸国内制度中被强调的保护公共利益的目的，包括发展目的与技术目的；

也承认最不发达的国家成员在其域内的法律及条例的实施上享有最高灵活性的特殊需要，以使之能建立起健全、可行的技术基础；

强调通过多边程序解决与贸易有关的知识产权争端，从而缓解紧张的重要性；

期望着在世界贸易组织与世界知识产权组织及其他有关国际组织之间建立相互支持的关系；

就此达成如下协议：

第一部分 总条款与基本原则

第一条 成员义务的性质与范围

1. 成员均应使本协议的规定生效。成员可在其域内法中，规定宽于本协议要求的保护，只要其不违反本协议，但成员亦无义务非作这类规定不可。成员有自由确定以其域内法律制度及实践实施本协议的恰当方式。

2. 对于本协议，“知识产权”术语，系指第二部分第一至第七节中所包括的所有类别的知识产权。

3. 成员均应将本协议提供的待遇，赋予其他成员的国民。对有关的知识产权，“其他成员的国民”应理解为合乎巴黎公约1967年文本、伯尔尼公约1971年文本、罗马公约及集成电路知识产权条约所规定的标准，从而可享有保护的自然人或法人，就此而言，世界贸易组织的全体成员亦应视为上述公约的全体成员。任何可能适用罗马公约第五条第3款或第六条第2款的成员，应依照规定通知“与贸易有关的知识产权理事会”。

第二条 知识产权公约

1. 就本协议第二、第三及第四部分而言，全体成员均应符合巴黎公约1967年文本第一条至第十二条及第十九条之规定。

2. 本协议第一至第四部分之所有规定，均不得有损于成员之间依照巴黎公约、伯尔尼公约、罗马公约及集成电路知识产权条约已经承担的现有义务。

第三条 国民待遇

1. 除巴黎公约1967年文本、伯尔尼公约1971年文本、罗马公约及集成电路知识产权条约已规定的例外，各成员在知识产权保护上，对其他成员之国民提供的待遇，不得低于其本国国民。就表演者、录音制品制作者及广播组织而言，该义务仅适用于本协议所提供的权利。任何成员如果可能适用伯尔尼公约第六条或罗马公约第十六条第1款（b）项者，应依照规定通知“与贸易有关的知识产权理事会”。

2. 在司法与行政程序方面，包括在某成员司法管辖范围内，服务地址的确定或代理人的指定，成员均可自行适用本条第1款允许之例外，只要其为确保不违背本协议之法律及条例的实施所必需，只要其未以构成潜在性贸易限制的方式去应用。

第四条 最惠国待遇

在知识产权保护上，某一成员提供其他国国民的任何利益、优惠、特权或豁免，均应立即无条件地适用于全体其他成员之国民。但一成员提供其他国国民的任何下述利益、优惠、特权或豁免，不在其列：

（a）由一般性司法协助及法律实施的国际协定引申出且并非专为保护知识产权的；

（b）伯尔尼公约1971年文本或罗马公约所允许的不按国民待遇、而按互惠原则提供的；

（c）本协议中未加规定的表演者权、录音制品制作者权及广播组织权；

(d)“建立世界贸易组织协定”生效之前业已生效的知识产权保护国际协议中产生的，且已将该协议通知“与贸易有关的知识产权理事会”，并对其他成员之国民不构成随意的或不公平的歧视。

第五条 获得或维持保护的多边协议

上述第三条至第四条之义务，不适用于由世界知识产权组织主持缔结的多边协议中有关获得或维持知识产权的程序。

第六条 权利穷竭

在符合上述第三条至第四条的前提下，在依照本协议而进行的争端解决中，不得借本协议的任何条款，去涉及知识产权权利穷竭问题。

第七条 目标

知识产权的保护与权利行使，目的应在于促进技术的革新、技术的转让与技术的传播，以有利于社会及经济福利的方式去促进技术知识的生产者与使用者互利，并促进权利与义务的平衡。

第八条 原则

1. 成员可在其国内法律及条例的制定或修订中，采取必要措施以保护公众的健康与发展，以增加对其社会经济与技术发展至关紧要之领域中的公益，只要该措施与本协议的规定一致。

2. 可采取适当措施防止权利持有人滥用知识产权，防止借助国际技术转让中的不合理限制贸易行为或消极影响的行为，只要该措施与本协议的规定一致。

第二部分　有关知识产权的效力、范围及利用的标准

第一节　版权与有关权

第九条　与伯尔尼公约的关系

1. 全体成员均应遵守伯尔尼公约1971年文本第一条至第二十一条及公约附录。但对于伯尔尼公约第六条之2规定之权利或对于从该条引申的权利，成员应依本协议而免除权利或义务。

2. 版权保护应延及表达，而不延及思想、工艺、操作方法或数学概念之类。

第十条　计算机程序与数据的汇编

1. 无论以源代码或以目标代码表达的计算机程序，均应作为伯尔尼公约1971年文本所指的文字作品给予保护。

2. 数据或其他材料的汇编，无论采用机器可读形式还是其他形式，只要其内容的选择或安排构成智力创作，即应予以保护。这类不延及数据或材料本身的保护，不得损害数据或材料本身已有的版权。

第十一条　出租权

至少对于计算机程序及电影作品，成员应授权其作者或作者之合法继承人许可或禁止将其享有版权的作品原件或复制件向公众进行商业性出租。对于电影作品，成员可不承担授予出租权之义务，除非有关的出租已导致对作品的广泛复制，其复制程度又严重损害了成员授予作者或作者之合法继承人的复制专有权。对于计算机程序，如果有关程序本身并非出租的主要标的，则不适用本条义务。

第十二条　保护期

除摄影作品或实用艺术作品外，如果某作品的保护期并

非按自然人有生之年计算，则保护期不得少于经许可而出版之年年终起 50 年，如果作品自完成起 50 年内未被许可出版，则保护期应不少于作品完成之年年终起 50 年。

第十三条 限制与例外

全体成员均应将专有权的限制或例外局限于一定特例中，该特例应不与作品的正常利用冲突，也不应不合理地损害权利持有人的合法利益。

第十四条 对表演者、录音制品制作者及广播组织的保护

1. 对于将表演者的表演固定于录音制品的情况，表演者应有可能制止未经其许可而为的下列行为：对其尚未固定的表演加以固定，以及将已经固定的内容加以复制。表演者还应有可能制止未经其许可而为的下列行为：以无线方式向公众广播其现场表演，向公众传播其现场表演。

2. 录音制品制作者应享有权利许可或禁止对其作品的直接或间接复制。

3. 广播组织应享有权利禁止未经其许可而为的下列行为：将其广播以无线方式重播，将其广播固定，将已固定的内容复制，以及通过同样方式将其电视广播向公众传播。如果某些成员不授予广播组织上述权利，则应依照伯尔尼公约 1971 年文本，使对有关广播之内容享有版权之人，有可能制止上述行为。

4. 本协议第十一条有关计算机程序之规定，原则上适用于录音制品制作者，适用于成员域内法所确认的录音制品的任何其他权利持有人。在部长级会议结束乌拉圭回合多边贸易谈判之日，如果某成员已实施了给权利持有人以公平报酬的制度，则可以维持其制度不变，只要在该制度下录音制品的商业性出租不产生实质性损害权利持有人的复制专有权

的后果。

5. 依照本协议而使表演者及录音制品制作者享有的保护期至少应当自有关的固定或表演发生之年年终延续到第50年年终。而本条第3款所提供的保护期则应自有关广播被播出之年年终起至少20年。

6. 任何成员均可在罗马公约允许的范围内，对本条第1款至第3款提供的权利规定条件、限制、例外及保留。但伯尔尼公约1971年文本第18条应在原则上适用于表演者权及录音制品制作者权。

第二节　商　　标

第十五条　可保护的客体

1. 任何能够将一企业的商品或服务与其他企业的商品或服务区分开的标记或标记组合，均应能够构成商标。这类标记，尤其是文字（包括人名）字母、数字、图形要素、色彩的组合，以及上述内容的任何组合，均应能够作为商标获得注册。即使有的标记本来不能区分有关商品或服务，成员亦可依据其经过使用而获得的识别性，确认其可否注册。成员可要求把“标记应系视觉可感知”作为注册条件。

2. 不得将上述第1款理解为阻止成员依其他理由拒绝为某些商标注册，只要该其他理由未背离巴黎公约1967年文本的规定。

3. 成员可将“使用”作为可注册的依据，但不得将商标的实际使用作为提交注册申请的条件，不得仅因为自申请日起未满3年期不主动使用而驳回注册申请。

4. 申请注册的商标所标示的商品或服务的性质，在任何情况下均不应成为该商标获得注册的障碍。

5. 在有关商标获注册之前或即在注册之后，成员应予以公告，并应提供请求撤销该注册的合理机会。此外，成员还可提供对商标的注册提出异议的机会。

第十六条 所授予的权利

1. 注册商标所有人应享有专有权防止任何第三方未经许可而在贸易活动中使用与注册商标相同或近似的标记去标示相同或类似的商品或服务，以造成混淆的可能。如果确将相同标记用于相同商品或服务，即应推定已有混淆之虞。上述权利不得损害任何已有的在先权，也不得影响成员依使用而确认权利效力的可能。

2. 巴黎公约1967年文本第六条之2，原则上适用于服务。确认某商标是否系驰名商标，应顾及有关公众对其知晓程度，包括在该成员地域内因宣传该商标而使公众知晓的程度。

3. 巴黎公约1967年文本第六条之2，原则上适用于与注册商标所标示的商品或服务不类似的商品或服务，只要一旦在不类似的商品或服务上使用该商标，即会暗示该商品或服务与注册商标所有人存在某种联系，从而注册商标所有人的利益可能因此受损。

第十七条 例外

成员可规定商标权的有限例外，诸如对说明性词汇的合理使用之类，只要这种例外顾及了商标所有人及第三方的合法利益。

第十八条 保护期

商标的首期注册及各次续展注册的保护期，均不得少于7年。商标的续展注册次数应系无限次。

第十九条 使用要求

1. 如果要将使用作为保持注册的前提，则只有至少3年连续不使用，商标所有人又未出示妨碍使用的有效理由，方可撤销其注册。如果因不依赖商标所有人意愿的情况而构成使用商标的障碍，诸如进口限制或政府对该商标所标示的商品或服务的其他要求，则应承认其为“不使用”的有效理由。

2. 在商标受其所有人控制时，他人对商标的使用，亦应承认其属于为了保持注册所要求的使用。

商标在贸易中的使用不得被不合理的特殊要求所干扰，诸如要求与其他商标共同使用、以特殊形式使用或以不利于商标将一企业的商品或服务与其他企业区分开的方式使用。本规定不排除在使用某商标以区分不同企业之商品或服务的同时，要求使用另一商标来区别同一企业的特殊商品或服务。但这两个商标之间未必有联系。

第二十一条　许可与转让

成员可确定商标的许可与转让条件；而“确定条件”应理解为不得采用商标强制许可制度，同时，注册商标所有人有权连同或不连同商标所属的经营一道，转让其商标。

第三节　地理标志

第二十二条　地理标志的保护

1. 本协议的地理标志，系指下列标志：其标示出某商品来源于某成员地域内，或来源于该地域中的某地区或某地方，该商品的特定质量、信誉或其他特征，主要与该地理来源相关联。

2. 在地理标志方面，成员应提供法律措施以使利害关系人阻止下列行为：

(a) 不论以任何方式，在商品的称谓或表达上，明示或暗示有关商品来源于并非其真正来源地，并足以使公众对该商品来源误认的；

(b) 不论以任何使用方式，如依照巴黎公约 1967 年文本第 10 条之 2，则将构成不正当竞争的。

3. 如果某商标中包含有或组合有商品的地理标志，而该商品并非来源于该标志所标示的地域，于是在该商标中使用该标志来标示商品，在该成员地域内即具有误导公众不去认明真正来源地的性质，则如果立法允许，该成员应依职权驳回或撤销该商标的注册，或者依一方利害关系人的请求驳回或撤销该商标的注册。

4. 如果某地理标志虽然逐字真实指明商品之来源地域、地区或地方，但仍误导公众以为该商品来源于另一地域，则亦应适用本条以上三款。

第二十三条 对葡萄酒与白酒地理标志的补充保护

1. 各成员均应为利害关系人提供法律措施，以制止用地理标志去标示并非来源于该标志所指的地方的葡萄酒或白酒，即使在这种场合也同时标出了商品的真正来源地，即使该地理标志使用的是翻译文字，或即使伴有某某“种”、某某“型”、某某“式”、某某“类”，或相同的表达方式，也均在制止之列。

2. 如果某葡萄酒或白酒的商标中包含有或组合有标示该酒的地理标志，则对于所标示者并非该酒之来源地的商标，如果域内立法允许，成员应依职权驳回或撤销该商标的注册，或应根据一方利害关系人的请求，驳回或撤销该商标的注册。

3. 在遵守上述第二十二条第 4 款的前提下，如果诸多葡萄酒使用同音字或同形字的地理标志，则保护应及于每一标志。各成员均应在顾及确保给有关生产者以平等待遇、而且不误导消费者的情况下，确定出将有关同音字或同形字地理标志之间区别开的实际条件。

4. 为有利葡萄酒地理标志的保护，应在“与贸易有关的知识产权理事会”中举行谈判，以建立葡萄酒地理标志通告及注册的多边体系，使加入该体系的成员在保护地理标志方面可利用该体系。

第二十四条 国际谈判；例外

1. 全体成员同意：进行目的在于依上述第二十三条加强保护各个地理标志的谈判。成员不得借本条第4款至第8款的规定拒绝谈判或拒绝缔结双边或多边协议。在谈判中，全体成员均应自动顾及本条第4款至第8款对原先曾经是谈判对象的各地理标志的继续适用程度。

2. “与贸易有关的知识产权理事会”应经常对本节规定的实施进行审查，首次审查应在“建立世界贸易组织协定”生效起两年之内。凡影响履行依本节规定产生之义务的任何事宜，均可送审理事会。在有关事宜已经不可能通过相关成员双边或多边协商获满意结果时，根据某一成员请求，理事会应当就该事宜与一方或多方成员协商。理事会应采取可能达成一致的行动，促使实现及发展本节要达到的目的。

3. 成员在实施本节规定时，不得降低“建立世界贸易组织协定”生效日临近前业已存在的该成员保护地理标志的水平。

4. 如果某成员之国民或居民已连续在该成员地域内，于相同或有关的葡萄酒或白酒商品或服务上，使用了另一成员用于标示有关商品或服务的地理标志，同时，其于部长级会议结束乌拉圭回合谈判之前已使用至少10年，或在该日前系善意使用，则本节之任何规定均不应要求该成员制止其继续以同样方式使用。

5. 如果在某成员适用下文第六部分规定之前或在有关地理标志于来源国获得保护之前，某商标已善意申请或获得注册，或已通过善意使用获商标权，则本节措施的实施不得因该商标与某地理标志相同或近似，而损害该商标注册的利益或效力，或损害该商标的使用权。

6. 如果某成员在其地域内的商品或服务上以惯用的通常语文作为通常名称使用时，与其他成员地理标志相同，则本节并不要求该成员适用本节之规定。如果在“建立世界贸易组织协定”生效之日，某成员地域内已有的葡萄品种的惯用名称与其他成员葡萄酒产品之地理标志相同，则本节并不要求该成员适用本节之规定。

7. 成员可做出规定：依本节而提出的任何有关（将地理标志作为商标）使用或注册的请求，均须在受保护的地理标志不被作为地理标志使用在该成员域内已经为人所共知之后的5年内提出，如果该商标在注册之日已被公布，并且公布之日早于上述“人所共知”之日，则须在该商标注册后5年内提出，只要对该地理标志的使用或注册不是恶意的。

8. 本节不得损害任何人在贸易活动中对其姓名或其继续用之营业名称的使用权，但若以误导公众的方式使用，则不在其列。

9. 对于在其来源国不受保护或中止保护的地理标志、或在来源国已废止使用的地理标志，依本协议无保护义务。

第四节　工业品外观设计

第二十五条　保护要求

1. 对独立创作的、具有新颖性或原创性的工业品外观设计，全体成员均应提供保护。成员可以规定：非新颖或非原创，系指某外观设计与已知设计或已知设计特征之组合相比，无明显区别。成员可以规定：外观设计之保护，不得延及主要由技术因素或功能因素构成的设计。

2. 各成员应保证其对保护纺织品外观设计的要求，特别是对成本、检验或公布的要求，不至于不合理地损害求得保护的机会。成员有自由选择用工业品外观设计法或用版权法去履行本款义务。

第二十六条　保护

1. 受保护的工业品外观设计所有人，应有权制止第三方未经许可而为商业目的制造、销售或进口带有或体现有受保护设计的复制品或实质性复制品之物品。

2. 成员可对工业品外观设计的保护规定有限的例外，只要在顾及第三方合法利益的前提下，该例外并未与受保护设计的正常利用不合理地冲突，也未不合理地损害受保护设计所有人的合法利益。

3. 可享有的保护期应不少于10年。

第五节　专　利

第二十七条　可获专利的发明

1. 在符合本条下述第2款至第3款的前提下，一切技术领域中的任何发明，无论产品发明或方法发明，只要其新颖、含创造性并可付诸工业应用，均应有可能获得专利。在符合第65条第4款、第70条第8款及本条第3款的前提下，获得专利及享有专利权，不得因发明地点不同、技术领域不同及产品之系进口或系本地制造之不同而给予歧视。

2. 如果为保护公共秩序或公德，包括保护人类、动物或植物的生命与健康，或为避免对环境的严重破坏所必需，各成员均可排除某些发明于可获专利之外，可制止在该成员地域内就这类发明进行商业性使用，只要这种排除并非仅由于该成员的域内法律禁止该发明的使用。

3. 成员还可以将下列各项排除于可获专利之外：

(a) 诊治人类或动物的诊断方法、治疗方法及外科手术方法；

(b) 除微生物之外的动、植物，以及生产动、植物的主要是生物的方法；生产动、植物的非生物方法及微生物方法除外；

但成员应以专利制度或有效的专门制度，或以任何组合制度，给植物新品种以保护。对本项规定应在“建立世界贸易组织协定”生效的 4 年之后进行检查。

第二十八条　所授予的权利

1. 专利应赋予其所有人下列专有权：

(a) 如果该专利所保护的是产品，则有权制止第三方未经许可的下列行为：制造、使用、提供销售、销售，或为上述目的而进口该产品；

(b) 如果该专利保护的是方法，则有权制止第三方未经许可使用该方法的行为以及下列行为：使用、提供销售、销售或为上述目的进口至少是依照该方法而直接获得的产品。

2. 专利所有人还应有权转让或通过继承转移其专利，应有权缔结许可证合同。

第二十九条　专利申请人的条件

1. 成员应要求专利申请人以足够清楚与完整的方式披露其发明，以使同一技术领域的技术人员能够实施该发明，并可要求申请人指明在申请日或（如提出优先权要求）在优先权日该发明的发明人所知的最佳实施方案。

2. 成员可要求专利申请人提供其相应的外国申请及批准情况的信息。

第三十条　所授权利之例外

成员可对所授的专有权规定有限的例外，只要在顾及第三方合法利益的前提下，该例外并未专利的正常利用不合理地冲突，也并未不合理地损害专利所有人的合法利益。

第三十一条 未经权利持有人许可的其他使用

如果成员的法律允许未经权利持有人许可而就专利的内容进行其他使用，包括政府使用或政府授权的第三方使用，则应遵守下列规定：

(a) 对这类使用的（官方）授权应各案酌处；

(b) 只有在使用前，意图使用之人已经努力向权利持有人要求依合理的商业条款及条件获得许可，但在合理期限内未获成功，方可允许这类使用。一旦某成员进入国家紧急状态，或在其他特别紧急情况下，或在公共的非商业性场合，则可以不受上述要求约束。但在国家紧急状态或其他特别紧急状态下，应合理可行地尽快通知权利持有人。在公共的非商业使用场合，如果政府或政府授权之合同人未经专利检索而知或有明显理由应知政府将使用或将为政府而使用某有效专利，则应立即通知权利持有人；

(c) 使用范围及期限均应局限于原先允许使用时的目的之内；如果所使用的是半导体技术，则仅仅应进行公共的非商业性使用，或经司法或行政程序已确定为反竞争行为而给予救济的使用；

(d) 这类使用应系非专有使用；

(e) 这类使用不得转让，除非与从事使用的那部分企业或商誉一并转让；

(f) 任何这类使用的授权，均应主要为供应授权之成员域内市场之需；

(g) 在适当保护被授权使用人之合法利益的前提下，一旦导致授权的情况不复存在，又很难再发生，则应中止该使用的授权。主管当局应有权主动要求审查导致授权的情况是否继续存在；

(h) 在顾及有关授权使用的经济价值的前提下，上述各种场合均应支付权利持有人使用费；

(i) 关于这种授权之决定的法律效力，应接受司法审查，或显然更高级主管当局的其他独立审查；

(j) 任何规范这类使用费的决定，均应接受司法审查，或接受该成员的显然更高级主管当局的其他独立审查；

(k) 如果有关使用系经司法或行政程序业已确定为反竞争行为的救济方才允许的使用，则成员无义务适用上述 (b) 项及 (f) 项所定的条件。确定这类情况的使用费额度时，可考虑纠正反竞争行为的需要。一旦导致授权的情况可能再发生，主管当局即应有权拒绝中止该授权；

(l) 如果这类授权使用是为允许开发一项专利（“第二专利”），而若不侵犯另一专利（“第一专利”）又无法开发，则授权时应适用下列条件：

1) 第二专利之权利要求书所覆盖的发明，比起第一专利之权利要求书所覆盖的发明，应具有相当经济效益的重大技术进步；

2) 第一专利所有人应有权按合理条款取得第二专利所覆盖之发明的交叉使用许可证；

3) 就第一专利发出的授权使用，除与第二专利一并转让外，不得转让。

第三十二条 撤销与无效

撤销专利或宣布专利无效的任何决定，均应提供机会给予司法审查。

第三十三条 保护期

可享有的保护期，应不少于自提交申请之日起的 20 年年终。

第三十四条 方法专利；举证责任

1. 在第二十八条第1款（b）项所指的侵犯专利所有人之权利的民事诉讼中，如果专利的内容系获得产品的方法，司法当局应有权责令被告证明其获得相同产品的方法，不同于该专利方法。所以，成员应规定：至少在下列情况之一中，如无相反证据，则未经专利所有人许可而制造的任何相同产品，均应视为使用该专利方法而获得：

（a）如果使用该专利方法而获得的产品系新产品；

（b）如果该相同产品极似使用该专利方法所制造，而专利所有人经合理努力仍未能确定其确实使用了该专利方法。

2. 任何成员均应有自由规定：只有满足上述（a）或（b）规定之条件，被指为侵权人的一方，才应承担本条第1款所说的举证责任。

3. 在引用相反证据时，应顾及被告保护其制造秘密及商业秘密的合法利益。

第六节 集成电路布图设计（拓扑图）

第三十五条 与集成电路知识产权条约的关系

全体成员同意，依照“集成电路知识产权条约”第二条至第七条（其中第六条第3款除外）、第十二条及第十六条第3款，为集成电路布图设计（即拓扑图，下称“布图设计”）提供保护；此外，全体成员还同意遵守下列规定。

第三十六条 保护范围

在符合下文第三十七条第1款前提下，成员应将未经权利持有人许可而从事的下列活动视为非法：为商业目的进口、销售或以其他方式发行受保护的布图设计；为商业目的进口、销售或以其他方式发行含有受保护布图设计的集成电路；或为商业目的进口、销售或以其他方式发行含有上述集成电路的物品（仅以其持续包含非法复制的布图设计为限）。

第三十七条　无需获权利持有人许可的活动

1. 对于第三十六条所指的从事任何含有非法复制之布图设计的集成电路或含有这类集成电路之物品的活动，如果从事或提供该活动者，在获得该物品时不知、也无合理根据应知有关物品中含有非法复制的布图设计，则不论第三十六条如何规定，任何成员均不得认为该活动非法。成员应规定：在上述行为人收悉该布图设计原系非法复制的明确通知后，仍可以就其事先的库存物品或预购的物品，从事上述活动，但应有责任向权利持有人支付报酬，支付额应相当于自由谈判签订的有关该布图设计的使用许可证合同应支付的使用费。

2. 上文中第三十一条（a）至（k）项规定的条件，原则上应适用于有关布图设计的任何非自愿许可证，或政府使用的或为政府而使用的、未经权利持有人授权的活动。

第三十八条　保护期

1. 在要求将注册作为保护条件的成员中，布图设计保护期不得少于从注册申请的提交日起、或从该设计于世界任何地方首次付诸商业利用起 10 年。

2. 在不要求将注册作为保护条件的成员中，布图设计保护期不得少于从该设计于世界任何地方首次付诸商业利用起 10 年。

3. 无论上述第 1 款、第 2 款如何规定，成员均可将保护期规定为布图设计创作完成起 15 年。

第七节　未披露过的信息的保护

第三十九条

1. 在保证按照巴黎公约 1967 年文本第十条之 2 的规定为反不正当竞争提供有效保护的过程中，成员应依照本条第

2款，保护未披露过的信息；应依照本条第3款，保护向政府或政府的代理机构提交的数据。

2. 只要有关信息符合下列三个条件：在一定意义上，其属于秘密，就是说，该信息作为整体或作为其中内容的确切组合，并非通常从事有关该信息工作之领域的人们所普遍了解或容易获得的；因其属于秘密而具有商业价值；合法控制该信息之人，为保密已经根据有关情况采取了合理措施；

则自然人及法人均应有可能防止他人未经许可而以违背诚实商业行为的方式披露、获得或使用合法处于其控制下的该信息。

3. 当成员要求以提交未披露过的实验数据或其他数据，作为批准采用新化学成分的医药用或农用化工产品上市的条件时，如果该数据的原创活动包含了相当的努力，则该成员应保护该数据，以防不正当的商业使用。同时，除非出于保护公众的需要，或除非已采取措施保证对该数据的保护、防止不正当的商业使用，成员均应保护该数据以防其被泄露。

第八节　协议许可证中对限制竞争行为的控制

第四十条

1. 全体成员一致认为：与知识产权有关的某些妨碍竞争的许可证贸易活动或条件，可能对贸易具有消极影响，并可能阻碍技术的转让与传播。

2. 本协议的规定，不应阻止成员在其国内立法中具体说明在特定场合可能构成对知识产权的滥用，从而在有关市场对竞争有消极影响的许可证贸易活动或条件。如上文所规定，成员可在与本协议的其他规定一致的前提下，顾及该成员的有关法律及条例，采取适当措施防止或控制这类活动。

这类活动包括诸如独占性返授条件、禁止对有关知识产权的有效性提出异议的条件、或强迫性的一揽子许可证。

3. 如果任何一成员有理由认为作为另一成员之国民或居民的知识产权所有人正从事违反前一成员的有涉本节内容之法规的活动，同时前一成员又希望不损害任何合法活动、也不妨碍各方成员作终局决定的充分自由，又能保证对其域内法规的遵守，则后一成员应当根据前一成员的要求而与之协商。在符合其域内法律，并达成双方满意的协议以使要求协商的成员予以保密的前提下，被要求协商的成员应对协商给予充分的、真诚的考虑，并提供合适的机会，并应提供与所协商之问题有关的、可公开获得的非秘密信息，以及该成员能得到的其他信息，以示合作。

4. 如果一成员的国民或居民被指控违反另一成员的有涉本节内容的法律与条例，因而在另一成员境内被诉，则前一成员应依照本条第 3 款之相同条件，根据后一成员的要求，提供与之协商的机会。

第三部分　知识产权执法

第一节　总　义　务

第四十一条

1. 成员应保证本部分所规定的执法程序依照其国内法可以行之有效，以便能够采用有效措施制止任何侵犯本协议所包含的知识产权的行为，包括及时的防止侵权的救济，以及阻止进一步侵权的救济。这些程序的应用方式应避免造成合法贸易的障碍，同时应能够为防止有关程序的滥用提供保障。

2. 知识产权的执法程序应公平合理。它们不得过于复杂或花费过高、或包含不合理的时效或无保障的拖延。

3. 就各案的是非作出的判决，最好采取书面形式，并应说明判决的理由。有关判决至少应及时送达诉讼当事各方。对各案是非的判决应仅仅根据证据，应向当事各方就该证据提供陈述机会。

4. 对于行政的终局决定，以及（在符合国内法对有关案件重要性的司法管辖规定的前提下）至少对案件是非的初审司法判决中的法律问题，诉讼当事人应有机会提交司法当局复审。但是对刑事案件中的宣布无罪，成员无义务提供复审机会。

5. 协议本部分之规定被认为并不产生下列义务：为知识产权执法，而代之以不同于一般法律的执行的司法制度，本部分也不影响成员执行其一般法律的能力。本部分的任何规定均不产生知识产权执法与一般法的执行之间涉及财力物力分配的义务。

第二节　民事与行政程序及救济

第四十二条　公平合理程序

成员应为权利持有人提供本协议所包括的任何知识产权的执法的民事司法程序。被告应有权获得及时的、足够详细的、包含权利主张之依据的书面通知。应允许独立的法律顾问充当各方当事人的代理人，有关的程序不得强行规定强制当事人本人出庭以增加额外负担。应正式赋予程序中的当事各方证明其权利主张以及出示一切有关证据的权利。该程序应提供措施以便识别和保护秘密信息，除非有关措施与现行宪法的要求相背离。

第四十三条　证据的提供

1. 如果一方当事人已经提供足够支持其权利主张的、

并能够合理取得的证据，同时指出了由另一方当事人控制的证明其权利主张的证据，则司法当局应有权在适当场合确保对秘密信息给予保护的条件下责令另一方当事人提供证据。

2. 如果诉讼的一方当事人无正当理由主动拒绝接受必要的信息，或在合理期限内未提供必要的信息，或明显妨碍与知识产权之执法的诉讼有关的程序，则成员可以授权司法当局在为当事人对有关主张或证据提供陈述机会的前提下，就已经出示的信息（包括受拒绝接受信息之消极影响的当事人一方所提交的告诉或陈述），做出初步或最终确认或否认的决定。

第四十四条 禁令

1. 司法当局应有权责令当事人停止侵权，尤其有权在海关一旦放行之后，立即禁止含有侵犯知识产权的进口商品在该当局管辖范围内进入商业渠道。对于当事人在已知、或有充分理由应知经营有关商品会导致侵犯知识产权之前即已获得或已预购的该商品，成员无义务授予司法当局上述权力。

2. 不论本部分的其他条文如何规定，在符合第二部分规定的无权利持有人许可的政府使用或政府授权第三方使用的条件下，成员可规定：针对这类使用的救济仅限于依照上文第三十一条（h）项，支付使用费。在其他情况下，则应适用本部分所规定的救济，或如果这类救济不符合国内法，则应作出确认权属的宣告并给予适当补偿。

第四十五条 损害赔偿

1. 对已知或有充分理由应知自己从事之活动系侵权的侵权人，司法当局应有权责令其向权利人支付足以弥补因侵犯知识产权而给权利持有人造成之损失的损害赔偿费。

2. 司法当局还应有权责令侵权人向权利持有人支付其

他开支，其中可包括适当的律师费。在适当场合即使侵权人不知、或无充分理由应知自己从事之活动系侵权，成员仍可以授权司法当局责令其返还所得利润或令其支付法定赔偿额，或二者并处。

第四十六条 其他救济

为了对侵权活动造成有效威慑，司法当局应有权在不进行任何补偿的情况下，将已经发现的正处于侵权状态的商品排除出商业渠道，排除程度以避免对权利持有人造成任何损害为限，或者，只要不违背现行宪法的要求，应有权责令销毁该商品。司法当局还应有权在不进行任何补偿的情况下，责令将主要用于制作侵权商品的原料与工具排除出商业渠道，排除程度以尽可能减少进一步侵权的危险为限。在考虑这类请求时，应顾及第三方利益，并顾及侵权的严重程度和所下令使用的救济之间相协调的需要。对于假冒商标的商品，除了个别场合，仅将非法附着在商品上的商标拿掉，尚不足以允许这类商品投放商业渠道。

第四十七条 获得信息权

成员可规定，只要并非与侵权的严重程度不协调，司法当局均应有权责令侵权人将卷入制造和销售侵权商品或提供侵权服务的第三方的身份及其销售渠道等信息提供给权利持有人。

第四十八条 对被告的赔偿

1. 如果一方当事人所要求的措施已经采取，但该方滥用了知识产权的执法程序，司法当局应有权责令该当事人向误受禁止或限制的另一方当事人对因滥用而造成的损害提供适当赔偿。司法当局还应有权责令原告为被告支付开支，其中包括适当的律师费。

2. 在对涉及知识产权的保护或行使的任何法律进行行

政执法的场合，只有政府当局及官员们在这种执法的过程中，系善意采取或试图采取特定的救济措施时，成员才应免除他们为采取措施而应负的过失责任。

第四十九条 行政程序

在以行政程序确认案件的是非并责令进行任何民事救济时，该行政程序应符合基本与本节之规定相同的原则。

第三节 临时措施

第五十条

1. 为了：

(a) 制止侵犯任何知识产权活动的发生，尤其是制止包括刚由海关放行的进口商品在内的侵权商品进入其管辖范围的商业渠道；

(b) 保存被诉为侵权的有关证据。

司法当局应有权下令采取及时有效的临时措施。

2. 如果认为适当，司法当局应有权在开庭前依照一方当事人请求，采取临时措施，尤其是在一旦有任何迟误则很可能给权利持有人造成不可弥补的损害的情况下，或在有关证据显然有被销毁的危险的情况下。

3. 司法当局应有权要求临时措施之请求的申请人提供任何可以合法获得的证据，以使该当局自己即足以确认该申请人系权利持有人，确认其权利正在被侵犯或侵权活动发生在即，该当局还应有权责令申请人提供足以保护被告和防止申请人滥用权利的诉讼保证金，或提供与之相当的担保。

4. 如果临时措施系开庭前依照单方请求而采取，则应及时通知受此影响的当事各方，至少在执行该措施之后不得延误该通知。在通知之后的合理期限内根据被告的请求应提供复审，包括给被告以陈述的权利，以决定是否须修改、撤销或确认该临时措施。

5. 可要求提出请求的申请人提供其他必要信息，以使将要执行临时措施的司法当局认证有关商品。

6. 在不妨害本条第 4 款的前提下，如果合理期限内未提起判决案件是非的诉讼，则应根据被告的请求，撤销依照本条第 1 款、第 2 款而采取的临时措施，或中止其效力。如果国内法律允许，则上述期限由发出临时措施令的司法当局确定。如果无司法当局的确定，则上述期限不得超过 20 个工作日或 31 个日历日，以二者中期限长者为准。

7. 如果临时措施被撤销，或如果因申请人的任何行为或疏忽失效，或如果事后发现始终不存在对知识产权的侵犯或侵权威胁，则根据被告的请求，司法当局应有权责令申请人就有关的临时措施给被告造成的任何损害向被告提供适当赔偿。

8. 如果行政程序的结果可以责令采取任何临时措施，则该程序亦应符合基本与本节规定相同的原则。

第四节　有关边境措施的专门要求

第五十一条　海关当局中止放行

成员均应在符合下文之规定的前提下，采用有关程序，以使有合法理由怀疑假冒商标的商品或盗版商品的进口可能发生的权利持有人，能够向主管的司法或行政当局提交书面申请，要海关中止放该商品进入自由流通。对其他侵犯知识产权的活动，成员也可以规定同样的申请程序，只要其符合本节的要求，成员还可以提供相应的程序，对于意图从其地域内出口的侵权商品，由海关当局中止放行。

第五十二条　申请

凡申请采用上文第五十一条之程序的权利持有人，均应提供适当证据足以向主管当局证明，依照进口国法律对其知识产权的侵犯，已经不言而喻地存在；同时还应提供使海关当局可以及时识别侵权商品的有关该商品的足够详细的说明。主管当局应在合理期限内通知申请人是否已经接受其申请，如果由主管当局决定时间，则还应将海关采取行动的期限通知申请人。

第五十三条　保证金或与之相当的担保

1. 主管当局应有权要求申请人提供足以保护被告和该主管当局并防止申请人滥用权利的保证金或与之相当的担保。这类保证金或相当的担保不得不合理地妨碍上述程序的采用。

2. 如果根据本节规定的申请，经海关当局依照非司法当局或非其他独立当局的决定，中止了含有工业品外观设计、专利、布图设计或未披露之信息的商品的放行，而经正式授权的当局未能在下文第五十五条所规定的期限内批准临时救济，而此时有关进口的一切其他条件又均已符合，则有关商品的所有人、进口人、或收货人在提交保证金的前提下，应有权获得该商品的放行，这一保证金数额应足够保护权利持有人受到的任何侵犯。这一保证金的交付不应妨害权利持有人能够获得的任何其他救济。应当认为：如果权利持有人未能在合理期限内行使其权利提起诉讼，则当局应交还上述保证金。

第五十四条　中止放行通知

根据上文第五十一条对商品放行的中止，应立即通知进口人和申请人。

第五十五条　中止放行期限

如果在向申请人发出中止通知后不超过10个工作日的期限内，海关当局未被通知除被告之外的当事人已经就判决案件的是非提起诉讼，或未被通知经合法授权的当局已决定采取临时措施延长对该商品的放行中止期，则该商品应予放行，只要进口或出口的一切其他条件均已符合；在适当场合，这一期限可以再延长10个工作日。如果已提起判决案件是非的诉讼，则在合理期限内，根据被告的请求，应进行复审，包括给被告以陈述的权利，以便确定是否应修改、撤销或确认这些措施。尽管有本条上述规定，如果依照临时司法措掩执行或继续中止放行，则仍应适用上文第五十条第6款。

第五十六条 对进口人及商品所有人的赔偿

对于误扣商品造成的损失、或按照上文第五十五条的规定已放行的商品因扣留而造成的损害，有关当局应有权责令申请人向该商品的进口人、收货人及商品的所有人支付适当补偿。

第五十七条 检查权及获得信息权

在不妨害对秘密信息给予保护的前提下，成员应授权主管当局为权利持有人提供足够的机会请人检查海关扣下的任何产品，以便证实其权利主张。该主管当局还应有权向进口人提供同样机会以请人检查任何该产品。如果案件确系侵权已有定论，则成员可授权该主管当局将发货人、进口人及收货人的姓名、地址以及有关商品数量等信息提供给权利持有人。

第五十八条 依职权的行为

如果成员要求主管当局在其已获得初步证据表明有关商品侵犯知识产权时，主动采取行动，中止放行，则：

(a) 该主管当局可以随时向权利持有人索取可能有助于其行使权力的任何信息；

(b) 应立即将中止放行通知进口人及权利持有人。如果进口人已向该主管当局提出反对中止的申诉，则该项中止行为原则上应遵守上文第五十五条的规定；

(c) 只有对政府当局及官员们系善意采取或试图采取特定救济措施的情况，成员才应免除其为采取措施而应负的过失责任。

第五十九条 救济

在不妨害权利持有人有自由采取行动的其他权利，并使被告有权寻求司法当局进行复审的前提下，主管当局应有权依照上文第四十六条的原则，责令销毁或处置侵权商品。对于假冒商标的商品，除个别场合外，主管当局不得允许该侵权商品按照原封不动的状态重新出口，或以不同的海关程序处理该商品。

第六十条 可忽略不计的进口

成员可将旅客个人行李中携带的或在小件托运中运送的少量非商业性商品，排除于上述规定的适用范围之外。

第五节 刑事程序

第六十一条

全体成员均应提供刑事程序及刑事惩罚，至少对于有意以商业规模假冒商标或对版权盗版的情况是如此。可以采用的救济应包括处以足够起威慑作用的监禁，或处以罚金，或二者并处，以符合适用于相应严重罪行的惩罚标准为限。在适当场合，可采用的救济还应包括扣留、没收或销毁侵权商品以及任何主要用于从事上述犯罪活动的原料及工具。成员可规定将刑事程序及刑事惩罚适用于侵犯知识产权的其他情况，尤其是有意侵权并且以商业规模侵权的情况。

第四部分　知识产权的获得与维持及有关当事人之间的程序

第六十二条

1. 成员可要求把符合合理程序及符合合理形式，作为获得或维持本协议第二部分第2节至第6节中所指的知识产权的条件。这类程序及形式应与本协议的规定一致。

2. 如果某种知识产权须经授权或注册方可获得，则在符合获得该权利的实质条件的前提下，成员应使授权或注册程序能够保证在合理期限内批准授权或注册，以免无保障地缩短保护期。

3. 巴黎公约1967年文本第四条应原则上适用于服务商标。

4. 有关获得和维持知识产权的程序，以及国内法规定的程序、行政撤销及诸如当事人之间的异议、无效和撤销程序，均应适用第四十一条第2款、第3款所规定的总原则。

5. 经本条第4款所指的任何程序做出的终局行政决定，均应接受司法或准司法当局的审查。但在异议不成立或行政撤销不成立的场合，应无义务对该决定提供司法审查，只要该程序的依据能够在无效诉讼中得到处理。

第五部分　争端的防止与解决

第六十三条　透明度

1. 各成员所实施的、与本协议内容（即知识产权之效力、范围、获得、执法及防止滥用）有关的法律、条例，以及普遍适用的终审司法判决和终局行政裁决，均应以该国文字颁布；如果在实践中无颁布的可能，则应以该国文字使公众能够获得，以使各成员政府及权利持有人知悉。一方成员的政府或政府代理机构与任何他方政府或政府代理机构之间生效的与本协议内容有关的各种协议，也应予颁布。

2. 成员均应将本条第 1 款所指的法律及条例通知“与贸易有关的知识产权理事会”，以便协助该理事会检查本协议的执行情况。该理事会应力图减轻各成员履行这一义务的负担。如果同世界知识产权组织之间关于建立接收上述法律及条例的共同登记机构的协商获得成功，则将有关法律及条例直接通知该理事会的义务可以决定撤销。该理事会还应就此考虑被要求提交的来源于巴黎公约 1967 年文本第六条之 3 与符合本协议义务的通知所必需的措施。

3. 各成员均应有准备依照另一方成员的书面请求提供本条第 1 款中所指的一类信息。如果某一成员有理由相信知识产权领域的某一特殊司法判决或行政裁决或双边协议影响了其依照本协议所享有的权利，也可以书面请求获得或者请求对方通知该特殊司法判决、行政裁决或双边协议的足够详细的内容。

4. 如果披露有关秘密信息将妨害法律的执行或违反公共利益，或损害特定的公有或私有企业的合法商业利益，则本条第 1 款至第 3 款均不要求成员披露该秘密信息。

第六十四条　争端解决

1. 除本协议的特殊规定之外，1994 年“关税与贸易总协定”文本就解释及适用总协定第二十二条及第二十三条而达成的解决争端的规范和程序的谅解协议，应适用于就本协议而产生的争端的协商与解决。

2.1994 年“关税与贸易总协定”第二十三条第 1 款 (b) 项及 (c) 项，在“建立世界贸易组织协定”生效的 5 年期限内，不得适用于解决就本协议而产生的争端。

3. 在本条第 2 款所指的期限内，“与贸易有关的知识产权理事会”应审查实施第 2 款所指的第二十三条第 1 款 (b)

项与（c）项类型的依照本协议提出的意见，并将理事会的建议提交部长级会议批准。该部长级会议为批准有关建议或延长本条第2款期限所作的任何决定均必须一致通过，通过后的建议无需更多的批准程序即应对全体成员生效。

第六部分　过渡协议

第六十五条　过渡协议

1. 在符合本条第2款至第4款的前提下，任何成员均无义务在“建立世界贸易组织协定”生效之日后1年内适用本协议的规定。

2. 任何发展中国家成员均有权在本条第1款规定的时间之外再延迟4年适用本协议，但本协议第一部分第三条至第五条除外。

3. 正在从中央计划经济向市场自由企业经济转轨以及正进行其知识产权制度的体制改革并面临知识产权法的准备及实施的特殊问题的任何其他成员，也可享受本条第2款预示的延期适用。

4. 如果某发展中国家成员按照本协议有义务将产品专利的保护扩大到其适用本协议之日前在其地域内不受保护的技术领域，则其在该技术领域适用本协议第二部分第5节的规定可再延迟5年。

5. 任何享有本条第1款至第4款中任何一款提供的过渡期的成员均应确保在过渡期内其域内法律、条例及司法实践的任何变更不得导致降低符合本协议水平的保护。

第六十六条　最不发达国家成员

1. 考虑到最不发达国家成员的特殊需要和要求，考虑到其经济、金融和行政压力，考虑到其为造就有效的技术基础而对灵活性的需要，不得要求这类成员在上文第六十五条第 1 款所指的适用日起 10 年内实施本协议的规定，但本协议第三条至第五条除外。理事会应根据最不发达国家成员主动提出的正当请求，准许延长该期限。

2. 发达国家成员应鼓励其域内企业及单位发展对最不发达国家成员的技术转让，以使最不发达国家成员能造就良好的、有效的技术基础。

第六十七条 技术合作

为利于本协议的实施，发达国家成员应根据要求并依照相互协商一致的条款与条件，提供使发展中国家成员和最不发达国家成员受益的技术和金融合作。这类合作应包括协助后者制定保护知识产权、知识产权执法以及防止知识产权滥用的国内立法，还应包括支持建立或健全与此有关的国内官方及代理机构，其中包括对人员的培训。

第七部分 机构安排；最后条款

第六十八条 与贸易有关的知识产权理事会

“与贸易有关的知识产权理事会”应监督本协议的实施，尤其是监督全体成员对本协议所定义务的履行，并应当为成员提供机会，协商与贸易有关的知识产权问题。该理事会应完成成员们指定的其他任务，尤其应提供成员们在争端解决过程中要求的任何协助。理事会在履行职责的过程中，可以同它认为合适的任何方面协商或向其求得信息。理事会通过与世界知识产权组织的协商，应在其第一次会议后 1 年内，寻求建立与该组织的机构合作的适当安排。

第六十九条 国际合作

为消灭侵犯知识产权的国际商品贸易，全体成员同意互相合作。为此，成员应在其国内行政机关中建立联络处，并通告其联络处，应随时交换有关侵权商品贸易的信息。成员们尤其应促进其海关当局之间对有关假冒商标的商品及盗版商品贸易的信息交换与合作。

第七十条 对已有客体的保护

1. 本协议对有关成员适用本协议之日前发生的行为，不产生任何义务。

2. 除本协议另有规定外，本协议对有关成员适用本协议之日前的已有客体均产生义务，只要该客体在有关成员适用本协议之日即受保护，或该客体已符合或即将符合依照本协议受保护的条件所定的标准。对于本款和本条第3款、第4款，已有作品的版权保护义务，应只依照伯尔尼公约1971年文本第十八条而定，对已有录音制品中的制作者权与表演者权的保护义务，在适用本协议第十四条第6款时，也只依照伯尔尼公约1971年文本第十八条而定。

3. 对于在有关成员适用本协议之日已进入公有领域的客体，应无义务恢复保护。

4. 对体现受保护客体的特定物，如果对其从事的任何活动，依照符合本协议的立法中的规定，构成侵权，而该活动在该成员批准"建立世界贸易组织协定"之日前已经开始，或已经作了重大投资，则任何成员均可对权利持有人在该成员适用本协议之后该活动被继续进行而可以获得的救济予以限制。但在这种场合，成员应至少规定向权利持有人支付公平的使用费。

5. 对于本协议在有关成员适用之日前购买的原件或复制件，该成员无义务适用本协议第十一条及第十四条第4款。

6. 如果在本协议成为公知之前，经成员政府授权在未经权利持有人许可情况下使用了某专利，则不得要求该成员适用第三十一条，或适用第二十七条第1款有关专利权的享有应不依技术领域而异的要求。

7. 如果知识产权的保护以注册为先决条件，则应允许修改在有关成员适用本协议之前提交的未决注册申请案，以便要求本协议提供的任何提高后的保护。这类修改不得加进新客体。

8. 如果在“建立世界贸易组织协定”生效之日，某成员尚未在医药化工产品及农用化工产品的专利保护上，符合本协议第二十七条规定的义务，则该成员：

(1) 不论上文第六部分如何规定，均应自“建立世界贸易组织协定”生效之日起规定出使上述发明的专利申请案可以提交的措施；

(2) 在适用本协议之日，即应对上述专利申请案适用本协议所规定的可获得专利的标准，视同这些标准从申请案提交到该成员之日即已适用；如果可享有优先权、而且申请人也要求了优先权，则视同这些标准从申请案的优先权日即已适用；

(3) 对于凡是符合本条 (2) 项所指的保护标准的申请案，应当按照本协议，从其专利的批准起，对尚未届满保护期的剩余时间，按本协议第三十三条规定的申请案提交之日计算的保护期，提供专利保护。

9. 如果某产品系在某成员域内依照上文第八条 (1) 项而提交的专利申请案中的内容，则不论本协议第六部分如何规定，在该产品于该成员地域获投放市场许可后 5 年或该产品专利之申请被批准或被驳回之前（以二者中时间居短者为准），该成员应授予该产品以独占投放市场权，只要在“建立世界贸易组织协定”生效之后，该专利申请案已在另一成员提交、并已在该另一成员域内获产品专利及获准投放市场。

第七十一条　审查与修订

1. 在上文第六十五条第2款所指的过渡期届满之后，"与贸易有关的知识产权理事会"应审查对本协议的实施情况。该理事会还应在考虑到其实施中已有经验的情况下，于首次审查之日起两年后再审查一次，其后固定为每两年审查一次。在发现有可能成为本协议之更正或修订理由的新动向时，该理事会也可以开展审查。

2. 对于仅仅以提高知识产权的保护水平为目的的修订，如果在其他多边协议中采用并已生效，而世界贸易组织的全体成员已接受该协议中的修订，则可以按照"建立世界贸易组织协定"第十条第6款，在"与贸易有关的知识产权理事会"一致同意的基础上，提交部长级会议讨论。

第七十二条　保留

未经其他成员同意，不可以对本协议中的任何条款予以保留。

第七十三条　属于保证安全的例外

不得将本协议中任何内容解释为：

1. 要求任何成员提供在它认为是一旦披露即会与其基本安全利益相冲突的信息；或

2. 制止任何成员为保护其基本安全利益而针对下列问题采取它认为是必要的行动：

(1) 涉及可裂变物质或从可裂变物质衍生的物质；

(2) 涉及武器、弹药及战争用具的交易活动，或直接、间接为提供军事设施而从事的其他商品及原料的交易活动；

(3) 在战时或国际关系中的其他紧急状态时采取的措施；或

3. 制止任何成员为履行"联合国宪章"中有关维护国际和平与安全的义务而采取任何行动。

后　记

为了配合新《商标法》的学习、宣传，帮助广大生产者、经营者、商标主管机关、司法机关、大专院校师生和各界人士学习、理解新商标法，我们组织全国人大常委会法制工作委员会直接参与商标法修改工作的部分同志和有关同志编写了《新商标法释解》一书。

《释解》由全国人大常委会法制工作委员会调研员赵惜兵主编，各章撰稿人如下：第一章，苗颖；第二章，赵惜兵；第三章，赵惜兵、吴晓华；第四、五章，王涛；第六、七章，吴晓华；第八章，王松；第九章，刘建强；第十章，张淑敏。全书由赵惜兵统稿、修改、定稿，苗颖、吴晓华也作了部分统稿工作。

由于时间仓促，作者水平有限，本书难免有缺点、疏漏和错误，恳请读者批评指正。

编者

2001 年 10 月